Marie
Moulin

Dictons Proverbes et autres *Sagesses* de nos régions

Marie
Moulin

Dictons Proverbes et autres *Sagesses* de nos régions

De Borée

En guise de préface

Nos discussions sont émaillées par ces petites maximes que nous nous plaisons à retenir, et à confronter aux événements de notre existence.
De tous horizons, populaires ou culturelles, issues du quotidien ou plus philosophiques, ces petites phrases mettent en lumière tous les compartiments de nos vies, du temps qu'il fait à la place de l'amour ou de l'amitié dans nos cœurs !

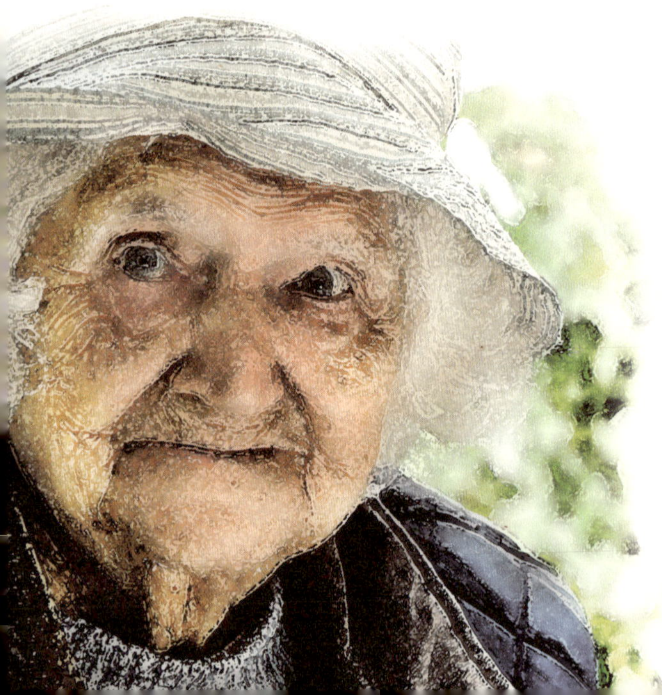

Si la lune se pare, tu auras de la pluie.

Amour et mort, rien n'est plus fort.

La plus intuitive des sciences humaines, c'est le proverbe ; il énonce des vérités éprouvées, et des conseils de sagesse pratique et populaire. Au détour d'une phrase bien sentie, parfois une rime, il jette la lumière sur les fruits de l'expérience, sans oublier les notions de morale et de comportement adéquat en société. Flattant les qualités humaines, il met l'accent sur une certaine éthique et se gausse de tous les défauts et vices courants avec piquant. Un petit legs verbal destiné à se perpétuer !

Les bons comptes font les bons amis.

Fille qui trop se mire peu file.

Qui ne se mêle de rien, a paix à tout.

Dans le doute, abstiens-toi.

La vraie noblesse est celle du cœur…

L'humour n'est pas absent de ces petites joutes verbales, parfois moqueuses, voires cruelles. Les animaux servent alors beaucoup à stigmatiser nos travers…

Le singe est toujours singe, fût-il déguisé en prince.

N'attelle pas ensemble l'âne et le cheval.

Certaines de ces formules sont avérées, d'autres moins, mais ce sont pour la plupart des vérités d'expérience qui se rappellent « naturellement » à notre souvenir, faisant bel et bien partie d'une large connaissance commune.

Voici donc un recueil qui parlera à tous, qui trouvera écho en chacun, puisque ces dictons, proverbes et autres sagesses sont nos compagnons de toujours !

Sommaire

Le temps qu'il fait

Les gens

Les animaux

La nature

Au fil des jours, des mois et des saisons

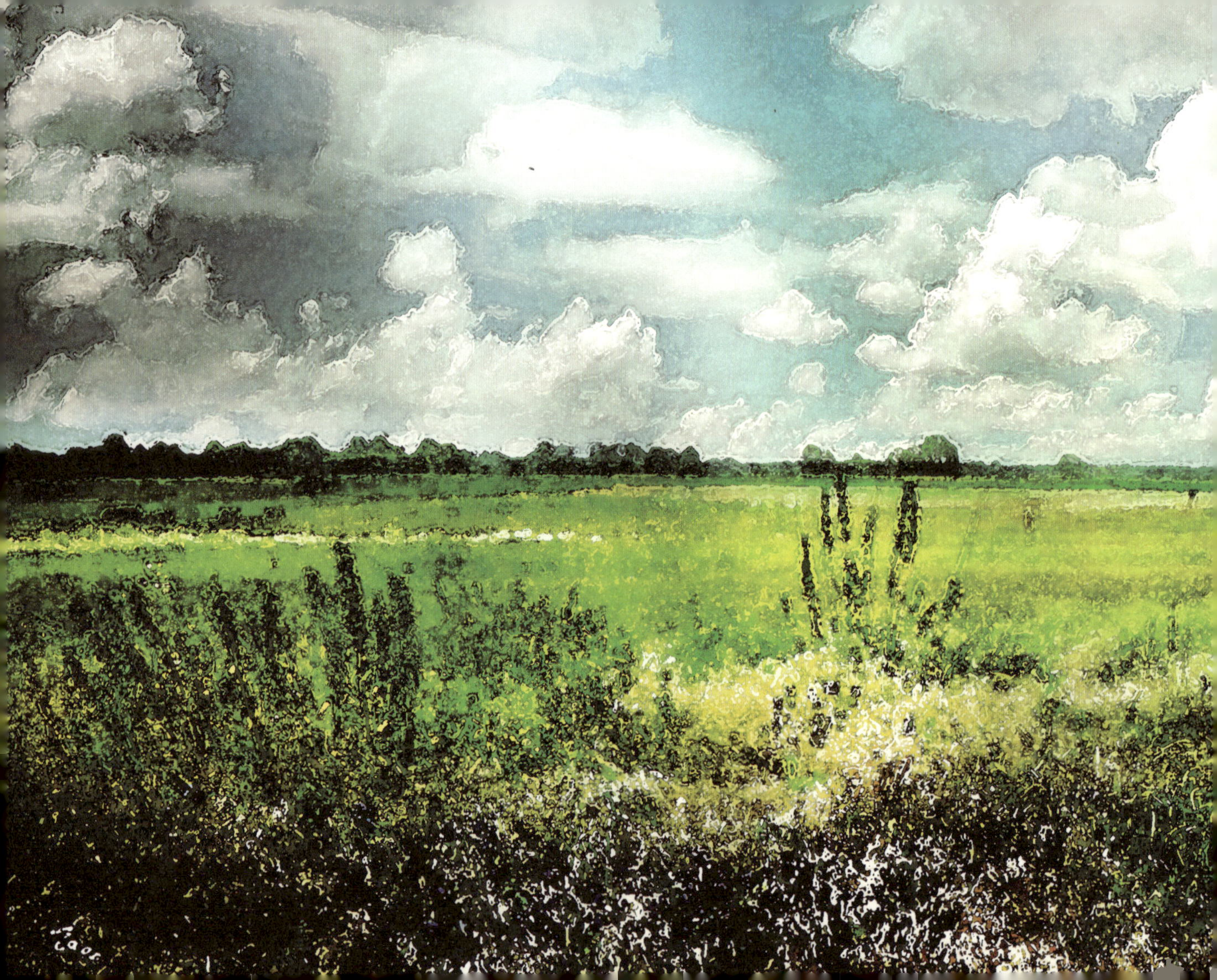

Le temps qu'il fait

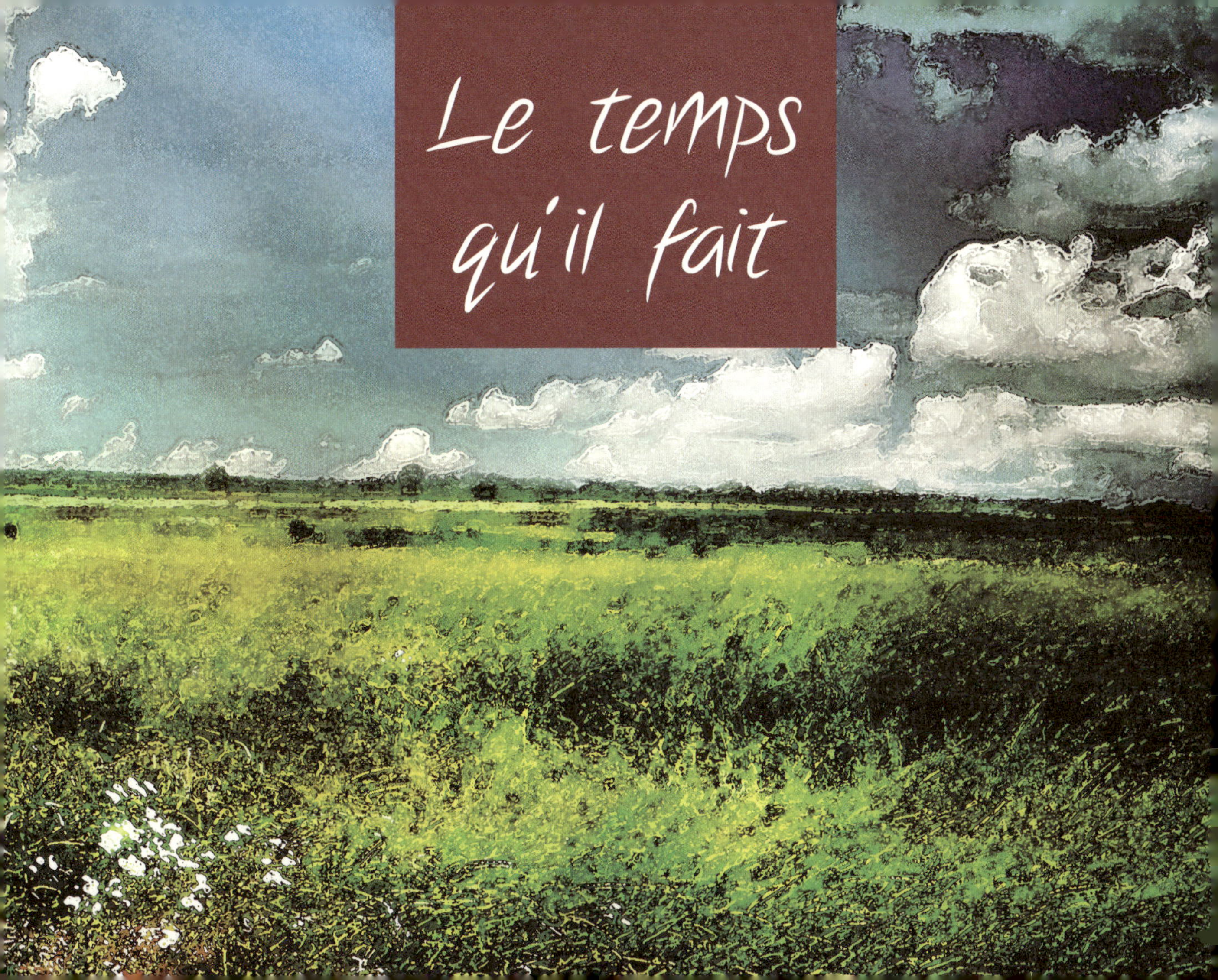

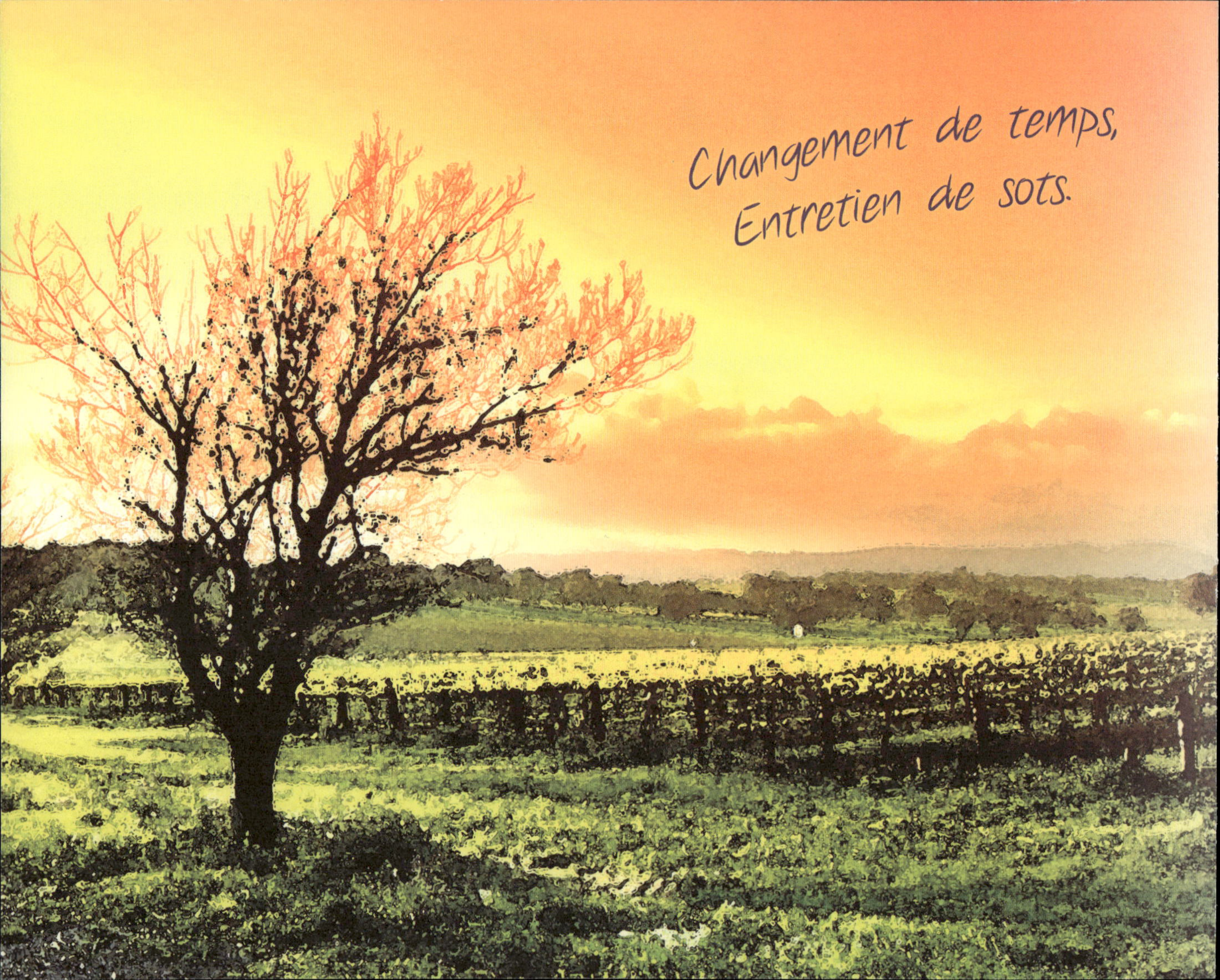
Changement de temps,
Entretien de sots.

Le beau temps

Rosée et brouillard bas le matin,
Beau temps à prévoir.

•

Brouillard dans la vallée,
Pluie ne vient pas.

•

Après la pluie, le beau temps.

•

Midi ciel vilain, minuit ciel serein.

•

Pluie avant 7 heures,
Beau temps avant 11 heures.

•

Pluie la nuit durant,
Beau temps au levant.

•

Après le beau temps, vient le laid ;
Après la guerre, la paix.

•

Quand il fait beau,
Prend ton manteau,
Quand il pleut,
Prend-le si tu veux.

Le soleil du matin ne dure pas tout le jour.

•

Le soleil luit pour tout le monde.

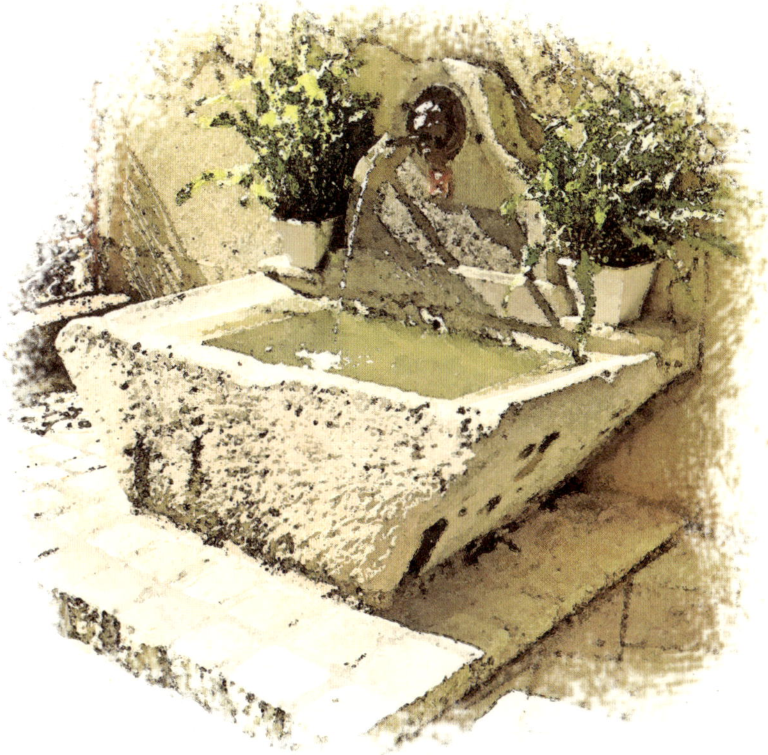

La pluie

Si les cheveux frisent,
La pluie est proche.

•

Quand le pain se ramollit,
La pluie va venir.

•

Après trois gelées blanches,
Eau en avalanche.

Longue sécheresse,
Longue période de pluie.

•

S'il pleut vendredi,
Il fera beau dimanche.

•

Pluie qui fume en tombant,
Menace de durer longtemps.

•

Pluie du matin n'arrête pas le pèlerin.

•

Pluie du matin réjouit le pèlerin.

•

Quand la pluie vient d'amont,
La terre trempe jusqu'au fond.

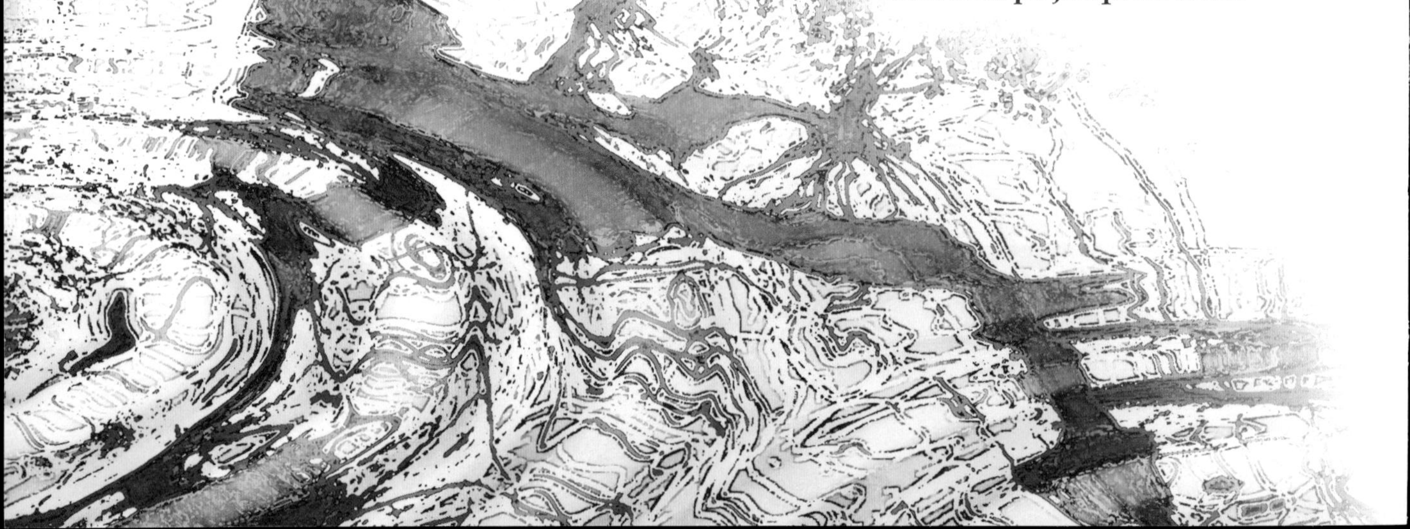

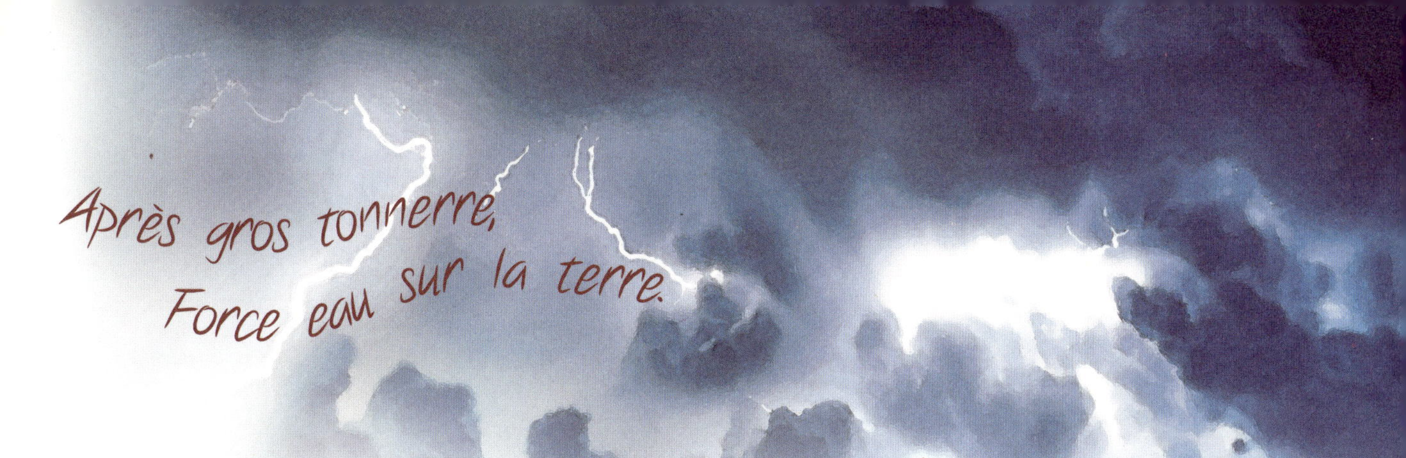

Après gros tonnerre, Force eau sur la terre.

Pluie menue,
Aucune goutte perdue.

•

S'il pleut de Barjac,
Prends tes bœufs et va labourer.
S'il pleut d'Alès,
Prends tes bœufs et cours leur après.
Quand il pleut du côté de l'Aigoual,
Prends tes bœufs et va à ta maison.

•

Arc-en-ciel du matin,
C'est de l'eau pour certains.

•

Arc-en-ciel du matin,
La pluie est en chemin.

•

Arc-en-ciel le matin, pluie à goûter.
Arc-en-ciel du matin, pluie sans fin,
Arc-en-ciel du soir, il faut voir.

•

Arc-en-ciel double ou trop brillant,
De la pluie comme avant.

•

Si le ciel se couvre sous la bruine,
Attends l'eau le lendemain.

•

Bruine qui ne tombe pas,
Donne de la pluie en bas.

•

Bruine sur les canaux,
Pluie ou gelée blanche.

Brouillard de montagne
Va chercher la pluie.

•

Brouillard recourant du levant : pluie.

•

Forte rosée, prochaine ondée.

•

Petit brouillard, l'eau pour plus tard.

•

Après gros tonnerre, force eau sur la terre.

•

Quand il a tonné et encore tonné,
La pluie approche et montre la corne.

•

Quand il tonne hors de saison,
De la neige et de la pluie sans raison.

•

Il faut laisser choir la pluie,
Courir les brouillards,
Étancher les propos.

•

Petite pluie
Abat grand vent.

Bruine qui ne tombe pas,
Donne de la pluie en bas.

Le ciel, Le vent

Ciel pommelé, femmes fardées,
Ne sont pas de longue durée.

•

Ciel moutonné,
beau temps passé.

•

Ciel rouge
Le matin
Fait marcher
Le moulin,
Pluie ou vent
Par le chemin.

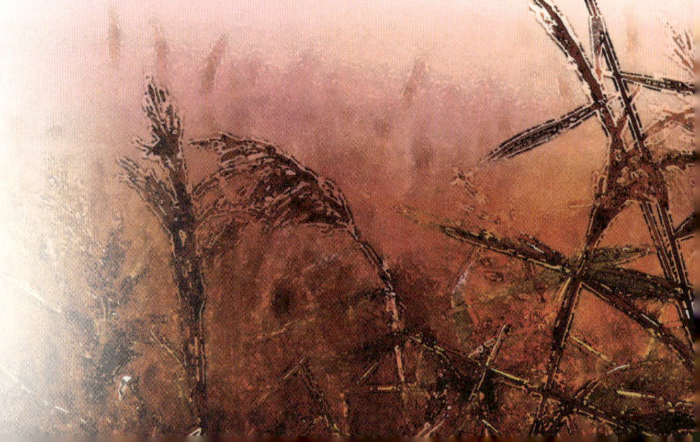

Nuages en direction de la mer,
Mauvais temps.

•

Le temps qui se fait beau la nuit,
Ne dure que peu quand le jour luit.

•

S'il tonne le matin,
signe de vent.
S'il tonne à midi,
risque de pluie.

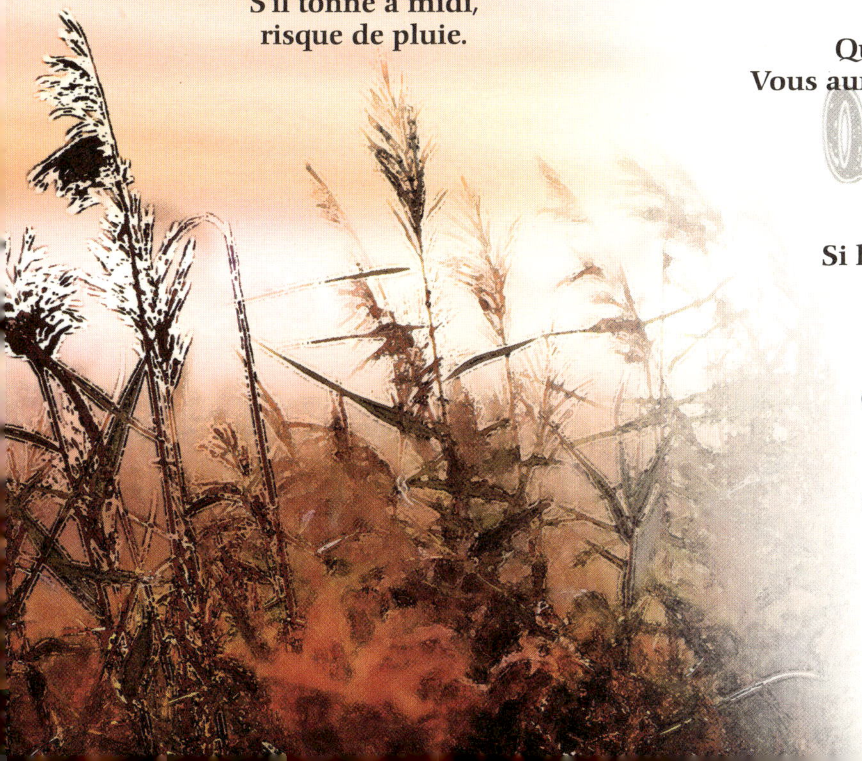

Vent d'Autan, pluie demain.

•

Si vent souffle du midi, c'est la pluie.

•

Lorsque le marin souffle,
Le paysan dit qu'il va pleuvoir.

•

Le vent du Grec, pluie au bec.

•

Quand le Narbonnais souffle,
Vous aurez de la pluie en veux tu en voilà.

•

Le vent de la nuit (ouest),
La pluie avant midi.

•

Si le vent s'arrête, il va pleuvoir.

•

Grand vent, petite pluie.

•

On ne peut pas empêcher
Le vent de venter.

•

Si le vent vient t'atteindre
À travers une fente,
Dicte ton testament
Et règle ta conscience.

Il n'y a pas de mauvais pilote
Quand le vent est bon.

•

Selon le vent, la voile.

•

On tend la voile
Du côté d'où vient le vent.

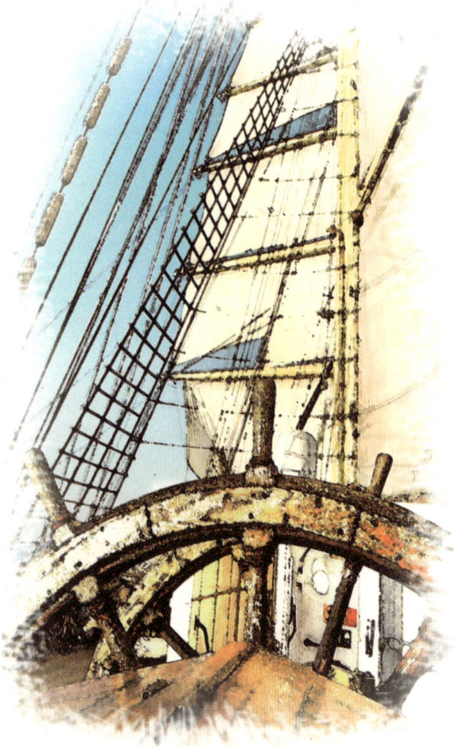

Les astres

Si plus qu'à l'ordinaire,
Les étoiles grossissent,
C'est de l'eau que bientôt
Les nuages vous pissent.

(Haute Loire)

•

Si la lune se pare, tu auras de la pluie.

•

Si la lune a une auréole,
Il va pleuvoir bientôt.

•

Lune pendante, terre fendante ;
Lune en cabriole, terre mole ;
Lune couchée, matelot levé.

•

On ne peut sécher la mer
Avec des éponges,
Ni prendre la lune
Avec les dents.

•

Au changement de lune,
il y a changement de temps.

Quand la lune vient avec le beau (temps),
Trois jours après, le temps porte chapeau.

•

Lune blanche, journée fraîche ;
Lune pâle, l'eau dévale ;
Lune rouge, le vent bouge.

•

Quand la lune est entourée d'un halo,
Le temps va changer.

•

Quand la lune est rousse,
Ou il pleut ou il souffle.

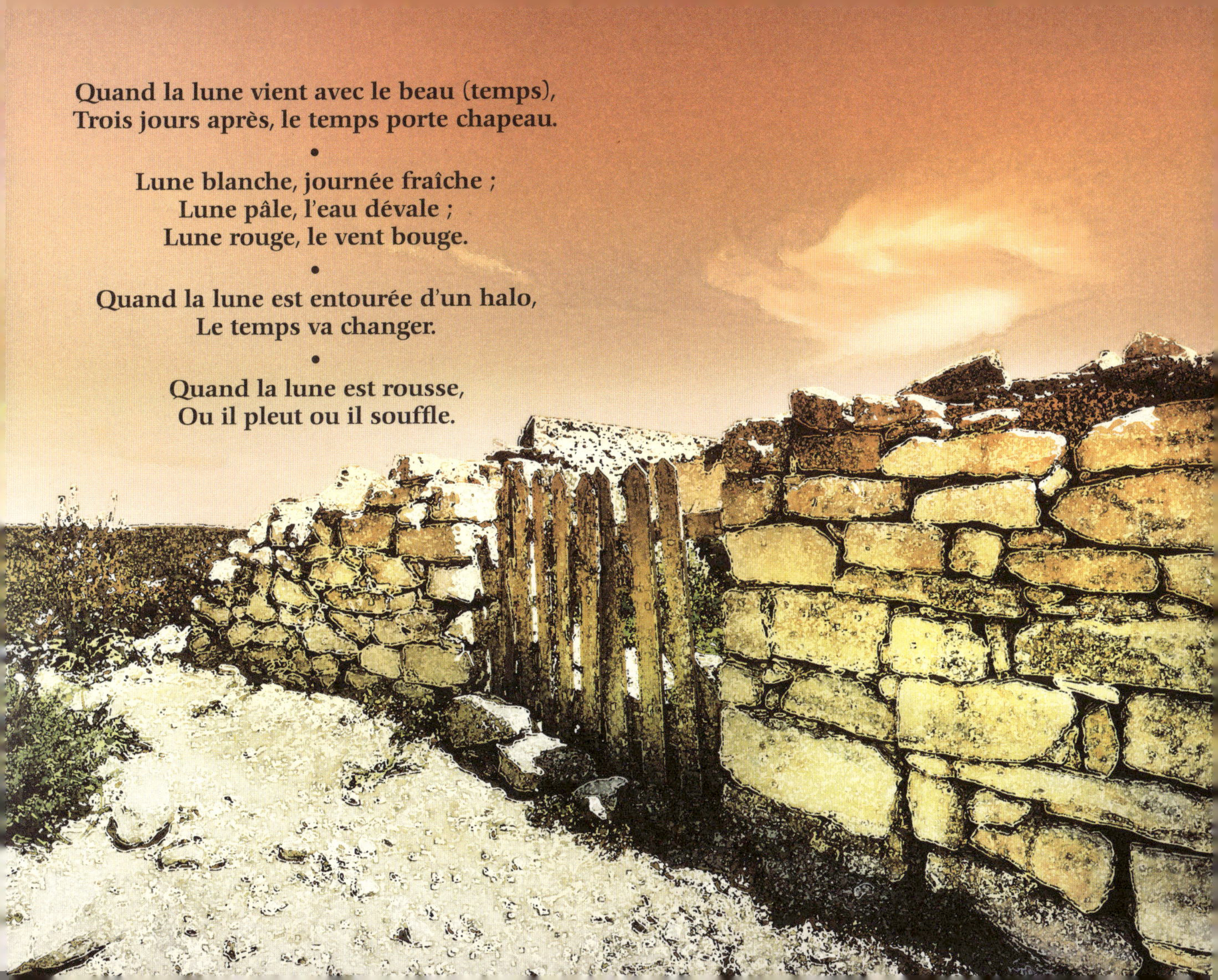

Les plantes

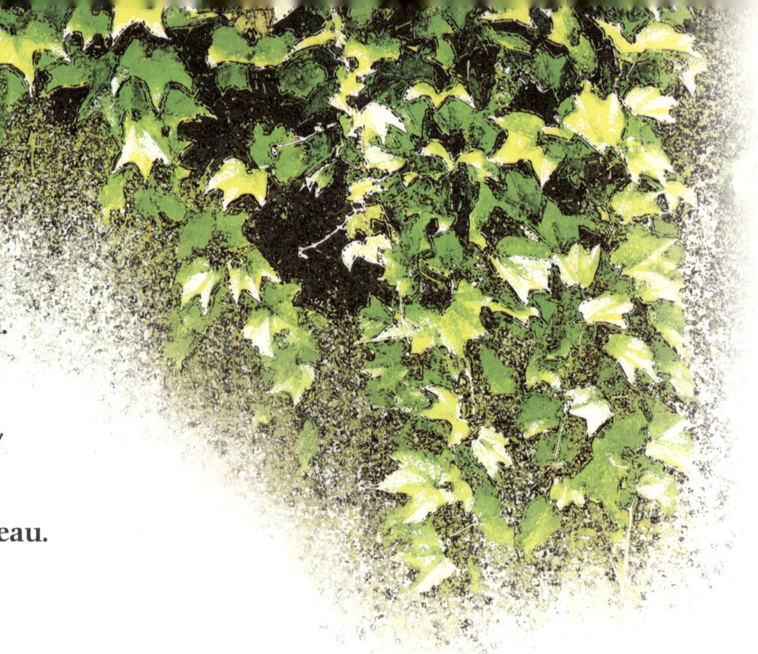

Si le trèfle s'ouvre, il fera beau.

•

Si le liseron s'ouvre, il fera beau.

•

Si le chardon suspendu
À la porte de ta maison s'ouvre,
Il fera beau.

•

Ail mince de peau, hiver court et beau.

•

Tilleul, feuilles retournées,
Pluie ou orage.

•

Si le chêne est vert avant le frêne,
Sécheresse jusqu'à l'automne.
Si le frêne est vert avant le chêne,
tout l'été sera mouillé.

•

Si la fleur belle de jour se referme,
Pluie.

•

Si la fleur d'alisier retourne ses pétioles,
Pluie.

Si le trèfle se dresse, pluie.

•

Si la fleur de pimprenelle s'ouvre, pluie.

•

Il pleuvra si la laitue écarte ses feuilles.

•

Les herbes s'affaissent
Avant le mauvais temps.

•

Si la rose parfume davantage, il pleuvra.

Le comportement des animaux

Les mouches assoiffées piquent
Quand le temps va changer.

•

Les papillons voltigent près des fenêtres
Lorsque le mauvais temps arrive.

(Vosges)

•

Quand l'abeille tarde à rentrer,
Il pleuvra le lendemain.

•

Les abeilles qui demeurent près des ruches
Ou qui y retournent en troupe
À demi chargées,
Marquent la pluie.

•

Guêpes agitées, averses orageuses.

•

Lorsque l'araignée délaisse les coins sombres,
C'est le beau temps.

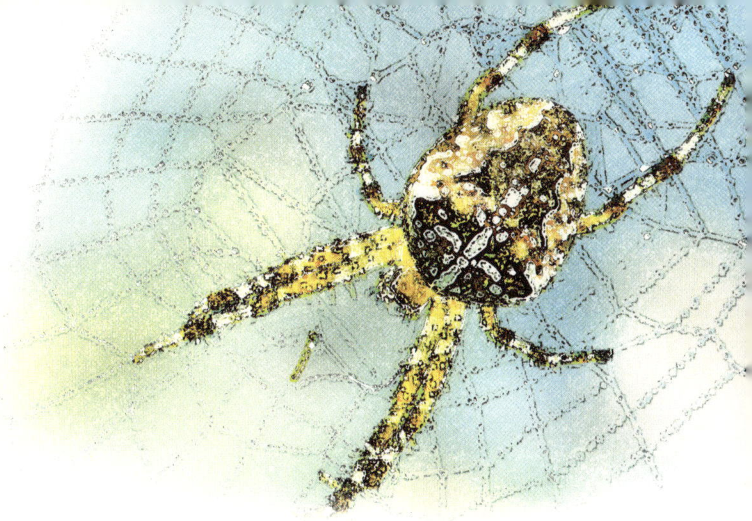

Araignée tissant, mauvais temps.

•

Les araignées qui cheminent
Ou déménagent marquent la pluie.

•

Chauve souris volant
En grand nombre
Annoncent beau temps
Dans la nuit sombre.

•

Les fourmis qui déménagent leurs œufs
Sont signe de mauvais temps.

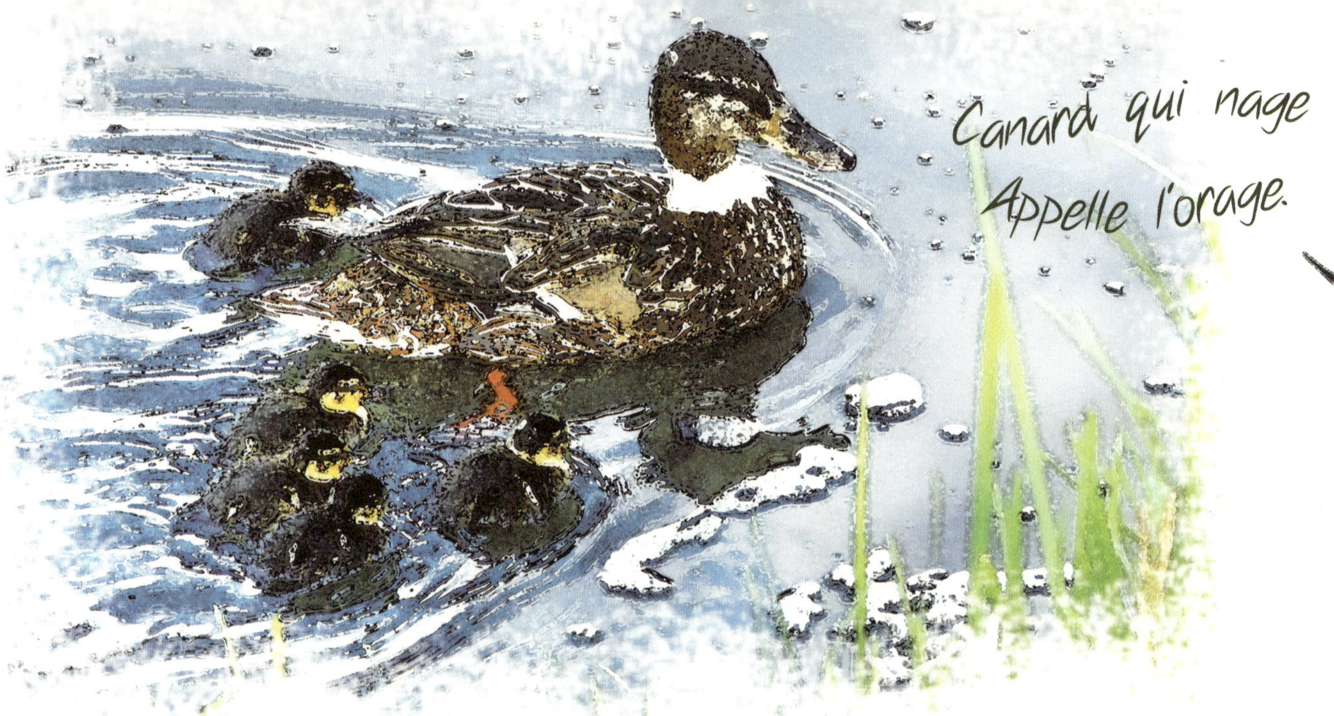

Lorsque le coq chante en milieu d'après-midi,
Changement de temps.

•

Si le coq chante à midi,
présage d'un beau temps.

•

Le coq chante dans le poulailler le soir
Lorsqu'il va pleuvoir.

Si les poules rentrent
De bonne heure au poulailler,
C'est signe de beau temps.

•

Lorsque les poules se grattent,
Il va pleuvoir.

•

Si les poules restent sous la pluie,
Celle-ci n'est pas sitôt finie.

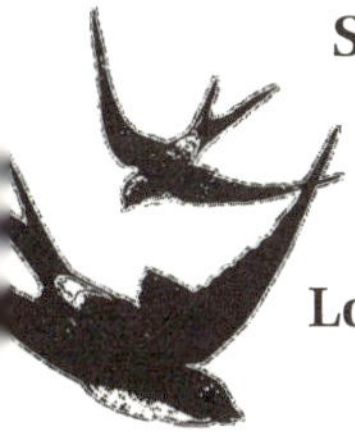

Pintade perchée appelle la pluie.

•

Si les canards battent de l'aile
Dans le ruisseau,
Il y aura de l'eau bientôt.

•

Lorsque l'hirondelle rase le sol,
Ne sortez pas les parasols.

•

Si les rossignols sifflent toute la nuit,
Le temps sera beau.

•

Rouge-gorge chantant de bon matin,
Présage de beau temps.

•

Vol de corbeaux
Annonce le temps beau.

•

Mouettes à la mer, bel air.
Mouettes à l'étang, mauvais temps.

•

Lorsque la pie fait son nid bas,
Des orages durant l'été.

•

Les pigeons qui rentrent tard
À leur pigeonnier présagent de la pluie
Pour les jours prochains.

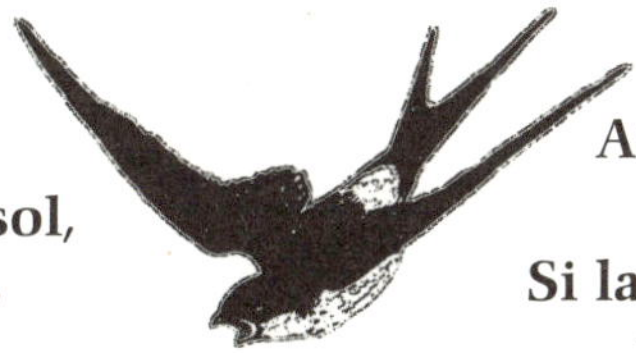

Quand les moineaux pépient
Et s'attroupent sur les toits,
Mauvais temps.

•

Les merles en sifflant
Annoncent le mauvais temps.

•

Si la chouette chante en plein jour,
il pleuvra dans trois jours.

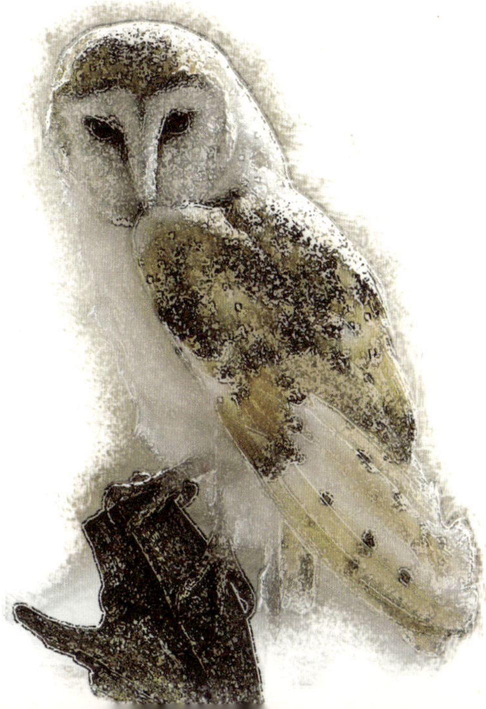

Quand les brebis secouent leurs cloches,
La pluie approche.

•

Les agneaux qui se choquent la tête
Annoncent le mauvais temps.

•

Quand les béliers se battent,
ils présagent la pluie.

Lorsque les bêtes à cornes reniflent,
La pluie est proche.

•

Âne qui brait, pluie et vent.

•

Si les pourceaux sautent,
c'est signe de mauvais temps.

•

Une vache qui lève la queue
Présage l'orage.

Si les cheveux frisent,
La pluie
Est proche.

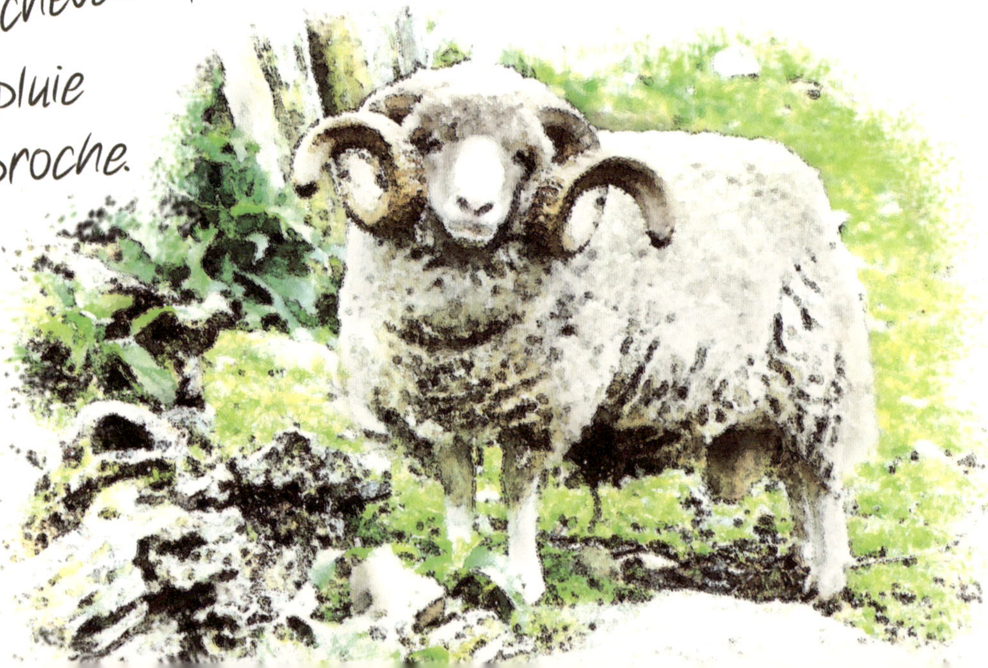

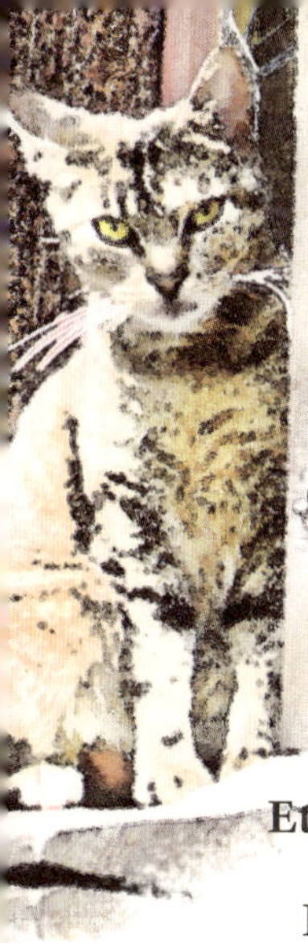

Mauvais temps
Quand un chat
Passe sa patte
Derrière l'oreille.

(Vosges)

•

Quand les chats cherchent
des refuges hauts,
C'est qu'il va faire orage.

•

Lorsque les chats
Font des cabrioles
Et ne peuvent rester en place,
La pluie approche :
Leurs yeux s'agrandissent,
Leur toilette est interminable.

•

Quand un chien mange de l'herbe,
Il va pleuvoir.

•

Les chiens grattent la terre
À l'approche du mauvais temps.

•

Les écrevisses abandonnent
leurs ruisseaux
Et marchent à reculons
Lorsque le mauvais temps est proche.

Poisson hors de l'eau,
De la pluie pour bientôt.

•

Quand les crapauds croassent
Ou sortent de leur trou dans la journée,
La pluie est proche.

•

Quand le crapaud chante,
c'est présage de pluie.

•

La rainette de sortie
S'en va chercher la pluie.

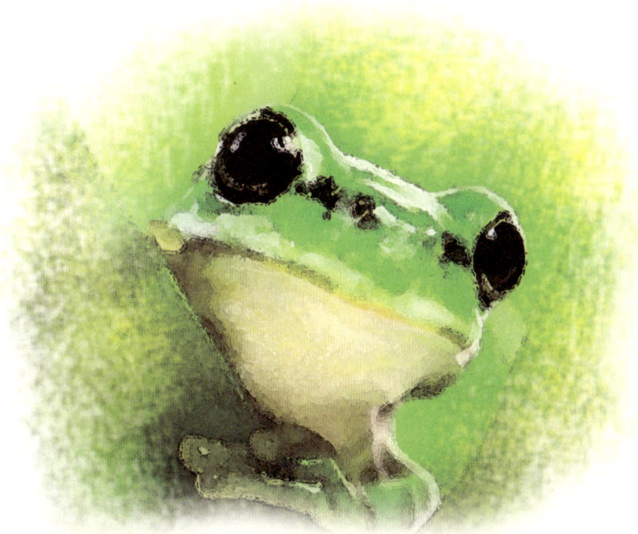

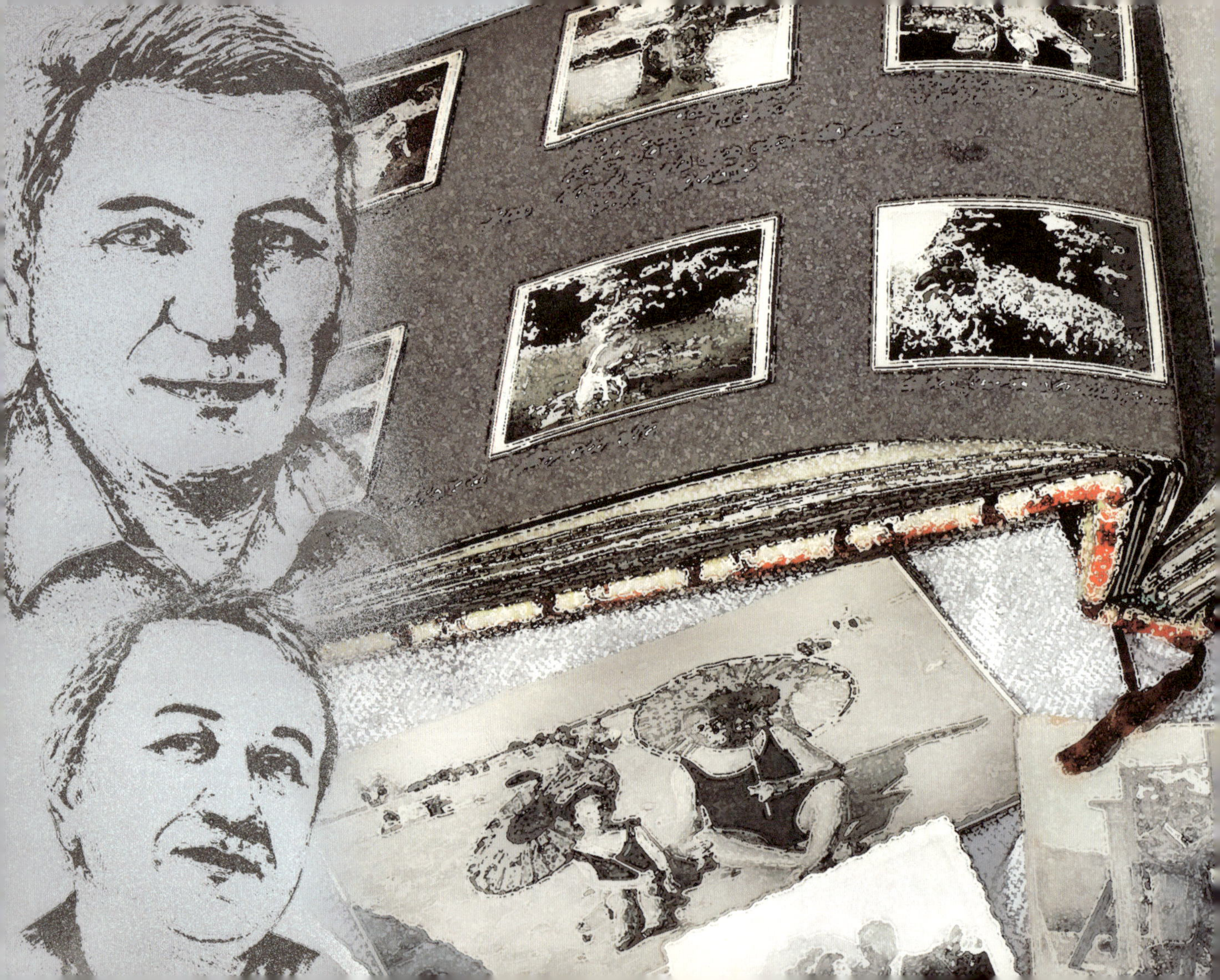

Les gens

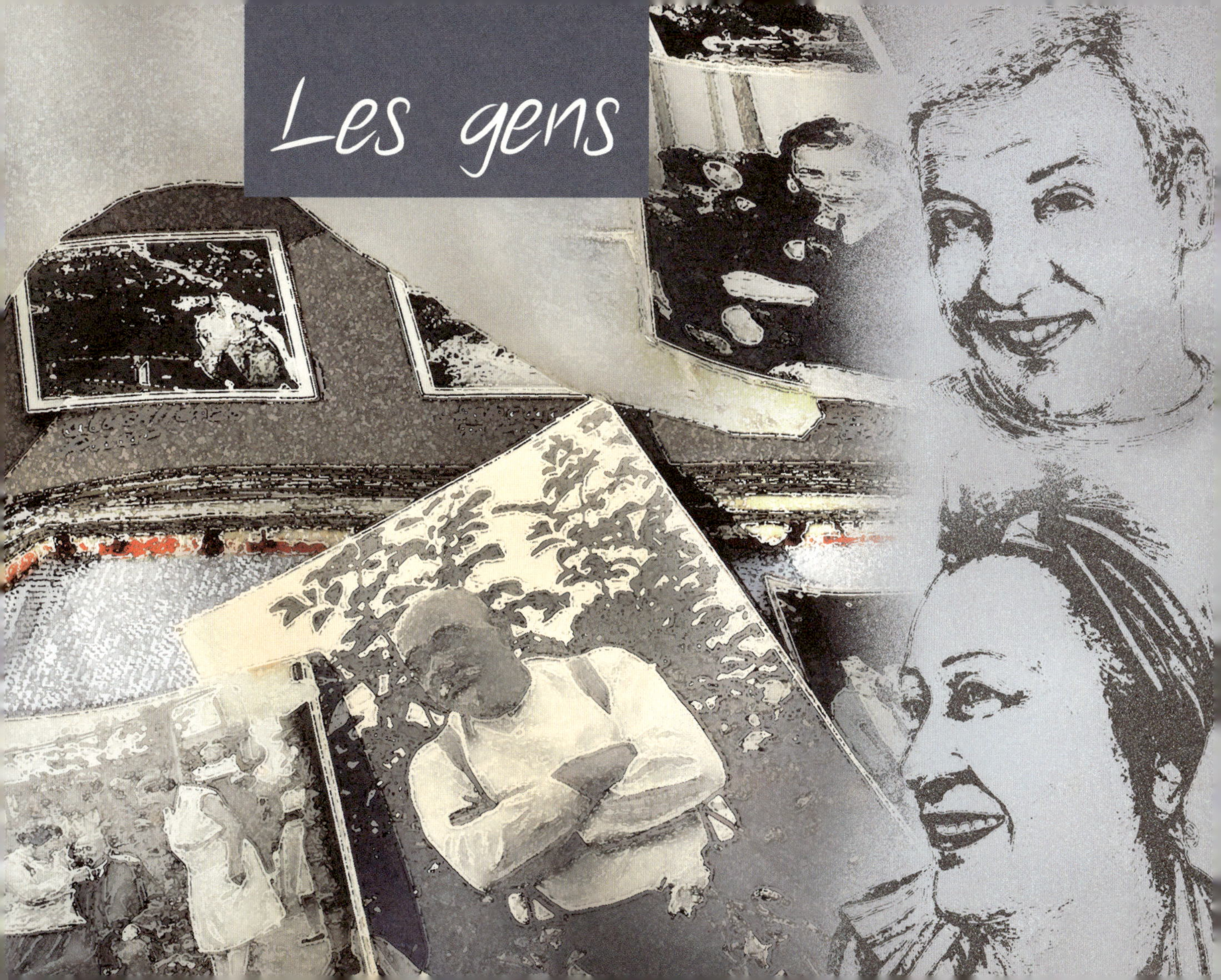

L'amour

On voit toujours par les yeux
De son affection.

•

L'affection aveugle la raison.

•

Il faut, dit-on, connaître avant d'aimer.

Nivernais, *le jeune Chien*

•

Le secret pour qu'on nous aime,
C'est d'aimer les premiers.

Florian, *la Colombe et son Nourrisson*

•

C'est bien aimer quand on pleure,
Mais c'est trop, quand on en meure.

•

On doit aimer qui nous aime,
Ou c'est n'aimer pas soi-même.

•

Il faut aimer les gens,
Non pour soi, mais pour eux.

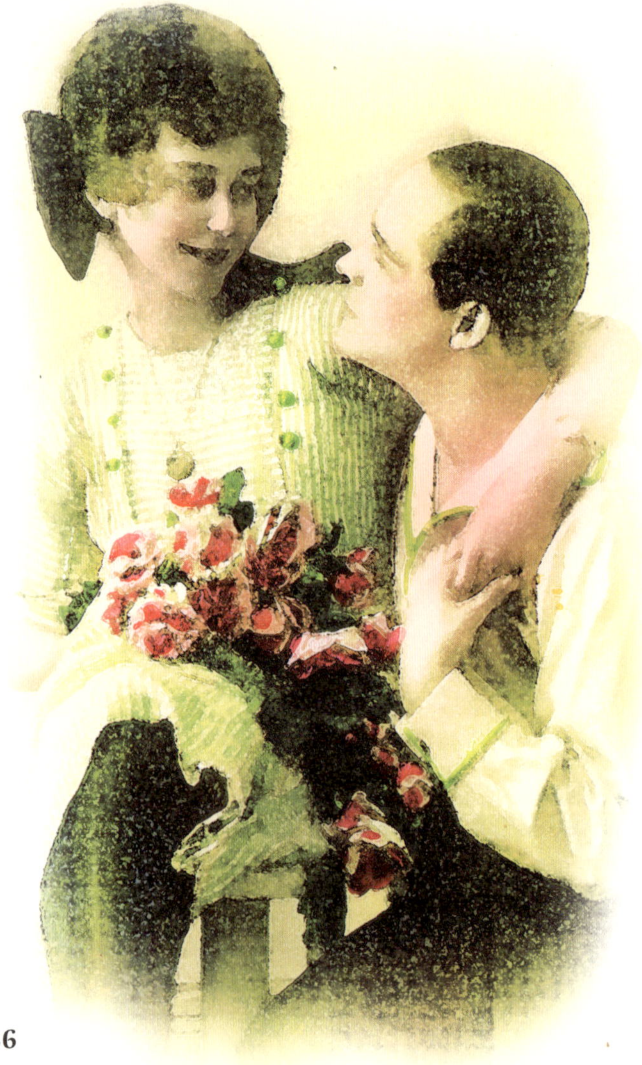

Les amoureux ont toujours le cœur bon.

Florian, *le Chien de chasse*

•

Chez les amants tout s'excuse, tout plaît.

La Fontaine, *Belphégor*

•

Un mari qu'on aime d'amour,
Ce n'est pas un mari, c'est un amant.

Paul-Jean Toulet, *les Trois Impostures*

•

Aux amants et aux buvants,
Chemin est court avec le temps.

•

Amant par trop respectueux,
Ne fut jamais bien chanceux.

•

Avaricieux et gourmands,
Ne font pas de bons amants.

•

L'amour qui économise
N'est jamais le véritable amour.

Honoré de Balzac, *Melmoth réconcilié*

•

L'amour est un crime où l'on ne peut pas
Se passer de complice.

Charles Baudelaire

Quand on n'aime pas trop,
On n'aime pas assez.

Bussy-Rabutin

•

En art comme en amour, l'instinct suffit.

Anatole France

•

Il y a des redites
Pour l'oreille et pour l'esprit :
Il n'y en a point pour le cœur.

Chamfort, *Maximes*

•

Il faut aimer n'importe qui, n'importe quoi,
N'importe comment, pourvu qu'on aime.

Alexandre Dumas fils

•

Amour, amour, quand tu nous tiens,
On peut bien dire adieu prudence.

Jean de La Fontaine, *le Lion amoureux*

•

L'amour est un tyran, l'amour est un poison,
Qui corrompt l'innocence
Et trouble la raison.

Lebrun, *la Bergère et la Brebis*

•

Quand l'amour parle, il est le maître.

Marivaux

Après avoir souffert, il faut souffrir encore :
Il faut aimer sans cesse, après avoir aimé.

Alfred de Musset, *Poésies*

•

L'amour est un je-ne-sais-quoi,
Qui vient je-ne-sais-où,
Et qui finit je-ne-sais-quand.

Mlle de Scudéry

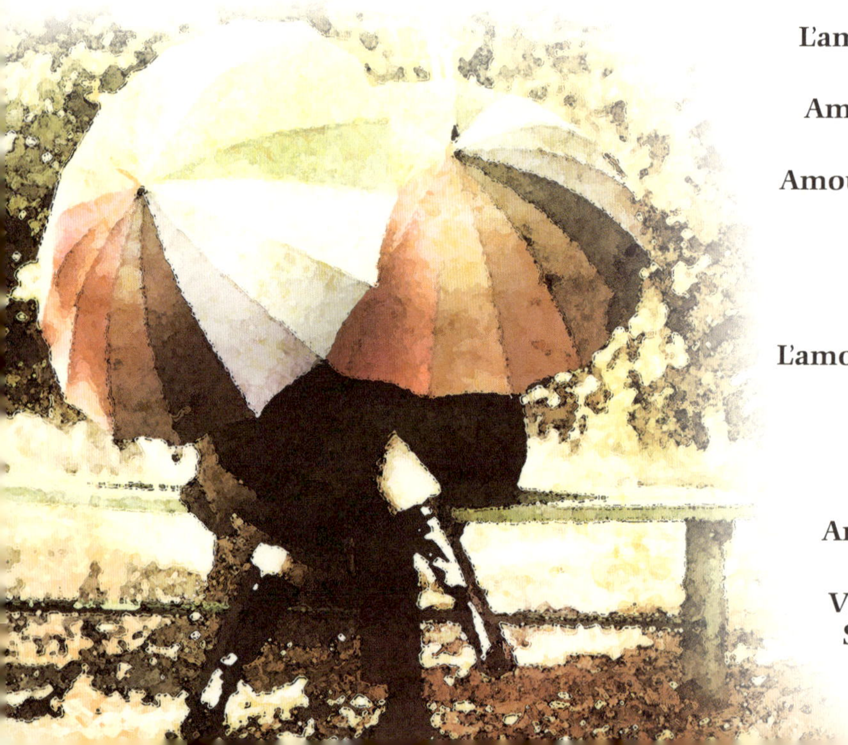

Il faut aimer pour être aimé.

•

Après l'amour le repentir.

•

Aimer n'est pas sans amer.

•

Heure de nuit, heure de jour,
Sont toujours bonnes en amour.

•

L'amour apprend aux ânes à danser.

•

Amour et mort, rien n'est plus fort.

•

Amours nouvelles oublient les vieilles.

•

L'amour le plus parfait
Est le plus malheureux.

•

L'amour fait perdre le repas et le repos.

•

On revient toujours
À ses premières amours.

•

Amour passe, douleur demeure.

•

Vieilles amours et vieux tisons,
S'allument en toutes saisons.

Lorsqu'un vieux fait l'amour,
La mort court à l'entour.

•

De la barbe et des cheveux,
On juge bien un amoureux.

•

Amoureux comme un chardon,
Et gracieux comme un gardon,
Aussi peu souple qu'un bourdon,
Et plus sot qu'un dindon,
N'est point digne que de pardon.

•

L'amour ne va pas sans estime.

Alexandre Dumas fils

•

L'estime s'use comme l'amour.

Vauvenargues, *Réflexions et Maximes*

•

Qui aime l'arbre aime la branche.

•

L'amour, qui vit dans les orages,
Et croît souvent au sein des perfidies,
Ne résiste pas toujours au calme de la fidélité.

Rivarol

•

Mieux vaut être seul
que mal accompagné.

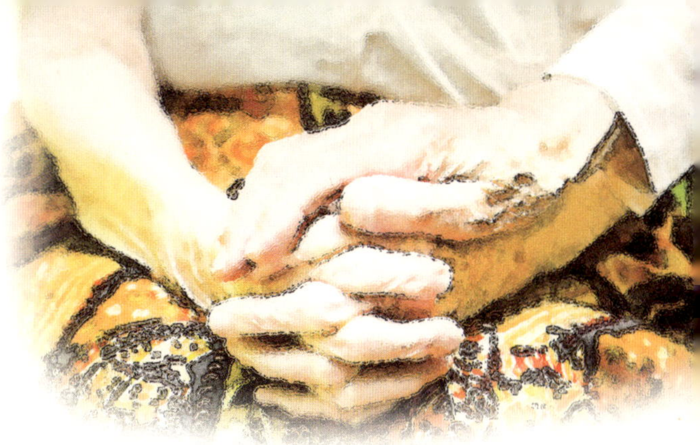

Vieilles amours et vieux tisons,
s'allument en toutes saisons.

On ne s'aime bien
Que quand on a plus besoin de se le dire.

•

Qui veut être aimé, qu'il aime.

•

Qui aime bien tard, oublie.

•

Qui aime bien, châtie bien.

•

Quand on n'a pas ce que l'on aime,
Il faut aimer ce que l'on a.

C'est trop d'aimer quand on en meurt.

•

Pour gagner un homme,
Sachez ce qu'il aime.

•

Les amours commencent par anneaux,
Et finissent par couteaux.

•

Cœur qui soupire n'a pas ce qu'il désire.

•

Le cœur importe plus que la mine.

•

Cœur étroit n'est jamais au large.

•

Cœur facile à donner, facile à ôter.

•

Si tu donnes, tu perdras ;
Si tu retiens, amour n'auras.

•

Ce que le cœur ne voit pas,
Le cœur n'y rêve guère.

•

Chose trop vue,
n'est pas chère tenue.

L'amitié

Prospérité amis fait, adversité les défait.

•

**Si vous voulez vous faire des ennemis,
Surpassez vos amis ;
Mais si vous voulez vous faire des alliés,
Laissez vos amis vous surpasser.**

La Rochefoucauld, *Maximes*

•

L'amitié disparaît où l'égalité cesse.

Aubert, *Fanfan et Colas*

•

**Dans le monde, vous avez trois sortes d'amis :
Vos amis qui vous aiment,
Vos amis qui ne se soucient pas de vous,
Et vos amis qui vous haïssent.**

Chamfort, *Maximes*

•

**Quand mes amis sont borgnes,
Je les regarde de profil.**

Joseph Joubert, *Pensées*

•

**Rien n'est si dangereux qu'un ignorant ami :
Mieux vaudrait un sage ennemi.**

Jean de La Fontaine, *l'Ours et l'Amateur des jardins*

Un ami, c'est celui qui devine toujours
Quand on a besoin de lui.

Jules Renard, *Journal*

•

Les amis font toujours plaisir ;
Si ce n'est pas quand ils arrivent,
C'est quand ils partent.

Alphonse Karr

C'est toujours fête
Quand des amis se retrouvent.

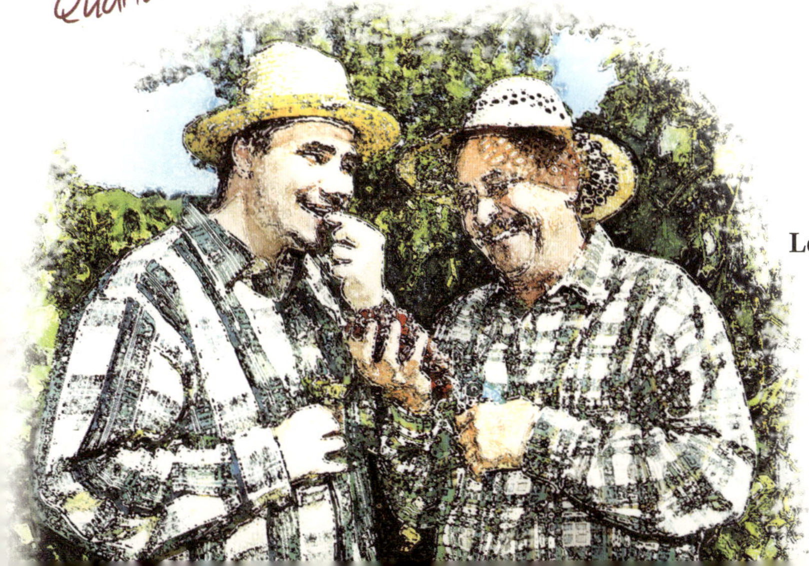

Les ronces couvrent le chemin de l'amitié,
Quand on n'y passe pas souvent.

Rivarol

•

Toutes les grandeurs de ce monde
Ne valent pas un bon ami.

Voltaire, *Jeannot et Colin*

•

Un ami est un autre nous-même.

•

Qui cesse d'être ami ne l'a jamais été.

•

Il faut éprouver les amis
Aux petites occasions
Et les employer aux grandes.

•

Un ami en amène un autre.

•

Il faut louer tout bas ses amis.

•

Les amis de nos amis sont nos amis.

•

Il faut se dire beaucoup d'amis
Et s'en croire peu.

•

Il faut découdre
Et non déchirer l'amitié.

Le mort n'a point d'ami,
Le malade n'en a qu'un demi.

•

Le plus bel âge de l'amitié est la vieillesse.

•

L'amitié rompue n'est jamais bien soudée.

•

Au besoin voit-on l'ami,
Et à malheur l'ennemi.

•

Faire trop de bien à l'ami en fait un ennemi.

•

Quelque rare que soit le véritable amour,
Il l'est encore moins que la véritable amitié.

La Rochefoucauld, *Maximes*

•

L'amour et l'amitié s'excluent l'un l'autre.

La Bruyère, *les Caractères*

•

Amour et amitié, c'est la nuit et le jour.

Jules Renard, *Journal*

•

Un bon ami vaut mieux que cent parents.

•

Beaucoup de parents, et peu d'amis.

•

On choisit ses amis,
on ne choisit pas sa famille.

Un bon ami ou voisin,
Meilleur que frère ou cousin.

•

On n'estime les gens
Qu'autant qu'ils font du bien.

Coupé de Saint-Donat, *la Pierre et le Vermisseau*

•

Comme on connaît les siens on les abhorre.

Balzac, *Proverbes*

•

Le sort fait les parents, le choix fait les amis.

Delille

•

Ce qui est amer à la bouche
Peut être doux au cœur.

•

On perd plus d'amis par ses demandes
Que par ses refus.

•

Il ne faut pas laisser croître l'herbe
Sur le chemin de l'amitié.

•

Cadran solaire et faux ami parlent
Tant que le soleil luit,
Et se taisent quand il s'enfuit.

•

Ami de tous, ami de personne.

Bonne amitié vaut mieux
Que tour fortifiée.

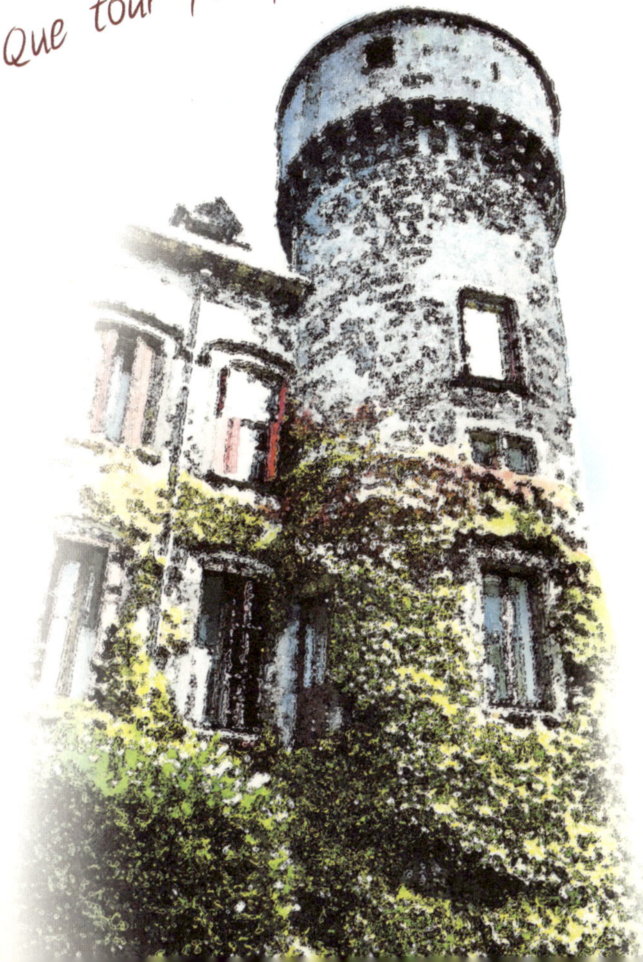

Bonne femme, bon ami, bon melon,
Il n'en est pas à foison.

•

Il n'y a si bons amis qui ne se quittent.

•

Ami de table est bien variable.

•

Fol est qui perd bon ami pour femme.

•

Au besoin, on connaît les amis.

•

Mieux vaut mourir près de son ami,
Que de vivre près de son ennemi.

•

Mieux vaut ami que parenté,
Mieux qu'ami, sens et loyauté.

•

On peut vivre sans frère,
Mais non pas sans ami.

•

Entre amis,
tous biens sont communs.

•

On connaît les bonnes sources
Dans la sécheresse
Et les bons amis dans la tristesse.

Il est moins honteux d'être trompé
Par ses amis que de s'en méfier.

•

Fol est qui son ami ne croit.

•

Ne croit nul s'il n'est ton ami.

•

Il n'est meilleur ami ni parent,
Que soi-même.

•

Ne nous associons qu'avec nos égaux.

•

S'attendre n'est pas le bon moyen
De s'entendre.

•

Le cérémonial est la fumée de l'amitié.

•

Les petits présent entretiennent l'amitié
Et les grands la gâtent.

•

Bon ami en cour,
Rend le procès plus court.

L'amitié et l'argent

Voulez-vous compter vos amis ?
Empruntez-leur de l'argent.

Alexandre Dumas fils

•

Ami de qui a du bien
Ne l'est pas de qui n'a rien.

•

Ami au prêter, ennemi au rendre.

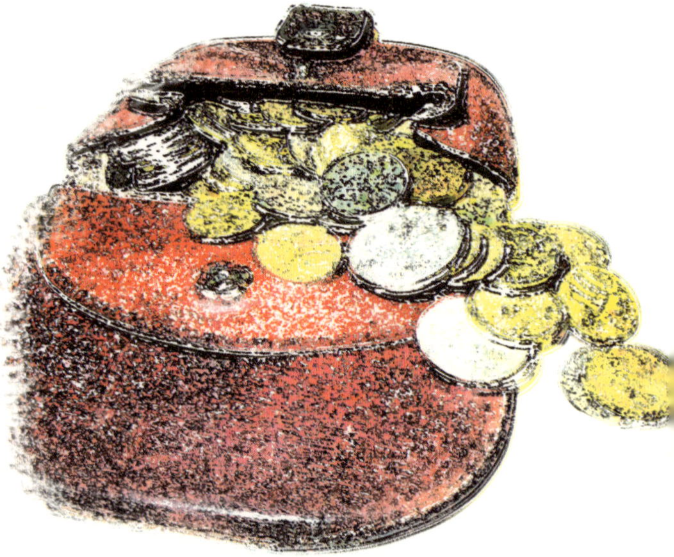

Qui prête à l'ami, perd au double.

•

Les bons comptes font les bons amis.

•

L'homme pauvre n'a point d'amis.

•

À ton ami ne vends rien.

•

Ami vaut mieux qu'argent.

•

Qui veut garder son ami,
N'ait nulle affaire avec lui.

La famille

Qui a belle-mère et beau-frère,
A croix devant et derrière.

•

C'est peu de chose
D'être loué de son père,
De sa nourrice et de son curé.

•

Ce que je dis à vous, ma nièce,
C'est pour vous mon neveu.

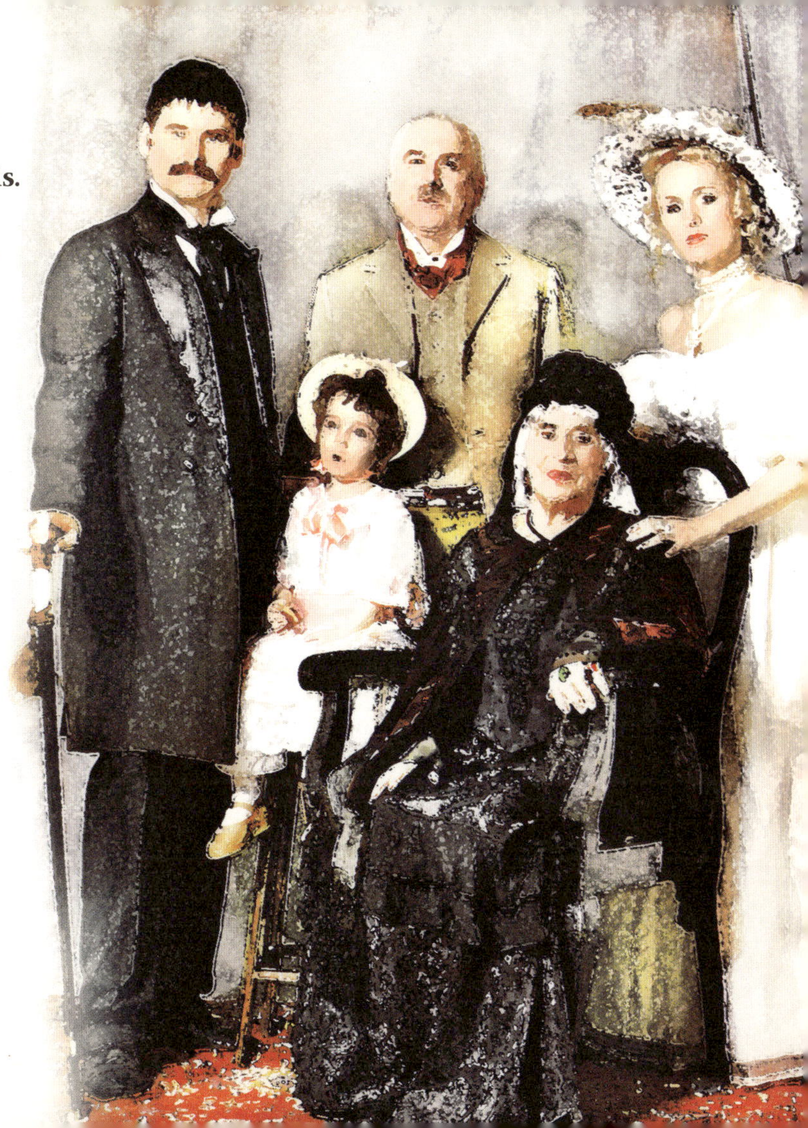

Le mariage

Les chaînes du mariage sont si lourdes
Qu'il faut être deux pour les porter.
Quelquefois trois.

Alexandre Dumas fils

•

Anneau trop étroit, ne le mets à ton doigt.

•

Les bons mariages se font au ciel.

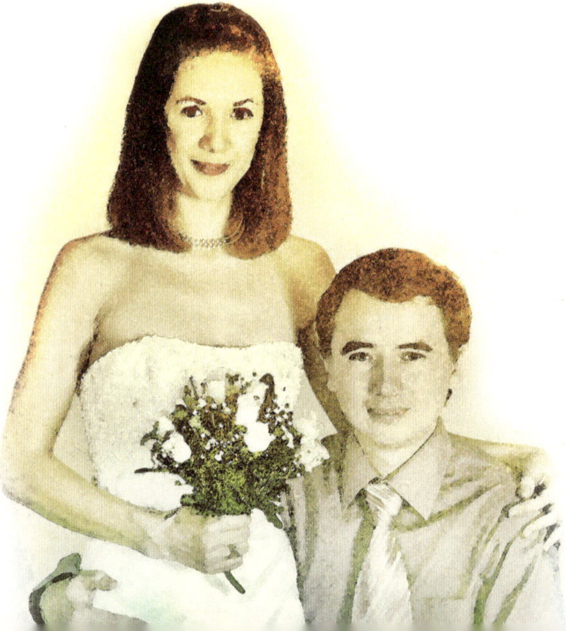

La femme

Être belle et aimée,
Ce n'est être que femme.
Être laide et savoir se faire aimer,
C'est être princesse.

Barbey d'Aurevilly

•

L'enfer des femmes, c'est la vieillesse.

La Rochefoucauld, *Maximes*

•

Une belle femme est le paradis des yeux,
L'enfer de l'âme
Et le purgatoire de la bourse.

Fontenelle

•

Une femme a l'importance d'un nid
Entre deux branches.

Jules Renard, *Journal*

•

Femme sage est plus
Que femme belle.

Voltaire, *Ce qui plaît aux Dames*

•

À femme sotte nul ne s'y frotte.

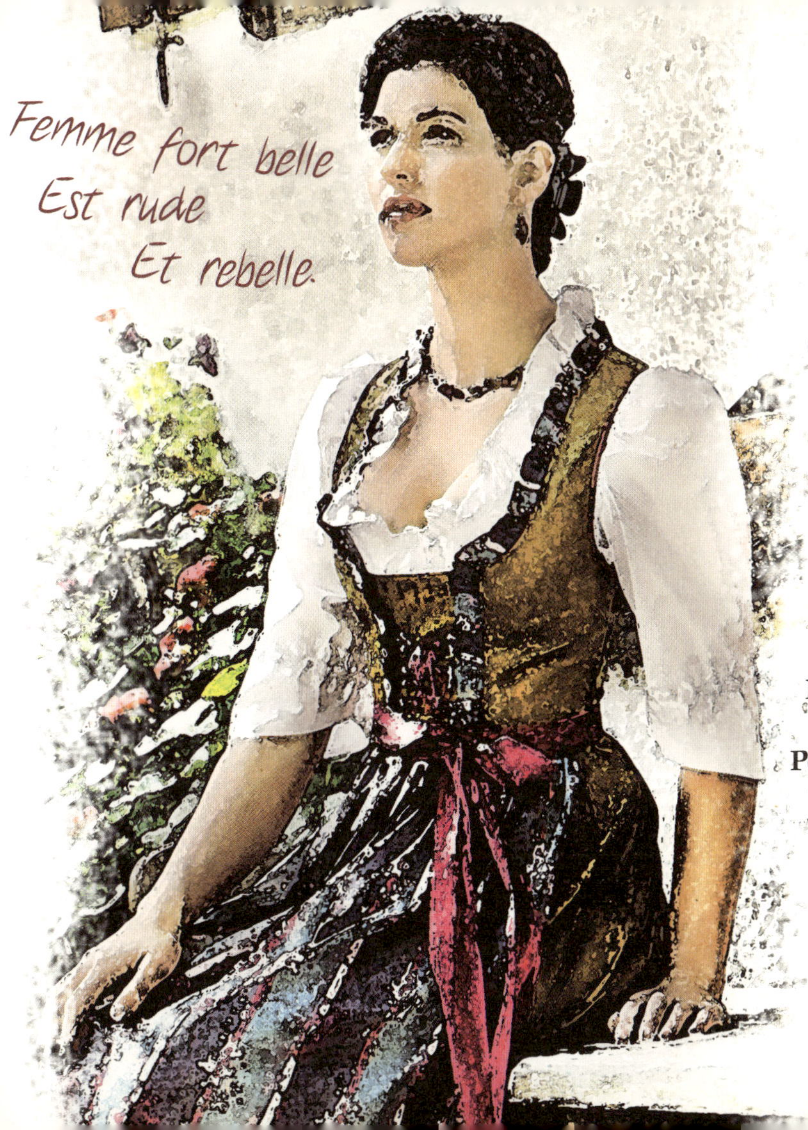

Femme rit quand elle peut,
Et pleure quand elle veut.

•

Foi de femme est plume sur l'eau.

•

Qui femme a, noise a.

•

Qui de femme honnête est séparé,
D'un don divin est privé.

•

À belle femme tout lui vient bien,
Et à laide tout ne fait rien.

•

Bonne brebis retient mouton,
Et homme femme de raison.

•

Par le regard d'une femme,
Maints ont perdu le corps et l'âme.

•

Poule ou femme qui s'écarte, se perd.

•

Trois femmes font un marché.

•

Deux femmes font un plaid ;
Trois un grand caquet ;
Quatre un plein marché.

Les femmes font et défont les maisons.

•

La femme la mieux louée,
Est celle dont on ne parle pas.

•

Injure faite aux femmes se punit du double.

•

L'épée des femmes, c'est leur langue ;
Et elles n'y laissent pas venir la rouille.

•

Qui prend femme, prend maître.

•

Maison sans femme et sans flamme,
Maison sans âme.

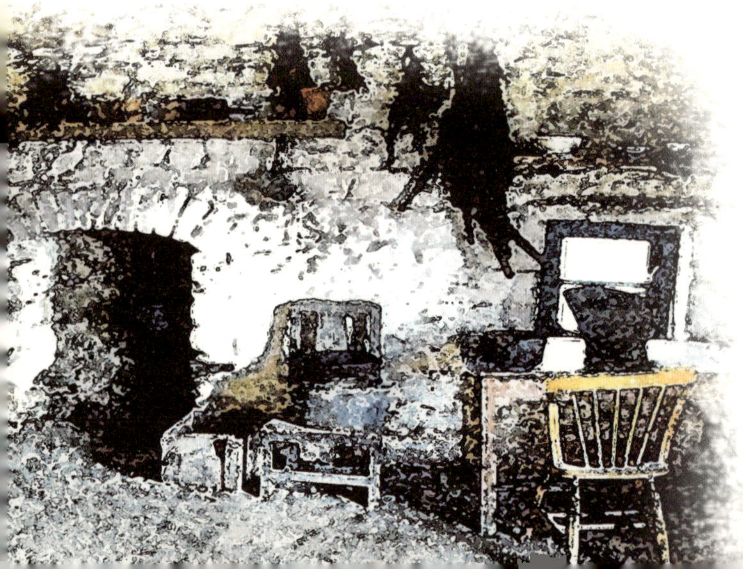

Il ne faut prendre ni femme ni étoffe
À la chandelle.

•

De trois choses Dieu nous garde :
De bœuf salé sans moutarde,
De valet qui se regarde,
Et de femme qui se farde.

•

Femme sage, reste à bon ménage.

•

Femme qui gagne et poule qui pond,
Sont le diable à la maison.

•

Bonne femme fait le bon homme.

•

Jeune femme, pain tendre et bois vert,
Mettent la maison au désert.

•

Bonne femme, mauvaise tête.

•

C'est la femme qui fait ou défait la maison.

•

Femme bien n'a ni yeux ni oreilles.

•

Femme sotte se connaît à la cotte.

•

Femme grosse, un pied dans la fosse.

Ce que femme veut, Dieu le veut.

•

Il faut être compagnon de sa femme,
Et maître de son cheval.

•

Temps pommelé, pomme ridée ;
Femme fardée, courte durée.

•

Soleil qui lézarde au matin,
Femme qui veut parler latin,
Petit enfant nourri de vin,
Vont rarement à bonne fin.

•

Bon juge et femme fidèle,
Il n'est rien de si peu commun.

Lenoble, *le Chat et le Coq*

Les filles

Qui a des filles est toujours berger.

•

Fille qui trop se mire peu file.

•

Fille aimant silence a grande science.

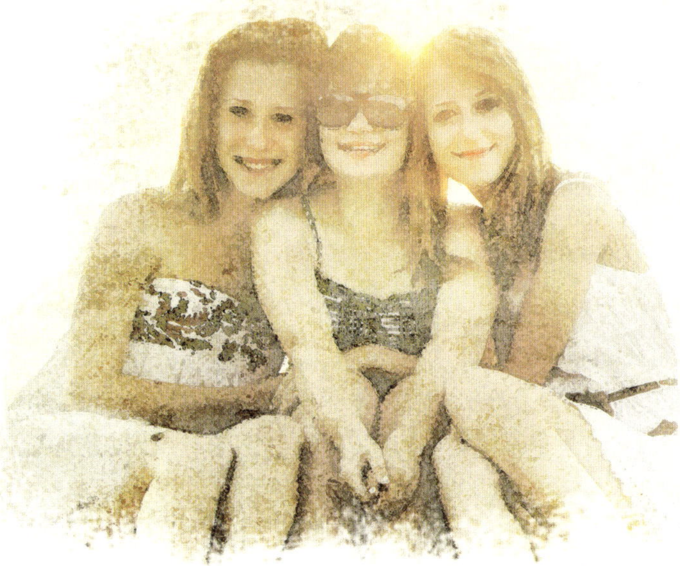

Quand la fille est mariée,
Viennent des gendres.

•

Filles sottes à marier sont pénibles à garder.

•

Toute fille qui sort souvent,
Montre qu'elle a la tête au vent.

•

Filles voyez l'épi de blé ;
Quand il est beau il baisse le nez.

Que les filles et les étoupes
Se tiennent loin du feu.

•

Fille oisive, a mal pensive.

•

Fille trop vue et robe trop vêtue
Ne sont pas bien chères tenues.

•

Morte ma fille, mort mon gendre.

•

Qui rencontre un bon gendre,
Trouve un fils,
Mais qui rencontre un mauvais,
C'est perdre sa fille.

Les fils

Il n'y a que d'un fils
Qu'on ne soit point jaloux.

Jules Renard, *Journal*

•

Le fils d'un scélérat peut être vertueux.

Lemonnier, *les Cruches*

•

Chacun est fils de ses œuvres.

Tel père, tel fils.

•

À père avare, fils prodigue.

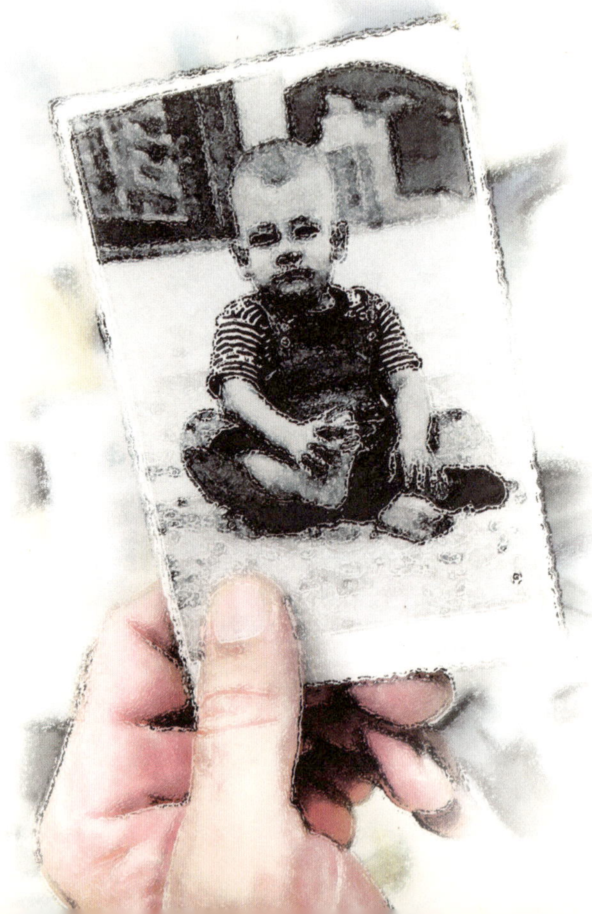

Les enfants

Les enfants et les fous
Sont devins.
Ils disent la vérité.

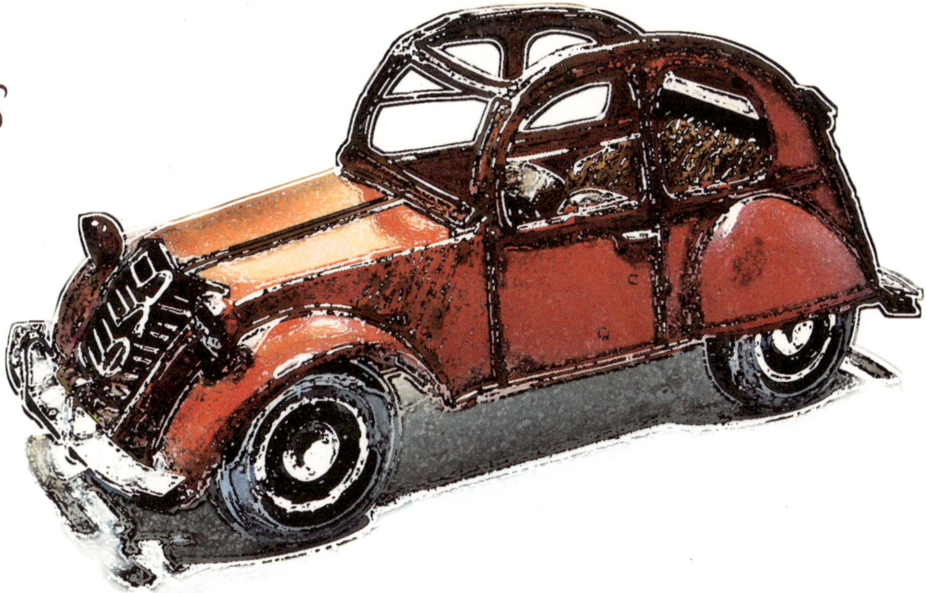

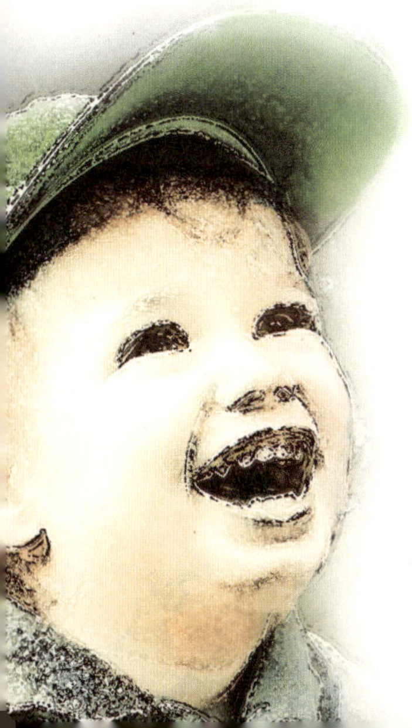

Les enfants sont
Ce qu'on les fait.

Les enfants et les galères
Se conduisent par l'arrière.

•

Les enfants vivent peu
Quand ils ont trop d'esprit.

•

Mieux vaut souffrir
Son enfant morveux,
Que de lui arracher le nez.

•

Est bien père qui nourrit.

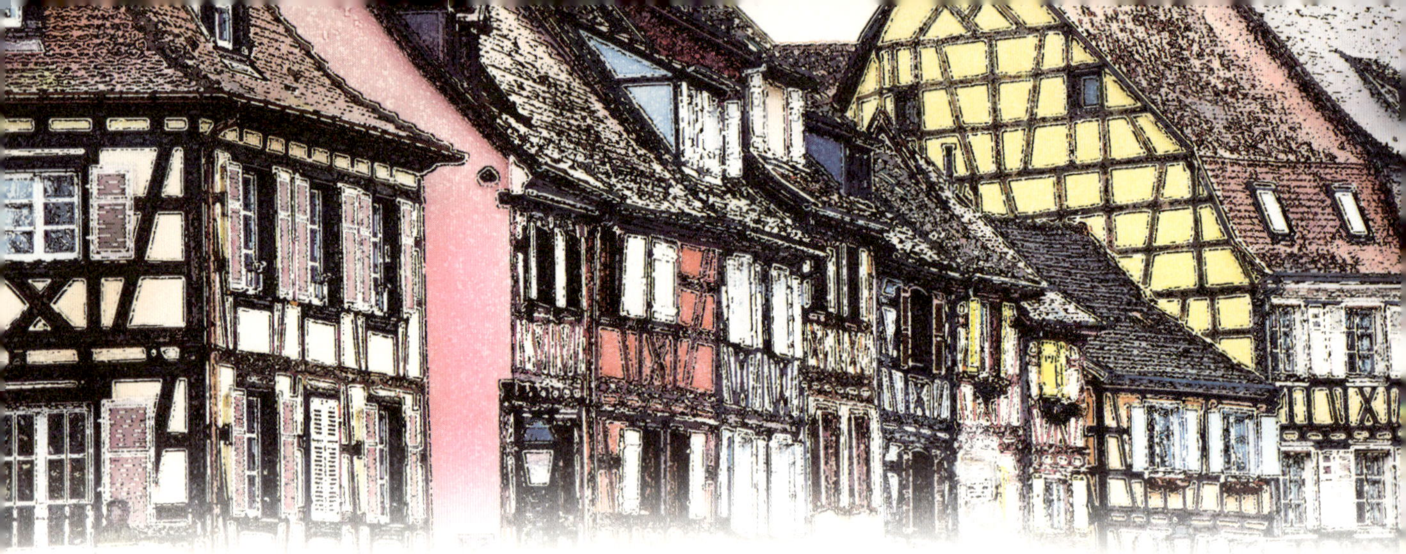

Les autres relations

Le voisinage

Bon avocat, mauvais voisin.

•

Souvent il faut baiser le bras
Dont on voudrait que la main fût coupée.

•

Que chacun balaie devant sa porte
Et les rues seront nettes.

Trop de civilités engendre importunité.

•

Tout se fait par compère et commère.

•

De grand seigneur, grand fleuve,
Et grand chemin,
Fuis, si tu peux, D'être voisin.

Tous gentilshommes sont cousins,
Tous vilains sont compères.

•

Qui a bon voisin, a bon matin.

Qui a félon voisin, a mauvais matin.

•

Il n'est voisin qui ne voisine.

Les alliances

Il est bon de voir avec qui l'on s'allie.
Lenoble, *le Vautour et le Renard*

•

Rien n'est plus dangereux
Que la fière alliance
Du courroux et de la puissance.
Charles Perrault, *le Lion enragé et la Chèvre*

•

Mieux vaut séduire que sévir.

•

Quatre yeux voient mieux que deux.

•

Plusieurs peu font beaucoup.

•

Qui compte sans son hôte,
Compte deux fois.

Les disputes, les guerres

Le bâton est le roi du monde.

•

Compagnon bien parlant,
Vaut en chemin chariot branlant.

•

Mieux vaut mauvaise route
Que mauvais compagnon.

•

Changement de propos réjouit l'homme.

•

À vieux comptes, nouvelles disputes.

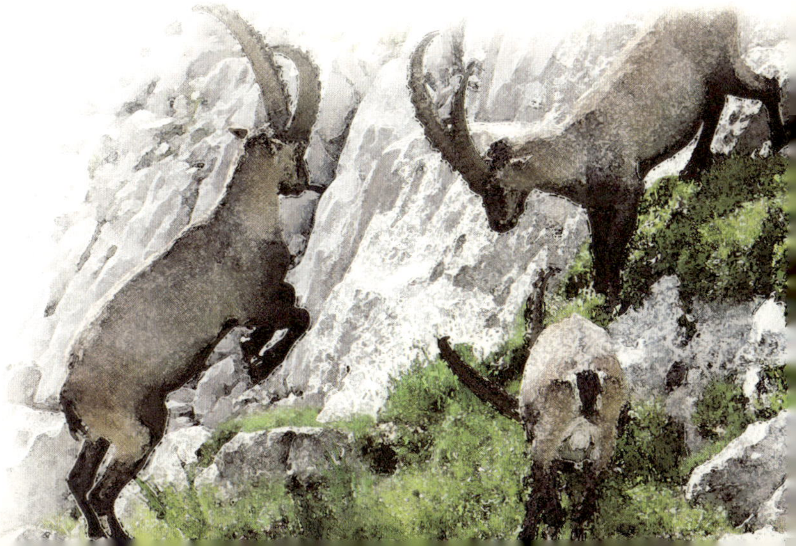

Contre un plus puissant que soi,
On ne dispute pas sans perte.

•

Des goûts et des couleurs,
On ne dispute pas.

•

On ne fait la guerre
Que pour faire enfin la paix.

•

À la guerre comme à la guerre.

•

Le guerrier doit avoir assaut de lévrier,
Fuite de loup et défense de sanglier.

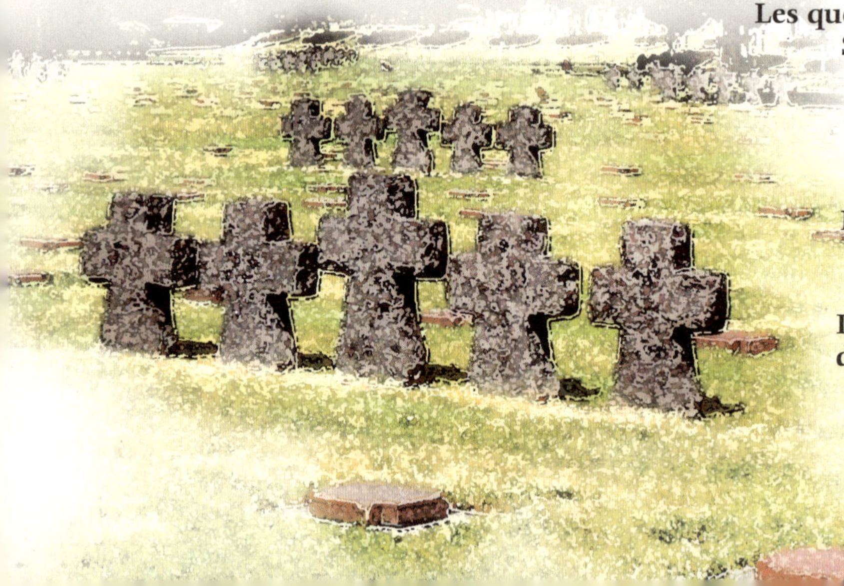

Guerre et pitié ne cheminent pas ensemble.

•

Les malentendus font les trois quarts
Des querelles.

•

Qui ne se mêle de rien, a paix de tout.

•

La guerre s'avance plus à obéir aux chefs,
Qu'à s'enquérir de leurs desseins.

•

Qui veut perdre quelqu'un
Lui trouve assez de torts.

•

Les querelles ne dureraient pas longtemps,
Si le tort n'était que d'un côté.

•

Querelle de gueux
Se raccommodent à l'écuelle.

•

Mieux vaut pain sec et la paix,
Que bonne chère et querelle.

•

Le plus grand commencement
de la victoire, c'est de pourvoir
À n'être pas vaincu.

Les relations de pouvoir

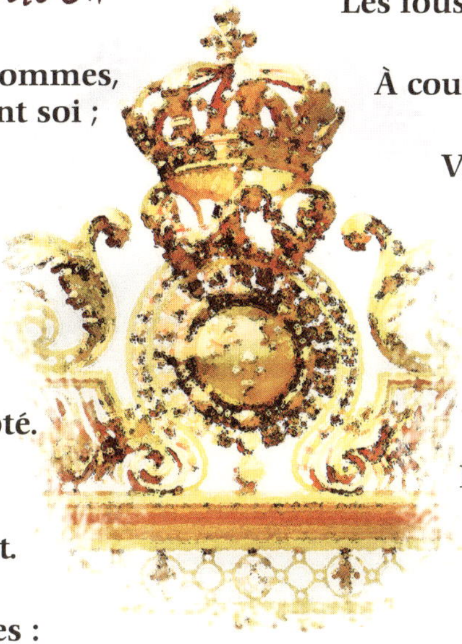

Quand on veut gouverner les hommes,
Il ne faut pas les chasser devant soi ;
Il faut les faire suivre.

Montesquieu

•

Il est bon d'être fort
Pour être respecté ;
Mais trop est trop,
Et l'excès de la force
A souvent son mauvais côté.

Nivernais, *le Bélier dangereux*

•

Les premiers vont devant.

•

Ne parle jamais des princes :
Si tu en dis du bien, tu mens ;
Si tu en dis du mal, tu t'exposes.

•

Prince doit faire qu'on le craigne.

•

Les princes ont les bras et les oreilles longues.

•

Mieux vaut s'adresser au roi,
qu'à ses ministres.

(Ou à Dieu qu'à ses Saints.)

Aux échecs,
Les fous sont les plus prés des rois.

•

À cour de roi, chacun pour soi.

•

Volonté de roi, n'a loi.

•

Si veut le roi,
si veut la loi.

•

Qui a mangé
L'oie du roi,
Cent ans après,
Il en rend la plume.

•

Sergent à roi,
est pair à comte.

•

Les rois ont de longs bras.

•

Devant les rois et les grands,
Soit muet, ou complaisant.

•

Alléguer l'impossible au roi, est un abus.

•

Rois et Dieux, mettent,
Quoiqu'on leur dise,
Tout en même catégorie.

Si souhaits fussent vrais,
Pastoureaux rois seraient.

•

Suzerain de paille, emporte vassal de fer.

•

À la mode des grands,
La canaille est devant.

•

N'est pas bien échappé,
Qui traîne son lien.

•

À passage et à rivière,
Laquais devant, maître derrière.

•

Tôt ou tard, de près ou de loin,
Le fort du faible a besoin.

•

Le plus fort chasse le plus faible.

•

Le plus fort fait la part au faible.

•

On n'est jamais grand homme
Pour son valet de chambre.

•

Maître indolent, valet insolent.

•

Voyage de maître, noces de valet.

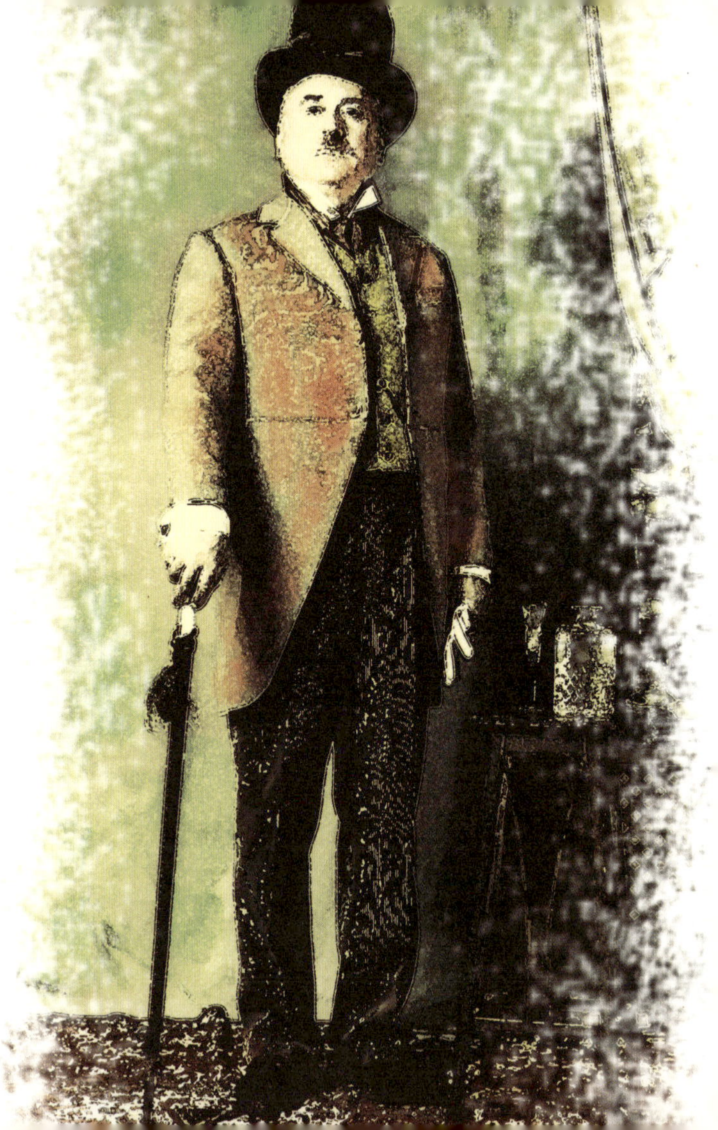

Tel maître, tel valet.

•

Les bons maître font les bons valets.

•

Au diable tant de maîtres !
Dit le crapaud sous la herse.

•

Pour quitter un mauvais maître,
On en prend souvent un pire.

•

Il n'est, pour voir, que l'œil du maître.

•

Un maître et la liberté
Ne peuvent s'accoupler.

•

Être son maître, vaut de l'or.

•

Dernier couché, premier debout,
Doit être chaque maître partout.

•

Il faut attacher l'âne
Comme le veut le maître.

•

Qui a compagnon, a maître.

•

Il ne faut pas vouloir en remontrer
À son maître.

Mieux vaut user ses souliers
Pour aller voir son maître,
Que son chapeau à force de le saluer.

•

L'œil du maître fait plus
Que ses deux mains.

•

L'œil du maître engraisse le cheval.

•

Peu à peu faut ronger et paître
Petit à petit l'on est maître.

•

Ce que maître veut et valet pleure,
Sont larmes perdues.

•

Qui se possède bien,
devient maître des autres.

•

Tant que le seigneur dort,
Le vassal veille ;
Et tant que le vassal dort,
Le seigneur veille.

Se disait des services et fruits du fief,
faute de quoi la terre était saisie.

La vie quotidienne

N'aille au banquet,
Qui ne veut pas manger ;
Ni sur la mer, qui a peur du danger ;
Ni à la cour, qui dit tout ce qu'il pense ;
Non plus au bal, qui n'aime pas la danse.

•

La chandelle qui va devant,
Éclaire mieux que celle qui va derrière.

•

Il n'est si male chose qui n'aide,
Ni si bonne qui ne nuise.

•

Il faut laisser aller le monde comme il va.

•

Point de nouvelles, bonnes nouvelles.

•

La nuit porte conseil.

•

Pays ruiné vaut mieux que pays perdu.

•

Rien n'arrive pour rien.

Tout sert au besoin.

•

Après le fait, ne vaut le souhait.

•

Tout passe, tout casse, tout lasse.

•

Vente, mort et mariage,
Résolvent tout louage.

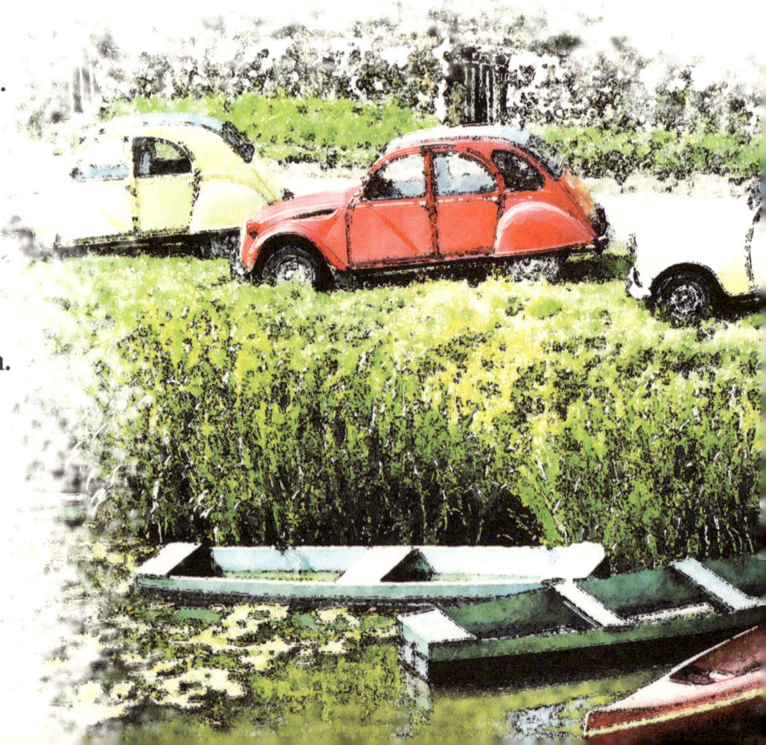

Les coutumes

Une fois n'est pas coutume.

•

Il ne faut pas laisser perdre
Les bonnes coutumes.

•

Des mauvaises coutumes,
naissent les bonnes lois.

•

Autre pays, autre coutume.

•

Il n'est règle sans exception.

•

Les honneurs changent les mœurs.

L'habitat

Château pris, ville rendue.

•

Ma maison est mon château.

•

Avant de bâtir, il faut savoir où se loger.

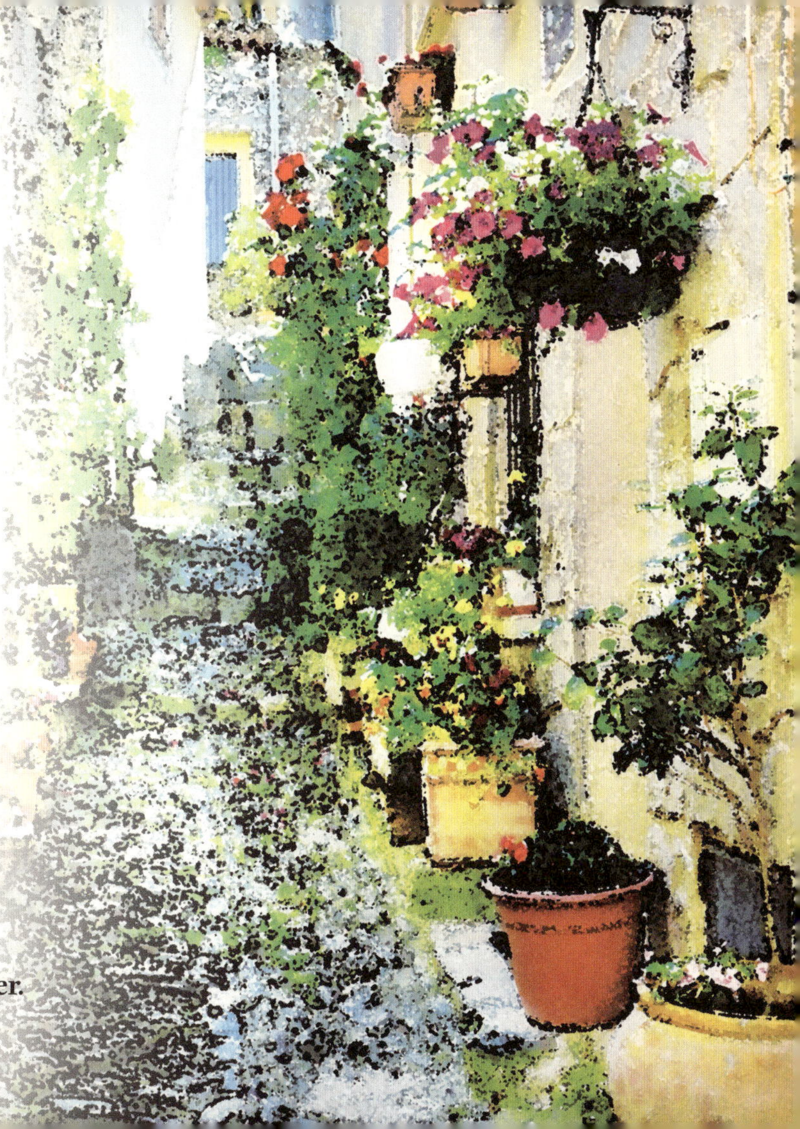

Trois déménagements valent un incendie.

•

Gardez votre maison, elle vous gardera.

•

Le lit est une bonne chose,
Si l'on n'y dort, on s'y repose.

•

Le lit est l'écharpe de la jambe.

•

Maison faite, et femme à faire.

•

Il n'y a pas de petit chez soi.

•

Chacun chez soi, c'est le meilleur.

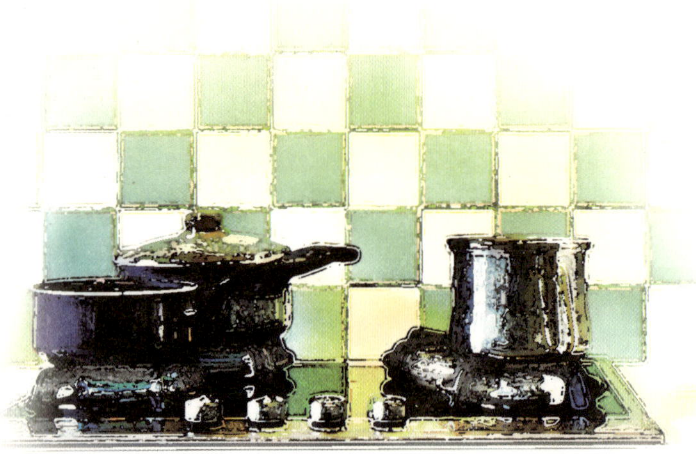

Les apparences

J'ai toujours vu
Que pour réussir dans le monde,
Il fallait avoir l'air fou et être sage.

Montesquieu

•

Mon Dieu, le plus souvent
L'apparence déçoit :
Il ne faut pas toujours juger
Sur ce qu'on voit.

Molière, *Tartuffe*

•

Les fous inventent la mode,
Et les sages la suivent.

•

On ne connaît ni les gens aux robes,
ni les chiens au poil.

•

Il vaut mieux faire envie que pitié.

•

Il ne faut honteux paraître,
ni aussi effronté être.

•

Par la corne se juge la bête,
Et l'homme par sa tête.

Les fous
Inventent la mode,
Et les sages la suivent.

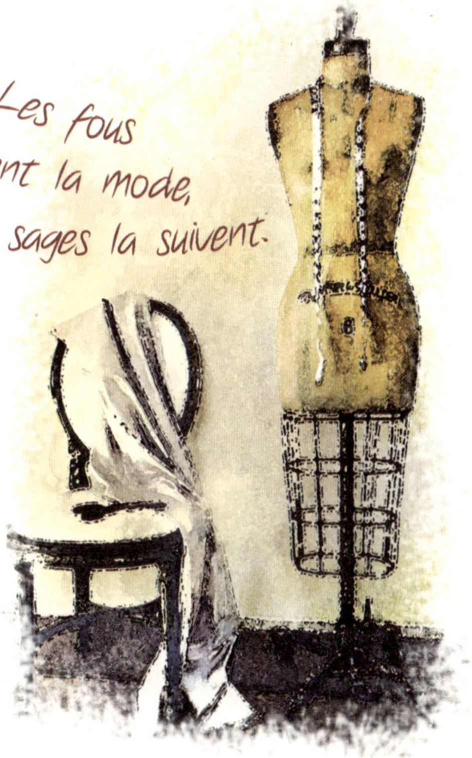

Homme qui a la meilleure mine,
N'a pas la meilleure échine.

•

Bonne mine vaut mieux
Que lettres de recommandation.

•

Face d'homme fait vertu.

Tel auteur, tel livre.

•

Grosse gens, bonnes gens.

•

L'habit fait l'homme.

•

Si l'habit ne fait pas l'homme,
du moins il le pare.

•

L'habit ne fait pas le moine.

•

D'un sac à charbon
Ne saurait sortir blanche mouture.

•

Il faut tailler son manteau
Selon son drap.

•

Les domestiques, comme les habits,
Se gâtent par l'usage.

•

On juge de la pièce, pas de l'échantillon.

•

Visage masqué, cœur à nu.

•

Les hommes ne se mesurent pas à l'aune.

•

Dame qui moult se mire, peu file.

Jamais miroir n'a dit à une femme
Qu'elle fut laide.

•

Les yeux sont le miroir de l'âme.

•

Un petit homme est homme entier
Comme un grand.

•

En petit corps gît bien bonne âme.

•

On doit plaire par mœurs,
Et non par robe de couleurs.

•

Ne soyez à la cour, si vous voulez y plaire,
Ni fade adulateur, ni parleur trop sincère.

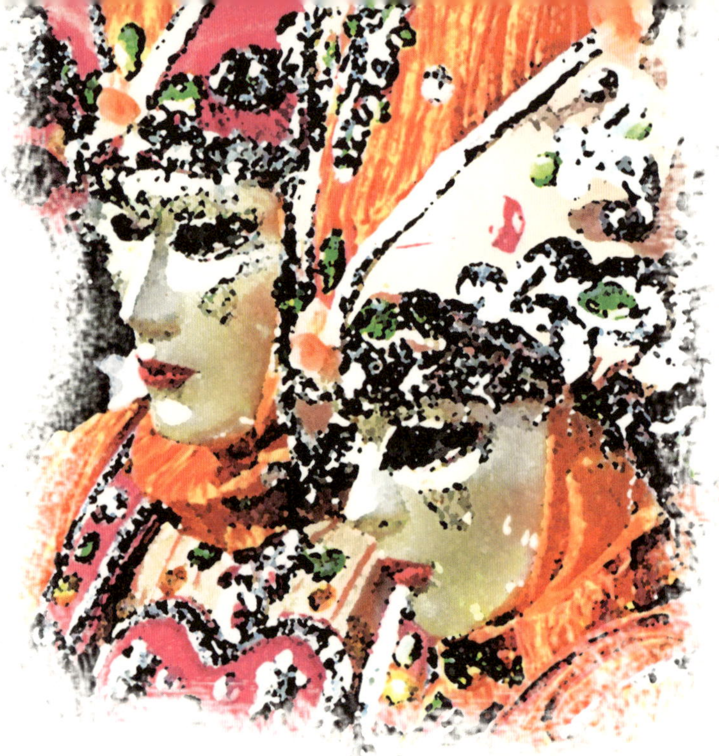

Les apparences trompeuses

Si l'on jugeait les choses sur les apparences,
Personne n'aurait jamais voulu
Manger un oursin.

Marcel Pagnol

•

Avec son air de rien, il est bon à tout.

Jules Renard, *Journal*

Tel semble être bon par dehors,
qui sent mauvais par dedans.

•

Le singe est toujours singe,
Fût-il déguisé en prince.

•

Beau noyau gît sous faible écorce.

Il ne faut pas se fier aux apparences.

•

On croit souvent un docteur,
Par l'habit, qui est menteur.

•

La pourpre est si belle couleur,
Qu'elle nous rend tout homme de valeur.

•

Le vin ne se connaît pas à l'étiquette,
Ni l'homme à l'habit.

•

Rien ne ressemble mieux
À un honnête homme, qu'un fripon.

•

Il est bon d'être habile,
Mais non de le paraître.

•

Sous le chapeau d'un paysan
Peut se trouver le conseil d'un prince.

•

À barbe rousse et noir cheveux,
ne te fie si tu ne veux.

•

Mauvaise tête bon coeur.

Les détails physiques

Il ne faut pas clocher devant les boiteux.

•

Il faut attendre le boiteux.

Il faut attendre la confirmation d'une nouvelle avant d'y croire.

•

Au pays des aveugles les borgnes sont rois.

•

Volontiers gens boiteux haïssent le logis.

•

En fait de nouvelles,
Il faut attendre le boiteux.

•

Chacun est bossu quand il se baisse.

•

Roux, tout bons, ou tout méchant.

•

Jamais grand nez n'a gâté beau visage.

•

Qui n'a pas de tête, n'a que faire d'un bonnet.

•

Mieux vaut tendre la main que le cou.

•

Mains de laine et dents de fer.

Main serrée, cœur étroit.

•

Barbe bien étuvée, est à demi rasée.

•

Torche ta barbe et dis que t'as bu.

•

Un barbier rase l'autre ;
Une main lave l'autre ;
Un âne frotte l'autre.

La justice

Un méchant accommodement
Vaut mieux que le meilleur procès.

•

Bailler caution est occasion
De double procès.

•

Bon droit ne se trouve pas mal d'aide.

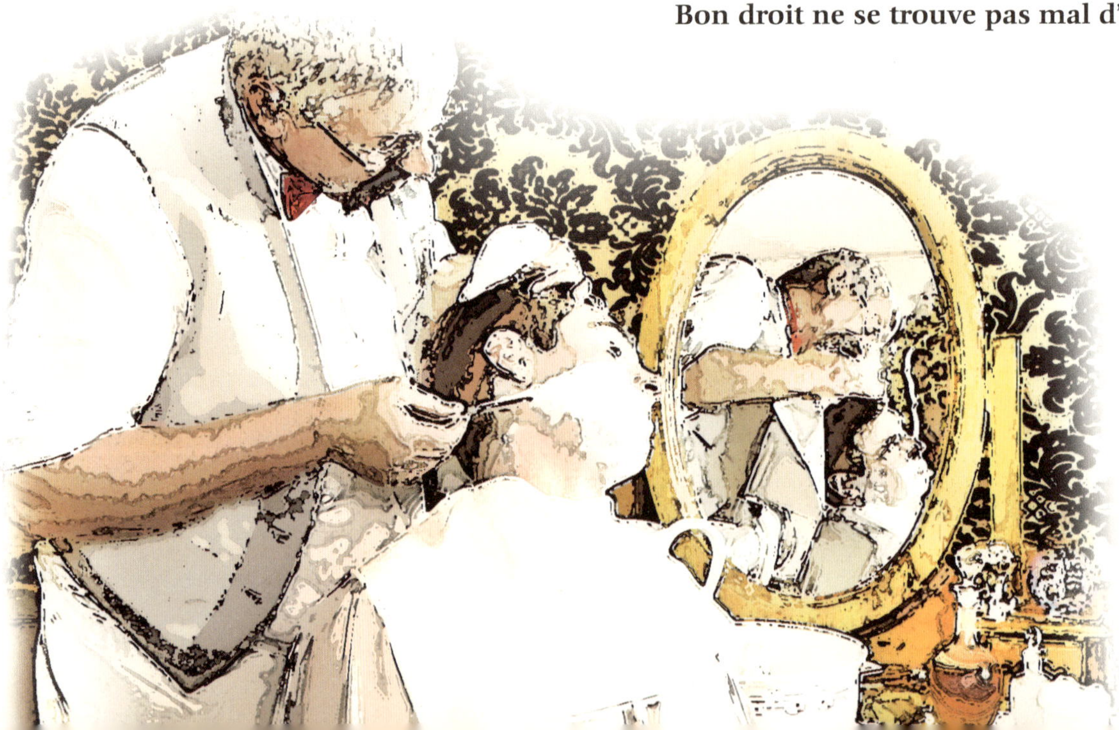

Bon droit ne se passe point d'aide.

•

Qui n'entend qu'une partie,
N'instruit pas le procès.

•

Ne laissez pas les gamins,
Sans justice ni pain.

•

Le gibet ne perd point ses droits.

•

De fou juge, prompte sentence.

•

Juges piteux, simples et mous,
Est la nourrice aux mauvais fous.

•

Quand le juge juger doit,
De tout courroux, garder se doit.

•

Qui tôt juge, et rien n'entend,
faire ne peut bon jugement.

•

Qui finement jure, finement se parjure.

•

Il ne faut jurer de rien.

•

S'il ne tient qu'à jurer, la vache est à nous.

•

Qui n'est que juste, est cruel.

Justice, punit petit cas.

•

Rien ne nuit tant aux lois, que leur nombre.

•

Noble convaincu d'un vilain cas,
Est puni comme vilain.

•

Les belles offres font perdre les bons procès.

•

Il faut trois sac à un plaideur :
Un sac de papier, un sac d'argent,
Et un sac de patience.

•

On plume les oies au village,
Et les plaideurs à la ville.

•

Il plaide bel, qui plaide sans partie.

•

Qui agit par procureur
Est trompé en personne.

•

Les rois et les seigneurs
Plaident par procureur.

•

Tel tribunal, telle déposition.

•

Qui prouve trop, ne prouve rien.

La santé

Débander l'arc ne guérit pas la plaie.

•

La guérison n'est jamais si prompte
Que la blessure.

•

Selon le bras, la saignée.

•

Les chirurgiens ne demandent
Que plaies et bosses.

•

Qui le sien donne avant de mourir,
Bientôt s'apprête à moult souffrir.

•

Aux fièvres et à la goutte,
Les médecins ne voient goutte.

•

Qui se sent galeux, qu'il se gratte.

•

Où il n'y a pas de mal,
Il ne faut pas d'emplâtre.

•

Où la dent fait mal, la langue s'y porte.

•

Le mal porte le repentir en croupe.

Le mal d'autrui ne guérit pas le nôtre.

•

À force d'aller mal, tout va bien.

•

On ne sent bien que ses propres maux.

•

Aux grands maux, les grands remèdes.

•

De deux maux, il faut éviter le pire.

•

Les maladies viennent à cheval,
Et s'en vont à pieds.

•

Homme fin, se lève matin.

•

À qui se lève matin,
Dieu aide et prête la main.

•

Homme matineux, sain, gai et soigneux.

•

Heureux le médecin
Qui vient sur la fin de la maladie.

•

La terre couvre les fautes des médecins.

•

Conserver libre oreille, cœur et mains.
Fait le doux vivre et le mourir serein.

Il vaut mieux courir au pain,
Qu'au médecin.

•

Trop de précautions entraîne trop de soins.

•

Qui désire vivre sain,
Dîne peu et soupe encore moins.

•

Tel croit être sain,
Qui porte la mort en son sein.

•

Qui n'a santé, n'a rien.

•

Tête froide, ventre libre et pieds chauds,
Sûrs remèdes à tous les maux.

•

Il tombe sur le dos et se casse le nez.

•

Autant de trous, autant de chevilles.

La longévité

Bon estomac et mauvais cœur,
C'est le secret pour vivre longtemps.

•

Il faut faire vie qui dure.

Qui peu endure, bien peu dure.

•

Coucher de poule et lever de corbeau
Écartent l'homme du tombeau.

•

Lever à six, dîner à dix ;
souper à six, coucher à dix ;
Font vivre l'homme dix fois dix.

•

Gens qu'on menace vivent longtemps.

•

Qui vit, peut vivre.

•

Qui vivra, verra.

•

N'est bien de vivre, mais bien vivre.

•

À vivre, on acquiert de l'âge.

•

À vivre, on apprend toujours quelque chose.

•

Pour vivre longtemps,
Il faut être vieux de bonne heure.

•

Il n'est que vivre et avoir du mérite.

•

Il faut vouloir vivre et savoir mourir.

La mort

Il ne fait pas bon battre un homme
La veille de sa mort.

•

Mieux vaut goujat debout,
Qu'empereur enterré.

Eau-de-vie, eau de mort.

•

Qui frappe du couteau, mourra de la gaine.

•

Les vieux vont à la mort,
Et la mort vient aux jeunes.

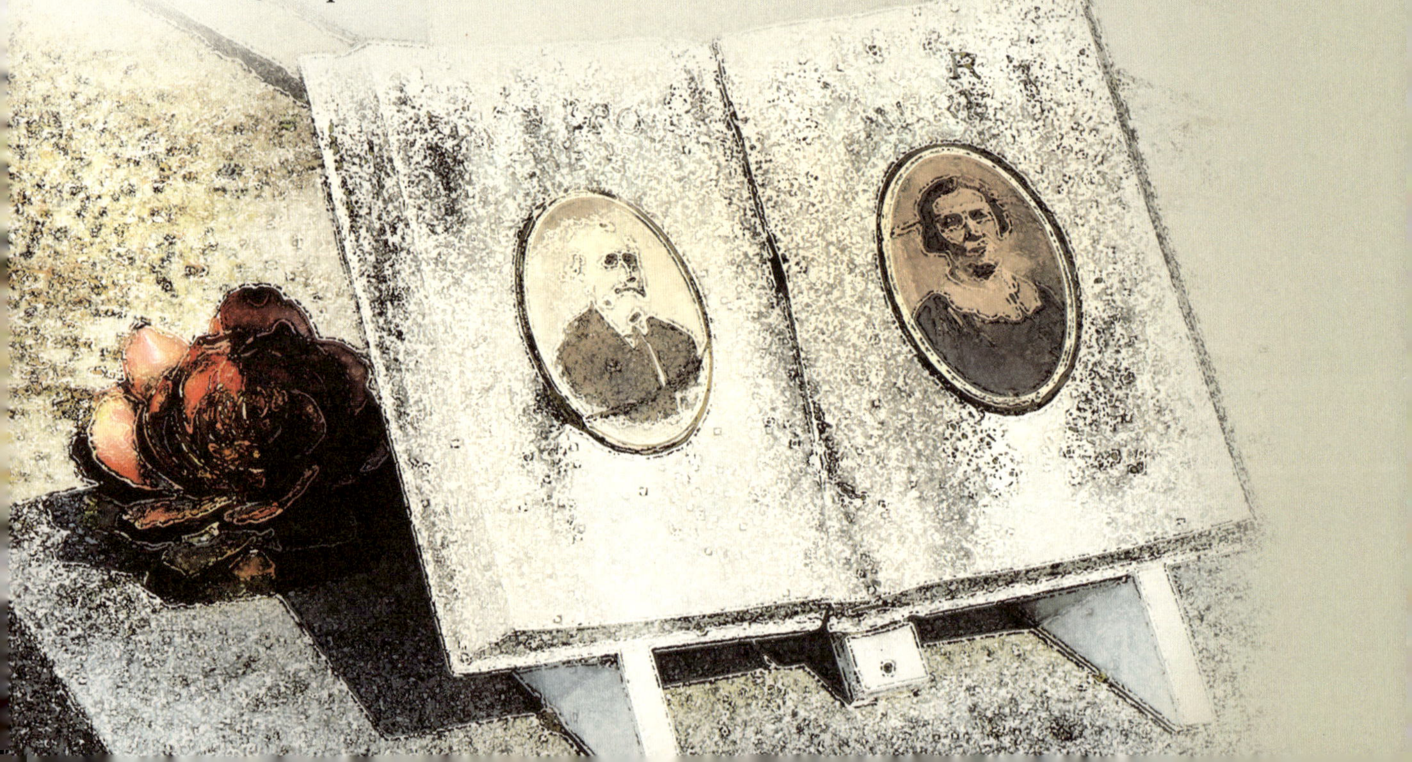

Il y a remède à tout sauf à la mort.

•

Contre la mort, point d'appel.

•

Tous les jours vont à la mort,
Et le dernier y arrive.

•

Plus de morts, moins d'ennemis.

•

Ne vous tuez pas pour le prochain.

•

Il ne faut pas troubler
Le repos des morts.

•

Le roi des souhaits est mort à l'hôpital.

•

Telle vie, telle fin.

•

Autant meurt veau que vache.

•

Va où tu peux, meurs où tu dois.

•

On ne sait ni qui meurt, ni qui vit.

La nourriture

Le mélange de nourriture
ne fait que pourriture.

•

Chier qui peut à son aise,
N'a pas toute sa vie malaise.

•

Il n'est sauce que d'appétit.

•

Besace bien promenée nourrit son maître.

•

Tel couteau, tel morceau.

•

Petite cuisine agrandit la maison.

•

Jamais bon cuisinier
N'a rendu son maître savant.

•

Après la panse, vient la danse.

•

Tout ce qui est doux à la bouche,
N'est pas forcément bon pour l'estomac.

•

Il ne faut pas s'embarquer sans biscuit.

Tel couteau, Tel morceau.

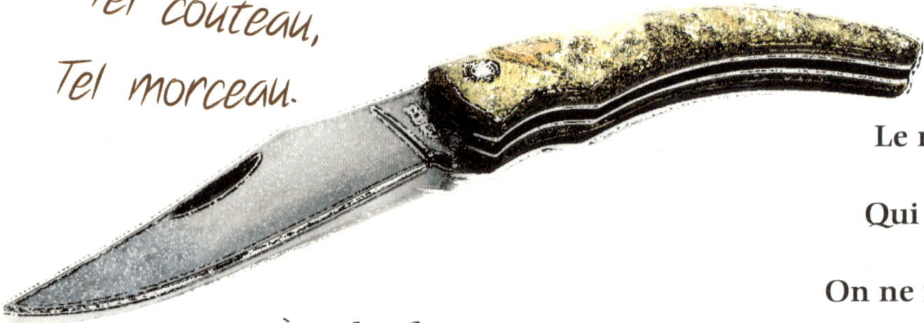

À mal enfourner,
On fait des pains cornus.

•

Bon grain périt, paille demeure.

•

Long manche, dur gigot.

•

Plus en emporte la mangeaille,
Que baïonnette et mitraille.

•

Qui ramasse ses miettes,
n'aura pas de disette.

•

Morceau avalé n'a plus de goût.

•

Morceaux caquetés se digèrent mieux.

•

Les premiers morceaux
Nuisent aux derniers.

Mieux vaut belle manche
Que belle panse.

•

Le mortier sent toujours ses aulx.

•

Qui touche la poix, s'en barbouille.

•

On ne manie pas la poix sans se poisser.

•

Qui arrive le premier (au moulin),
Premier engrène.

Les aliments

On ne saurait manier le beurre,
qu'on ne s'en graisse les doigts.

•

Qui approche le beurre du feu,
Ne l'empêchera pas de fondre.

•

Si tu as la tête de beurre,
Ne te fais pas boulanger.

•

Faute de blé,
On mange de l'avoine.

Pain qui ait des yeux,
Vin qui pétille, fromage qui pleure.

•

Fromage, poire et pain, repas de vilain.

•

Tout fromage est sain,
qui vient de chiche main.

•

L'huile est plus forte que le fer.

•

Cher est le miel qu'on lèche sur les épines.

•

Trop achète le miel
Qui sur les épines le lèche.

•

On prend plus de mouches
Avec une cuillerée de miel,
Qu'avec un tonneau de vinaigre.

Les légumes, fruits et épices

Les gingembre, poivre et épices,
Ne sont bons à qui ne pisse.

•

Plus on pile l'ail, plus il sent mauvais.

•

Ce n'est pas tout que des choux,
Il faut encore de la graisse.

•

Le fruit le plus mûr ne vous tombera pas
Dans la bouche.

•

Les prunes et le melon,
Mettent la fièvre en la maison.

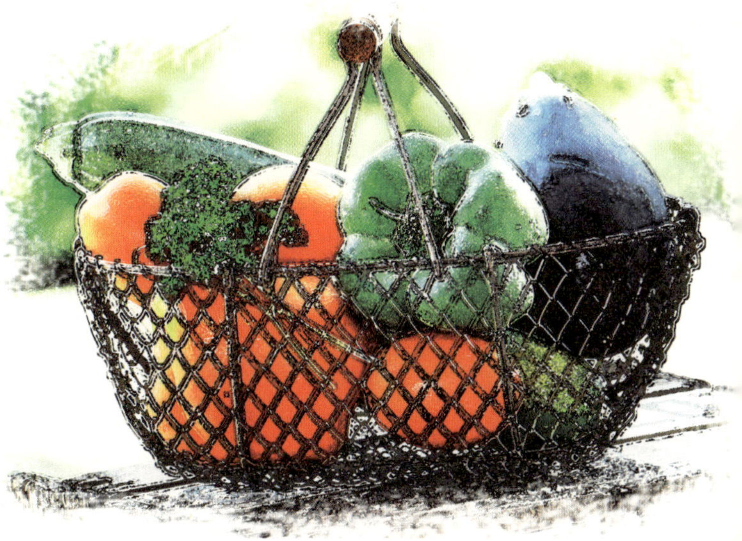

Dans les petites boîtes sont les fines épices.

•

Quand la poire est mûre, elle tombe.

•

Petits pois en ville, cerises au village.

•

La pomme ne tombe jamais loin de l'arbre.

•

Les vieilles savent faire bonne soupe.

•

De tourangeaux et angevins,
Bon fruits, bons esprits et bons vins.

Le pain

Pain dérobé réveille l'appétit.

•

Changer le pain de corbeille,
Parfois appétit réveille.

•

Réussir mieux en pain qu'en farine.
Bien terminer une affaire mal engagée.

•

Selon le pain, le couteau.

Pain qu'on dérobe
Et qu'on mange en cachette,
Plaît mieux que pain qu'on cuit
Et qu'on achète.

•

Poignée de main
Ne vaut pas poignée de pain.

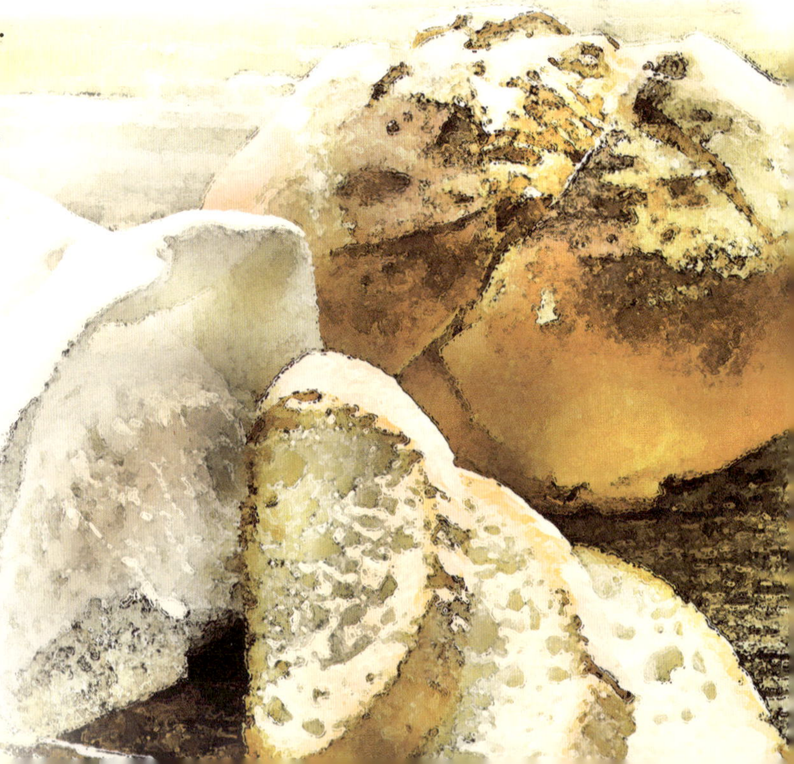

Les viandes et les poissons

La pire viande et la meilleure,
Font matière de même couleur.

•

On ne peut pas avoir le lard et le cochon.

•

Merlan, viande de laquais et de postillon.

•

Les mets cuits à petit feu
N'en sont que meilleurs.

•

La sauce fait manger le poisson.

•

Il n'y a point de viande sans os.

•

En toute viande
Il y a du gras et du maigre.

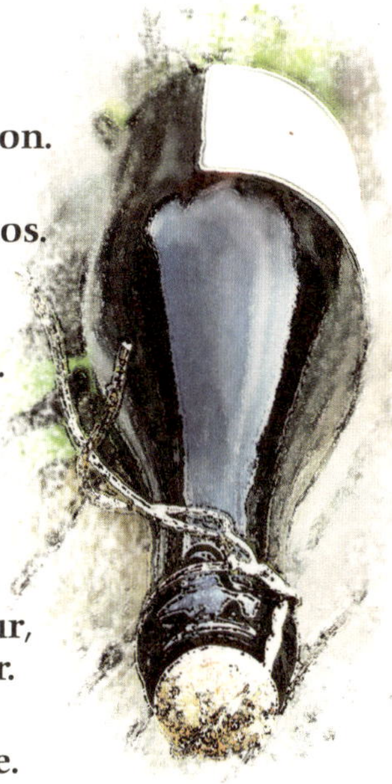

Les boissons

Ce que le sobre tient au cœur,
Est sur la langue du buveur.

•

Trop boire noie la mémoire.

•

Qui a bu, boira.

•

Assez boit qui a deuil.

•

Plus on boit, plus on veut boire.

•

Il n'y a que la première bouteille
Qui soit chère.

•

Le jeu et les bouteilles
Rendent les hommes égaux.

•

Aujourd'hui en chair,
Demain en bière.

•

Tant va la cruche à l'eau,
Qu'enfin elle se casse.

•

Tonneau plein,
N'en résonne que moins.

•

Il faut garder une poire
Pour la soif.

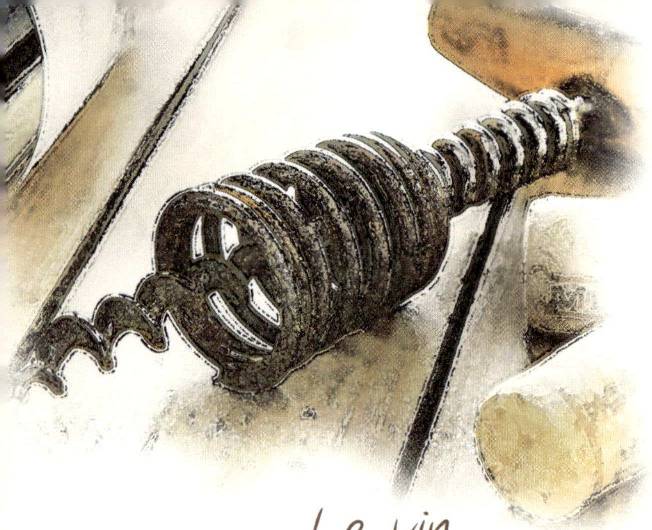

Le vin

Année de vin, point d'avoine.
•
On pardonne au vin
Mais on pend la bouteille.
•
Après bon vin, bon cheval.
•
C'est du bon vin
Que se fait le plus fort vinaigre.
•
Vin versé, n'est pas avalé.
•
Le vin est le lait des vieillards.

Vin sur lait, bien fait ; lait sur vin, venin.
•
Après la soupe un verre de vin,
Ôte une visite au médecin.
•
Vin tiré, il faut le boire.
•
Bon vin n'a pas besoin d'enseigne.
•
Le bon vin fait parler latin.
•
Bien met l'argent, qui en bon vin l'emploie.
•
Vinaigre donné, vaut mieux que vin acheté.

La faim

Crier famine sur un tas de blé.
Se plaindre quand on est dans l'abondance.
•
La faim chasse le loup du bois.
•
À la faim, il n'y a pas de mauvais pain.
•
Un bon repas doit commencer par la faim.
•
Avoir les yeux plus gros que le ventre.

Manger

L'appétit vient en mangeant,
la soif s'en va en buvant.

Rabelais, *Gargantua*

•

Manger plus que l'on ne doit,
Fait plus de mal qu'on ne croit.

•

Manger son blé en herbe.

Dépenser d'avance son revenu.

Qui mange tout le soir,
Le lendemain ronge son pain noir.

•

Ne mange pas des cerises avec des grands,
ils t'en jetteraient la queue au visage.

•

Il ne faut pas tant regarder
Ce que l'on mange, qu'avec qui l'on mange.

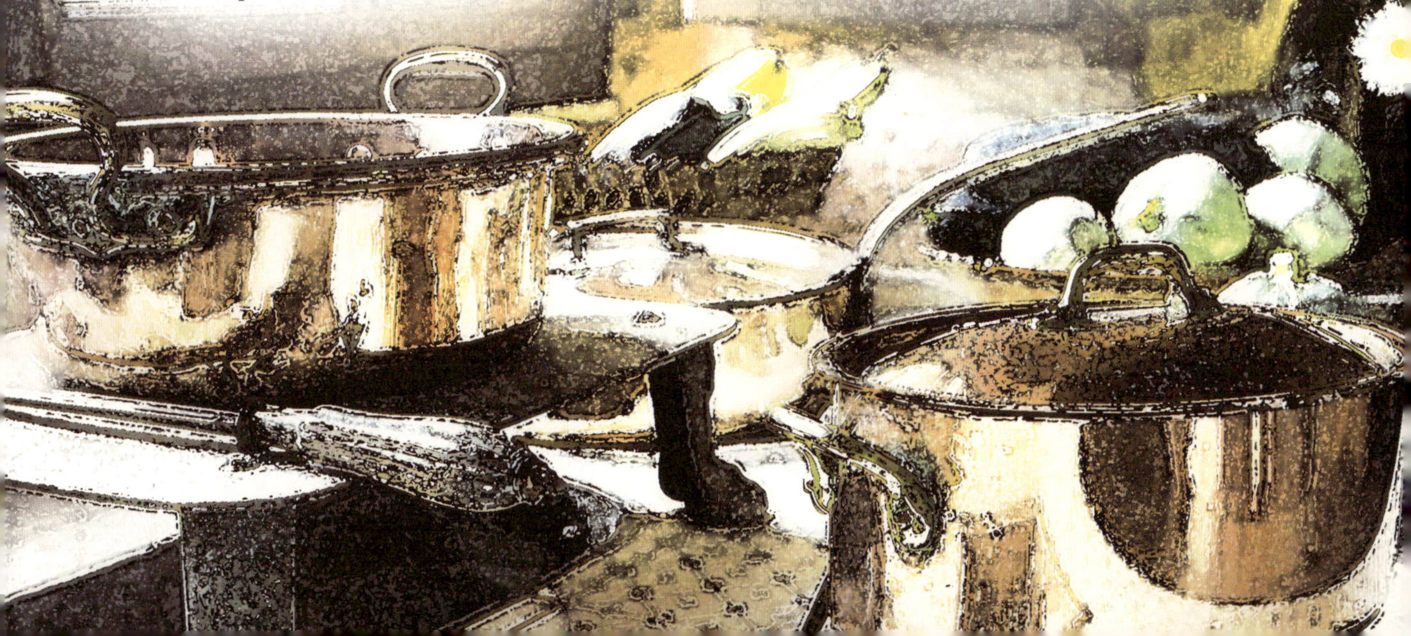

Bonne bête s'échauffe en mangeant.

•

Long à manger, long à tout.

•

Manger n'importe, si l'on ne digère.

•

À petit manger, bien boire.

•

Tu dois manger pour vivre,
Et non vivre pour manger.

•

Ce que gantelet saisit,
Gorgelet l'engloutit.

Le repas

Après dîner tu te reposeras
Ou tu feras mille pas.

•

Banquet de diables.

Repas où il n'y a point de sel.
On attribuait au diable
et aux sorciers une forte allergie au sel,
symbole d'éternité, car il conservait
la nourriture.

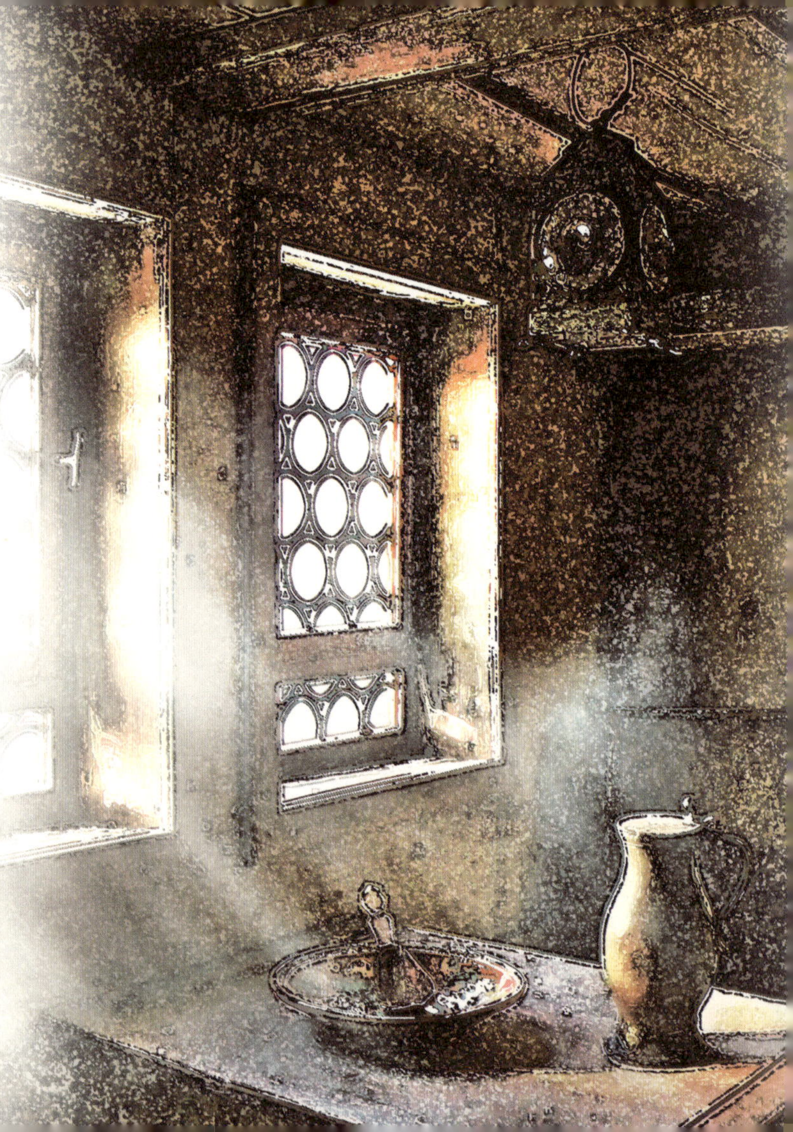

Qui dort dîne.

Dans les écoles de médecine médiévales, on enseignait que le sommeil tient lieu d'aliment lorsque, l'estomac étant plein de crudités, il faut lui laisser le temps de les digérer, sans le surcharger de viandes.

•

Petit diner longuement attendu,
n'est pas donné,
Mais chèrement vendu.

•

On ne dîne pas le matin,
Quand on est de noces le soir.

•

Qui se lève tard, dîne tard.

•

Léger repas, léger sommeil.

•

Ceux qui viendront les derniers au repas,
Dîneront tard, ou ne dîneront pas.

•

Table vaut bien école.

•

On ne vieillit pas à table.

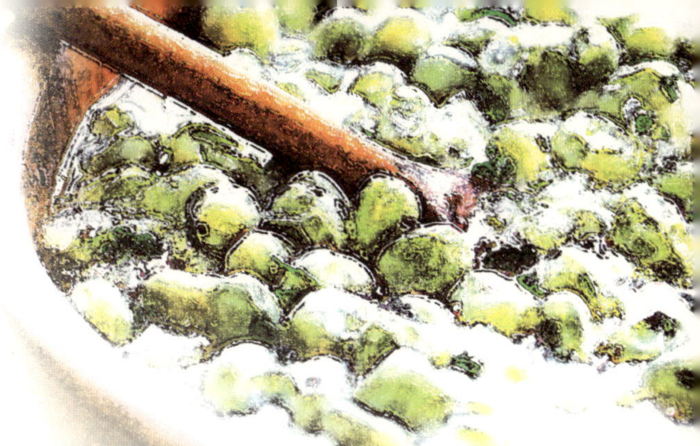

Le ventre et les dents

Ventre affamé n'a point d'oreilles.

•

Dents aiguës et ventre plat,
Trouvent tout bon ce qui est dans le plat.

•

La meilleure alchimie se fait avec les dents.

•

Le pain nous vient
Lorsqu'on n'a plus de dents.

•

Ventre glouton, n'a point cœur généreux.

•

Ce qu'on gagne par le gosier
S'en va par le gésier.

L'âge, Le temps qui passe

Impossible de vous dire mon âge,
il change tout le temps.

Alphonse Allais

•

L'homme arrive novice
À chaque âge de sa vie.

Chamfort, *Caractères et anecdotes*

•

Tout âge porte ses fruits,
Il faut savoir les cueillir.

Raymond Radiguet

•

Jusqu'à trente ans, artiste,
Jusqu'à cinquante, homme d'action,
Jusqu'à la mort, le sage.

Jules Renard, *Journal*

•

Qui n'a l'esprit de son âge,
De son âge a le malheur.

•

Cent ans ne sont pas si longs
Qu'ils en ont la mine.

Année en foin fertile, année hélas stérile.

•

Un peu plus tard, un peu plus vite,
Nous venons tous au même gîte.

•

Ne perdez pas une heure,
Car vous n'êtes pas sûr d'une minute.

•

Nous ne comptons les heures
Que quand elles sont perdues.

•

Il n'est si grand jour qui ne vienne à vespre.

Un jour en vaut deux,
Pour qui fait chaque chose en son lieu.

•

La lame use le fourreau.

•

À la longue tout se sait.

•

L'homme ne fait rien sans le temps,
Ni le temps sans l'homme.

•

Il faut prendre le temps comme il vient.

•

Le temps passé ne revient jamais plus.

Rien ne se fait sans le temps.

•

Perte de temps, pis que perte d'argent.

•

Il y a temps pour l'âne,
Et temps pour le meunier.

•

Ce que nous appelons assez de temps,
Se trouve souvent trop court.

•

Si vous aimez la vie,
Ne dissipez pas le temps ;
Car la vie en est faite.

•

Il faut prendre le temps comme il vient,
Les hommes comme ils sont,
L'argent pour ce qu'il vaut.

•

Cent ans bannière, cent ans civière.

Jeunesse et vieillesse

Jeune qui veille et vieux qui dort,
Sont tous deux prés de la mort.

L'enfant et le vieillard aiment
Qu'on les écoute.

•

Il faut vieillir ou mourir jeune.

•

En vieillissant on devient plus sage
Ou plus sot.

•

Pour être vieux longtemps,
Il faut l'être
De bonne heure.

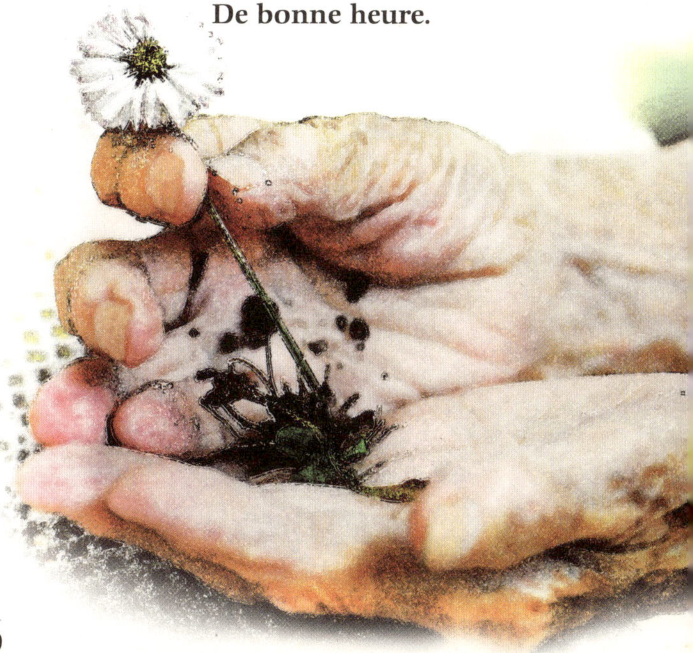

Boisson de vieux vin,
Conseil de vieilles gens.

•

Il y a deux choses qui gagnent à vieillir :
Le bon vin et les amis.

•

Si jeunesse savait, si vieillesse pouvait.

•

Avec les vieux discourir, avec les jeunes rire.

•

Ancienneté a autorité.

•

Il faut que jeunesse se passe.

•

Double jeune, double morceau.

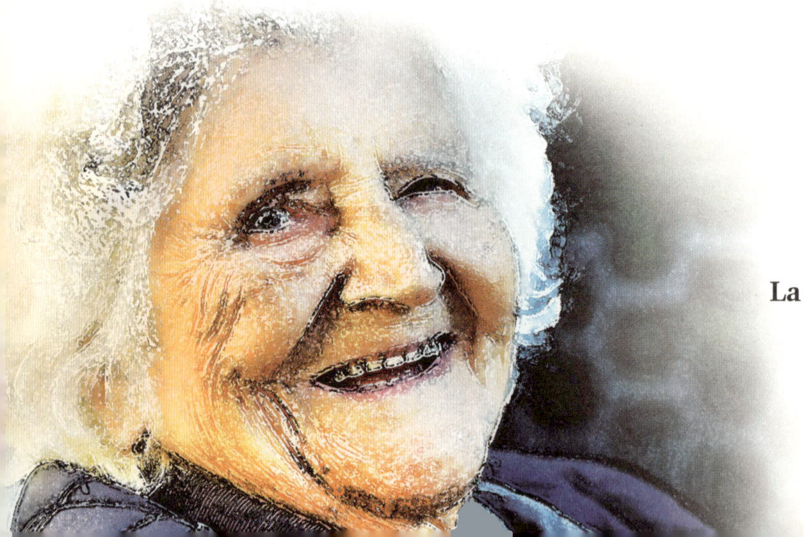

Le comportement

Les qualités

Dis moi qui tu hantes, je te dirai qui tu es.

•

L'enfer est pavé de bonnes intentions.

•

On n'est jamais si bien servi
Que par soi-même.

La beauté

Tout est beau.
Il faut parler d'un cochon
Comme d'une fleur.

Jules Renard, *Journal*

•

La beauté est une promesse de bonheur.

Stendhal

•

La beauté sans bonté
Est comme un vin éventé.

Beauté n'est qu'image fardée.

•

Par grande beauté est l'homme hébété.

•

Beau visage et cœur arrière.

•

Beauté de femme n'enrichit homme.

•

En grande beauté rarement loyauté.

•

Femme fort belle est rude et rebelle.

•

Beau et bon on ne peut pas être.

•

De bonne amour vient beauté.

Le bénéfice

Plus un bénéfice est illégal,
plus l'homme y tient.

Honoré de Balzac, *César Birotteau*

•

Bénéfice à l'indigne est maléfice.

•

On ne peut avoir en même temps
Femme et bénéfice.

Autrefois, certains bénéfices ne pouvaient être collectés que par des moines ou des prêtres.

•

Il faut prendre le bénéfice avec ses charges.

•

Il ne faut qu'une étincelle
Pour faire un grand incendie.

Le bon sens, l'opportunisme

Avec du bon sens, le reste vient.

•

Avec hommes de bon sens,
il y a ressource souvent.

•

À qui veille, tout se réveille.

•

Il faut avoir plus d'une corde à son arc.

•

Il faut prendre la balle au bond.

•

Quand la cornemuse est pleine,
On n'en chante que mieux.

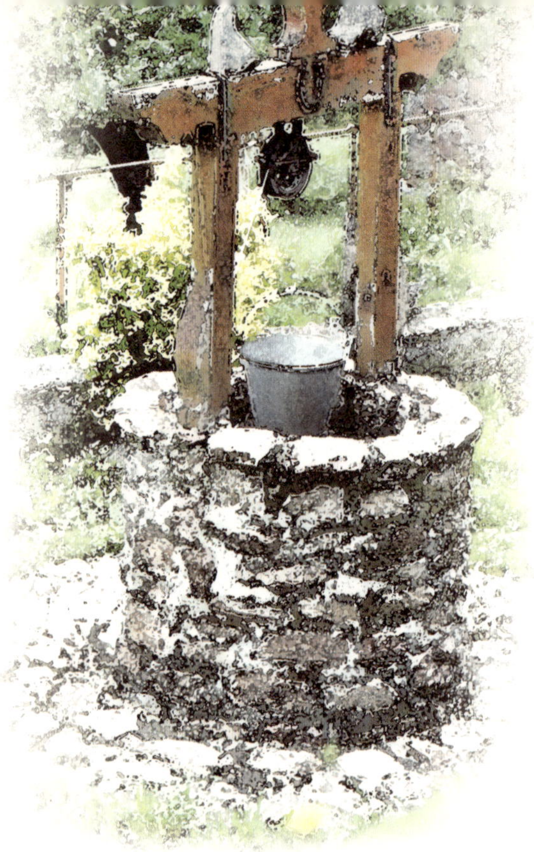

Il faut puiser
Tandis que la corde est au puits.

•

Tout n'est pas de courir,
Il faut partir à point.

On ne donne rien pour rien.

•

Si tu veux qu'on t'épargne,
Épargne aussi les autres.

•

Bonne épée, point querelleur.

•

Il faut battre le fer tant qu'il est chaud.

•

Ce n'est pas tout d'avoir bonne cause,
Il faut encore savoir solliciter.

•

Plus fait douceur que violence.

•

Ce qui arrive à l'un peut arriver à l'autre.

•

Il faut se prêter à autrui,
et ne se donner qu'à soi.

•

Dans le doute, abstiens-toi.

•

Mieux vaut plier que rompre.

•

Il ne faut pas mettre les armes
Aux mains d'un furieux.

•

Ne t'attend qu'à toi seul.

La bonté

On fait souvent du bien
Pour pouvoir impunément faire du mal.

La Rochefoucauld, *Maximes*

•

Un sot n'a pas assez d'étoffe pour être bon.

La Rochefoucauld, *Maximes*

•

Celui qui a bon cœur n'est jamais sot.

George Sand, *François le Champi*

•

C'est difficile d'être bon
Quand on est clairvoyant.

Jules Renard, *Journal*

•

Beau et bon on ne peut pas être.

•

Bonté vaut mieux que beauté.

•

Il faut avoir le cœur haut,
Eût-on la fortune basse.

•

La pitié est une loi contre la justice,
La bonté est un devoir comme la probité.

Victor Hugo

La charité, le don

Qui donne au pauvre, prête à Dieu.

Victor Hugo, *les Voix intérieures*

•

Charité bien ordonnée
Commence par soi-même.

•

La main du pauvre
Est la bourse de Dieu.

•

Donner au pauvre n'appauvrit pas.

•

Nul ne peut donner ce qu'il n'a.

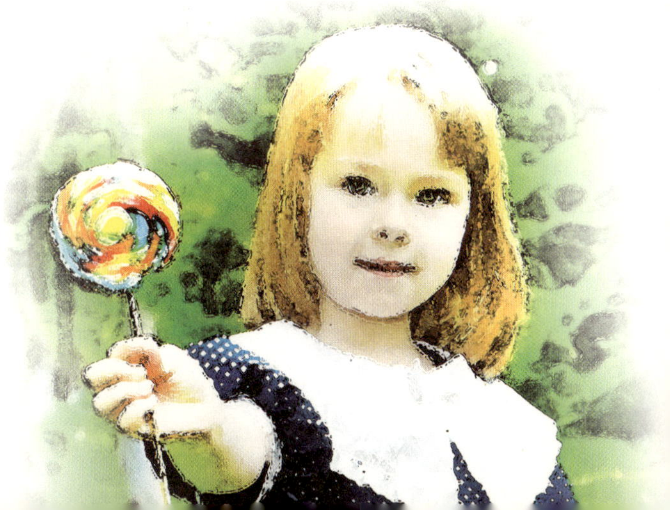

À qui vous donnez, il l'écrit sur le sable,
Et à qui vous l'ôtez, il l'écrit sur l'acier.

•

Si tu veux donner par savoir (avec bon sens),
Que ton don ne passe ton pouvoir.

•

Une chose bien donnée,
N'est perdue ni égarée.

•

Donner et retenir, ne vaut.

•

Qui donne mal, ne donne rien.

•

Tard donner, c'est refuser.

•

Soit muet en donnant,
Et parle en recevant.

•

Qui donne tôt, donne deux fois.

•

Ce qu'on donne aux méchants,
Toujours on le regrette.

•

Qui ne donne pas ce qu'il aime,
Ne reçoit pas ce qu'il désire.

•

Donner pour Dieu, n'appauvrit l'homme.

La façon de donner
Vaut mieux que ce qu'on donne.

•

Mieux vaut donner que recevoir.

•

Une belle âme reçoit en donnant,
Et un ingrat dérobe en recevant.

•

Donne au reconnaissant
Plus qu'il ne demande.

•

Mieux vaut dire : veux-tu du mien,
que non pas : donne-moi du tien.

Les conseils

Conseil est bon, mais aide est encore mieux.

•

Prends bref conseil et fais ton fait.

•

Rien ne se donne si libéralement
Que des conseils.

•

Les conseillers n'ont pas de gages.

•

Les conseilleurs ne sont pas les payeurs.

Il n'est de bons conseils,
à moins qu'on ne le suive.

•

À parti pris, point de conseil.

•

On ne pèche point
Quand on pèche par conseil.

•

Mauvais conseil retombe sur qui le donne.

Le courage

On ne peut répondre de son courage
Quand on n'a jamais été dans le péril.

La Rochefoucauld, *Maximes*

•

C'est dans les grands dangers
Qu'on voit les grands courages.

Jean-François Regnard

•

Le courage consiste à savoir choisir
Le moindre mal.

Stendhal, *la Chartreuse de Parme*

•

Le courage, c'est l'art d'avoir peur
Sans le montrer.

À cœur vaillant rien d'impossible.

•

Au danger on connaît les braves.

•

À bien souffrir se dispose,
Qui beaucoup dans la vie ose.

•

Faut grand courage pour souffrir,
et encore plus pour mourir.

•

Avec étude et courage,
Le plus faible en tout fait rage.

•

Jamais par le bras d'autrui,
Grands états n'ont été conquis.

•

Qui ne hasarde rien, n'a rien.

•

Présence d'esprit est courage.

•

Quand on ne peut plus reculer,
il faut savoir sauter.

•

Le mieux servi n'est pas celui,
Qui au bout de ses bras
Mets les mains d'autrui.

•

N'est pas maître qui n'ose commander.

Il est plus aisé
De réprimer une première fantaisie,
Que de satisfaire
Celles qui viennent ensuite.

•

Qui prend, s'engage.

•

Pour exécuter de grandes choses,
Il faut vivre comme si on ne devait
Jamais mourir.

Vauvenargues,
Réflexions et Maximes

La courtoisie

Courtoisie qui ne vient que d'un côté,
Ne peut longtemps durer.

•

Courtois de bouche, main au bonnet,
Peu coûte, et bon est.

•

Courtoisie vaut beaucoup
Contre rusé ennemi.

•

Courtoisie passe beauté.

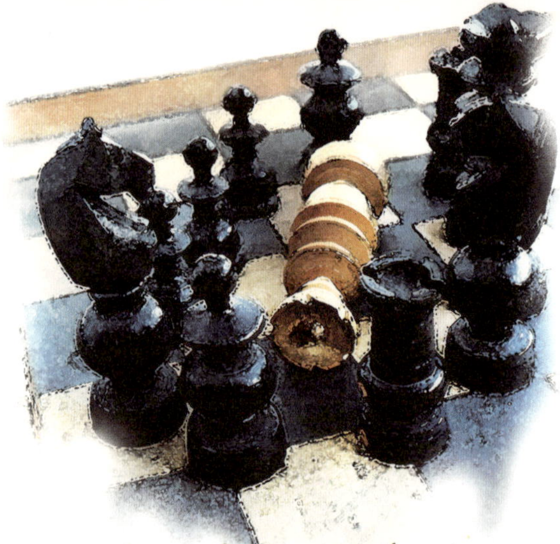

La finesse, l'adresse

On peut être plus fin qu'un autre,
Mais non pas plus fin que tous les autres.

La Rochefoucauld, *Maximes*

•

Le grand art de l'homme fin
Est de ne le point paraître.

Montaigne, *Essais*

•

Aux méchants il faut opposer la finesse.

Du Houllay, *le Milan et les petits Oiseaux*

•

Adresse passe force.

La force

Bon cavalier monte à toute main.

•

Il faut que force reste à justice.

•

Tout ce qui branle ne tombe pas.

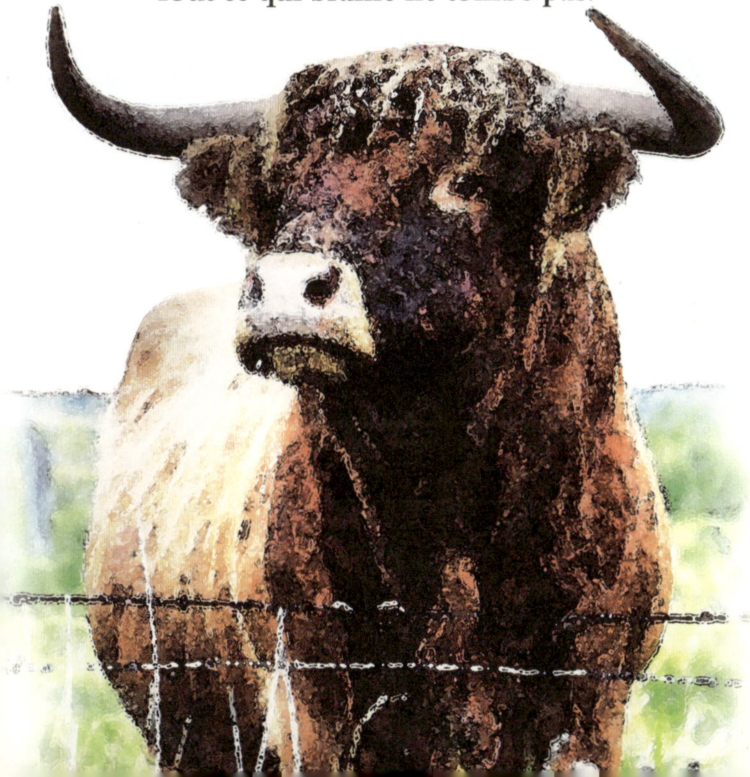

Force n'est pas droit.

•

Fort est qui abat,
Mais plus fort qui se relève.

•

Où force domine, raison n'a pas lieu.

•

Contre forts et contre faux,
ne valent ni lettres ni sceaux.

L'honneur, la noblesse et le devoir

Homme d'honneur n'a qu'une parole.

•

À tous seigneurs, tous honneurs.

•

Les honneurs coûtent.

•

L'honneur est à craindre ce que l'on doit,
et à y pourvoir.

•

Bon capitaine, bons soldats.

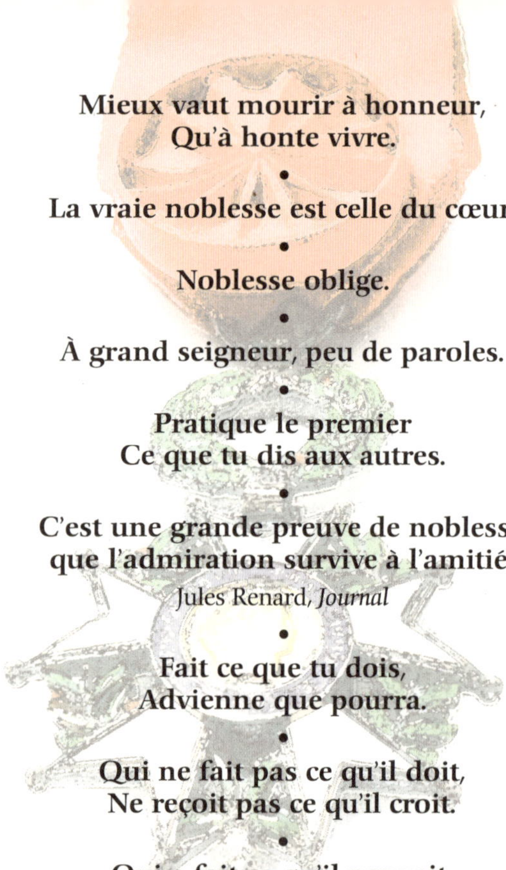

Mieux vaut mourir à honneur,
Qu'à honte vivre.

•

La vraie noblesse est celle du cœur.

•

Noblesse oblige.

•

À grand seigneur, peu de paroles.

•

Pratique le premier
Ce que tu dis aux autres.

•

C'est une grande preuve de noblesse
que l'admiration survive à l'amitié.

Jules Renard, *Journal*

•

Fait ce que tu dois,
Advienne que pourra.

•

Qui ne fait pas ce qu'il doit,
Ne reçoit pas ce qu'il croit.

•

Qui a fait ce qu'il pouvait,
a fait ce qu'il devait.

•

Qui fait tout ce qu'il peut,
n'est pas tenu à davantage.

Le pardon, la confiance

Le pardon aux fautes légères,
Et la sévérité aux grandes.

•

Pardonne à tous mais non à toi.

•

Ne sait point pardonner
Qui ne sait pas punir.

•

À bon entendeur, demi mot.

•

À bon entendeur, il ne faut qu'une parole.

•

Veux-tu rendre le voleur honnête homme ?
Fie-toi à lui.

La patience, la tempérance

Qui attend, s'ennuie.

•

Tout vient à point à qui sait attendre.

•

On prend souvent l'indolence
Pour la patience.

Qui ne se lasse point,
Arrive à sa fin.

Qui restreint ses besoins,
Sera d'autant plus libre.

•

Pas à pas on va loin.

•

Il n'y a que le premier pas qui coûte.

•

Patience et longueur de temps,
font plus que force ni que rage.

•

Patience menée à bout, se tourne en fureur.

•

La patience vient à bout de tout.

•

Pierre qui roule n'amasse pas mousse.

•

La vertu consiste dans le milieu.

•

Qui veut voyager loin, ménage sa monture.

•

La simple honnêteté
Est la meilleure politesse,
Et la tempérance, le meilleur médecin.

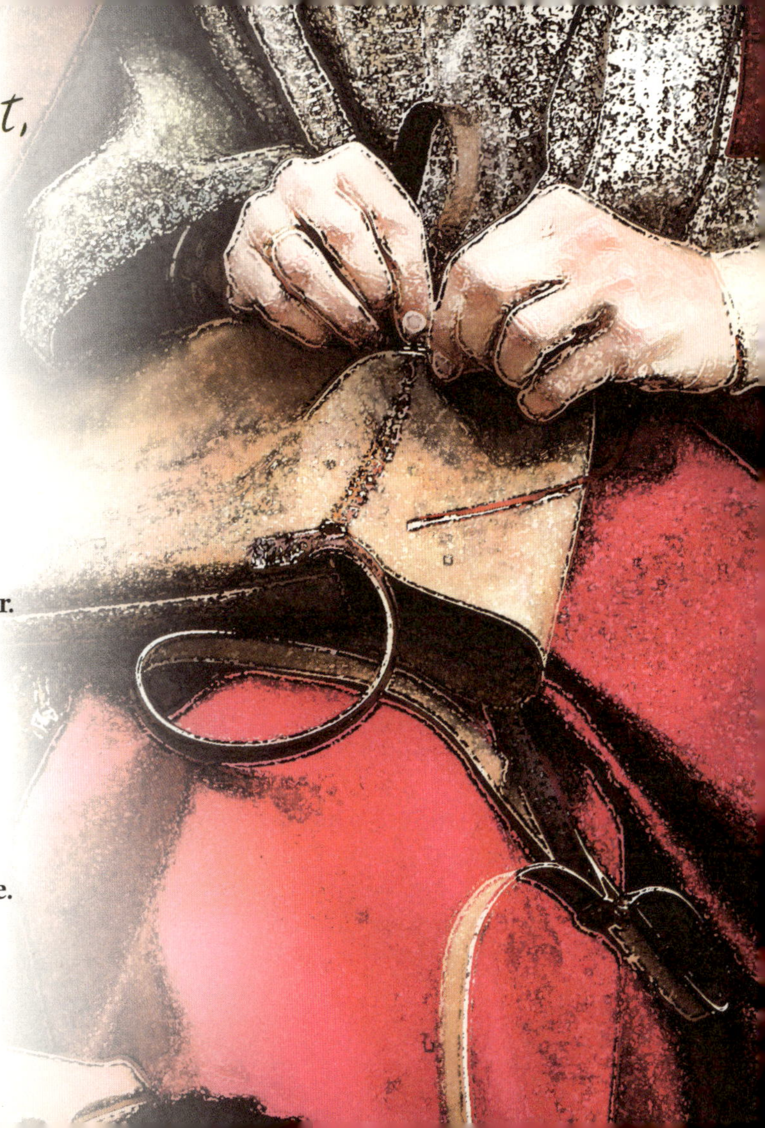

La persévérance

Persévérance arrive à récompense.

•

Grand bien ne vient pas en peu d'heures.

•

Pierre à aiguiser, n'est pas tenue de couper.

Les promesses

Promesse de grand, n'est pas testament.

•

On promet comme on veut,
Et l'on tient comme on peut.

•

Promettre est quelque chose,
Mais tenir est encore mieux.

•

Tel se ruine à promettre,
Qui s'acquitte à ne rien tenir.

•

Promettre et tenir
Sont deux.

Qui promet tout, ne donne rien.

•

Promets peu et tiens ton don.

•

Mieux vaut donner sans promesse,
Que promettre sans tenir.

•

Qui tarde à tenir ce qu'il a promis,
Se repent d'avoir promis.

•

Chose promise, chose due.

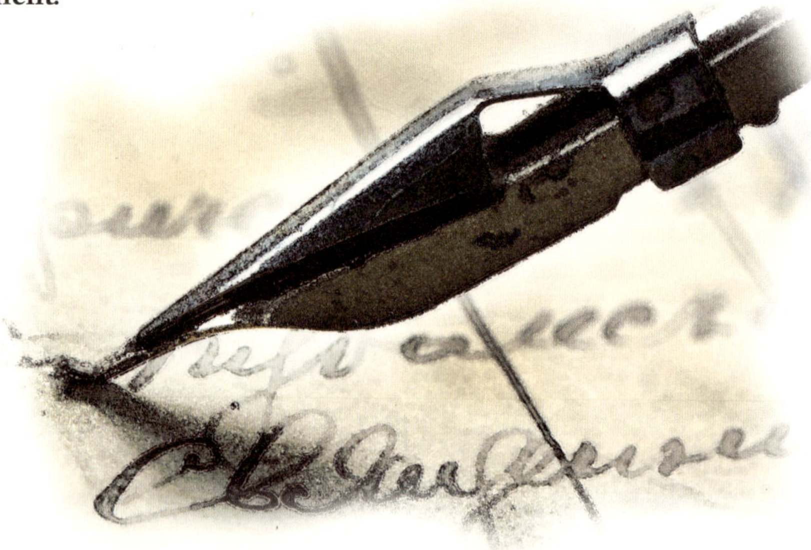

La prudence

Un homme averti en vaut deux.

•

Il ne faut pas jeter de l'huile sur le feu.

•

On sait ce qu'on laisse,
On ne sait pas ce que l'on prend.

•

Il ne faut pas mettre tous ses œufs
Dans un panier.

•

Ne plaçons notre espoir
Qu'en nos précautions.

•

Il ne faut pas quitter le certain
Pour l'incertain.

•

Jamais on n'avance les verges
Dont on est battu.

•

Deux sûretés valent mieux qu'une.

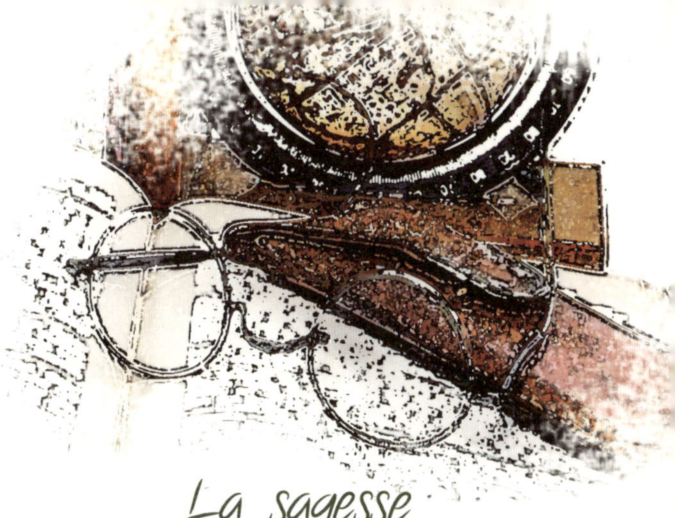

La sagesse

Avant d'admettre l'absurde,
on épuise toutes les solutions.

•

On peut donner un bon avis,
mais non pas la bonne conduite.

•

Ceux qui sont de notre avis,
sont les vrais hommes d'esprit.

•

Mieux vaut écouter la voix de la conscience,
Que le bruit de la renommée.

•

Pour bien connaître les autres,
Il faut se connaître d'abord soi-même.

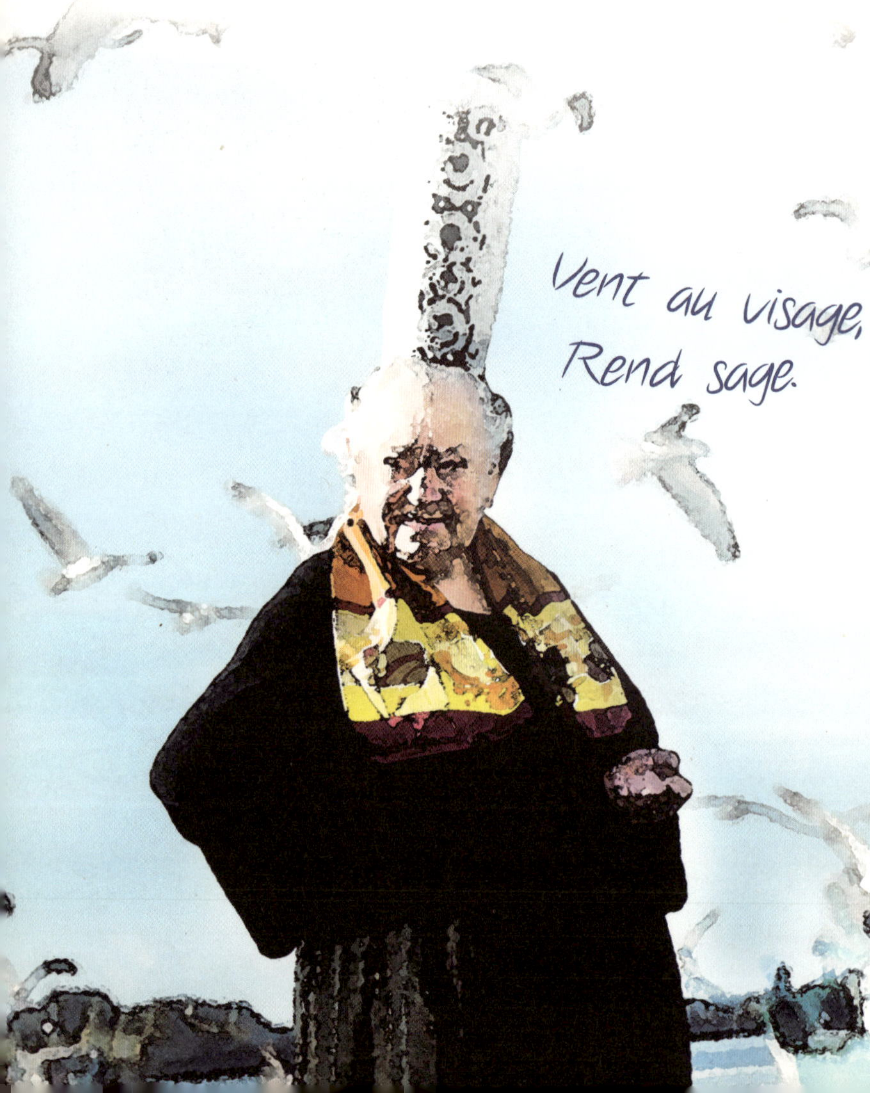

De l'esprit comme quatre,
Et pas de sens comme un.

•

L'esprit qu'on veut avoir,
Gâte celui qu'on a.

•

De tout homme inconnu,
Le sage se méfie.

•

Il n'est rien d'inutile
Aux personnes de sens.

•

Le sage est ménager du temps
Et des paroles.

•

Qui n'écoute la raison,
doit se conduire au bâton.

•

La raison du plus fort
Est toujours la meilleure.

Dommage rend sage.

•

Être sage après coup,
Ce n'est pas grand'merveille.

•

Tout le monde sait être sage après coup.

Il n'est si sage qui ne faille.

Vent au visage, rend sage.

•

Il est plus aisé d'être sage pour autrui
Que pour soi-même.

•

Les plus sages ne le sont pas toujours.

•

Les sages sont souvent la dupe des sots.

Le savoir

De savoir, rien avoir.

•

On peut ami et avoir,
mais on ne perd pas le savoir.

Trois savoirs gouvernent le monde :
Le savoir, le savoir-vivre, et le savoir-faire ;
Et le dernier tient souvent lieu
Des deux autres.

•

Il n'importe combien on sait,
mais comment on sait.

•

Qui ne sait rien, ne doute de rien.

•

La science n'est pour rien gâter.

•

La science est bonne drogue,
mais elle dépend du vase.

•

Le défaut de soin nuit plus
Que le défaut de savoir.

Se contenter de ce qu'on a

Cœur content, grand talent.

•

Contentement passe richesse.

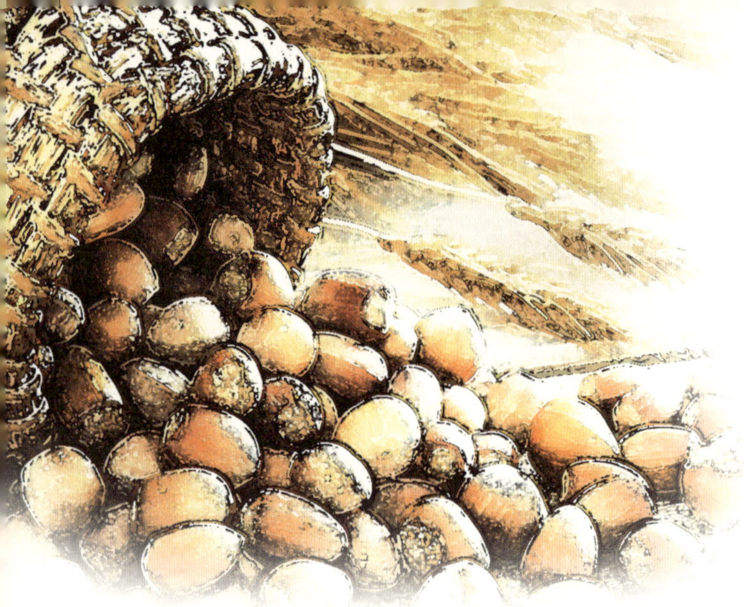

Qui est content, est assez riche.

•

Qui n'est pas content, aura deux peines :
Celle de se fâcher et celle de se défâcher.

•

Soit chacun content de son lieu.

•

Est bien fou du cerveau,
Qui veut contenter tout le monde
Et son père.

Il ne saurait sortir du sac
Que ce qui y est.

•

De sac à charbon,
Il ne saurait sortir blanche farine.

•

D'un sac on ne peut tirer deux moutures.

•

Il n'est de sûr que ce qu'on tient.

•

Un tient vaut mieux que deux tu l'auras.

•

Dans un grand vase
On met ce que l'on veut,
Dans un petit, ce que l'on peut.

•

Faire bien et laisser dire.

•

On ne va jamais si loin
Que lorsqu'on ne sait pas où l'on va.

•

Désir promet plus
Que jouissance ne tient.

•

Comme on fait son lit,
On se couche.

Qui veut, peut,
Qui ose, fait.

La volonté

Volonté de roi fait loi.

•

Désir n'est pas volonté.

•

Qui veut la fin,
Veut les moyens.

•

L'intention fait l'action.

•

L'intention est réputée pour le fait.

•

Bonne volonté
Est réputée pour le fait.

•

Les grandes âmes ont des volontés,
Les autres n'ont que des velléités.

•

Le vouloir fait le pouvoir.

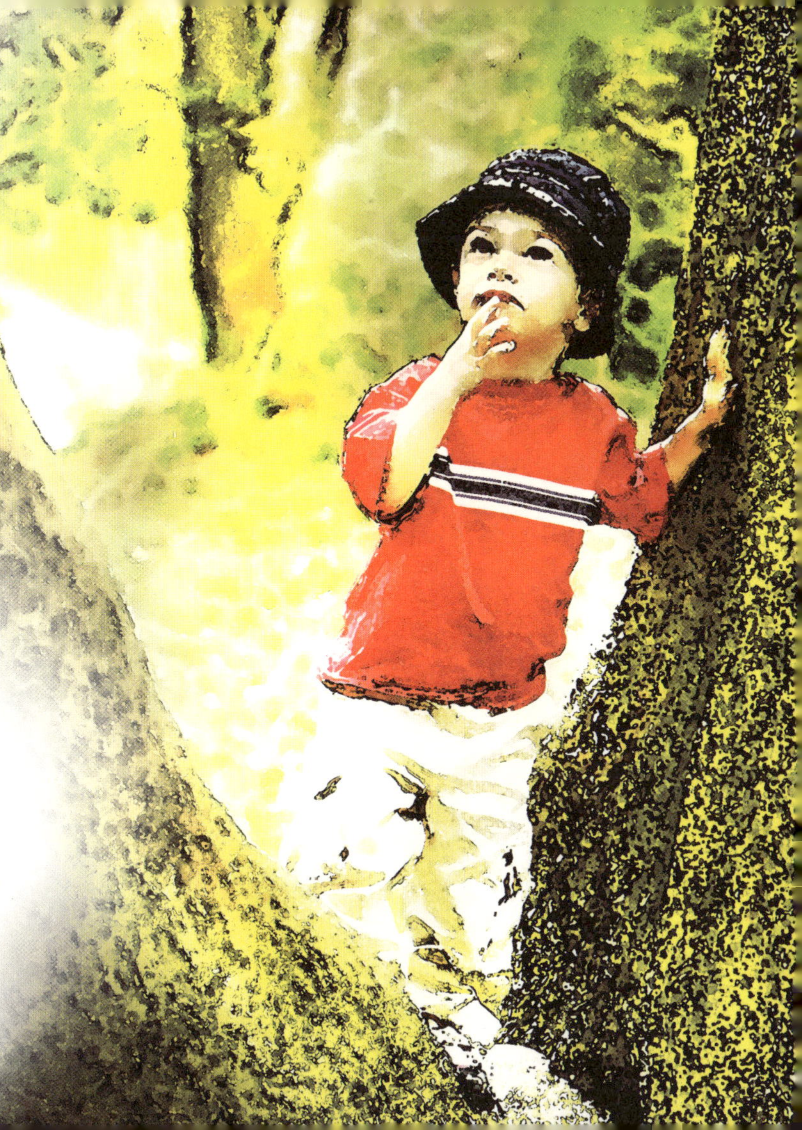

Les défauts

Imprudence, babil,
Sotte vanité, et vaine curiosité,
Ont ensemble étroit parentage ;
Ce sont enfants tous d'un lignage.

•

On est jamais sali que par la boue.

•

Entre deux selles, le cul à terre.

•

Ce qui est violent ne dure pas.

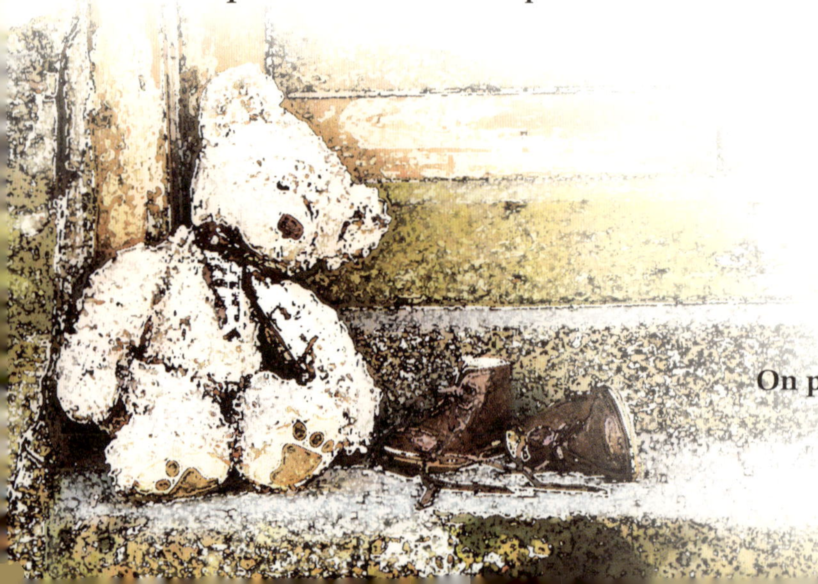

L'abandon

Abandon fait larron.

•

Un grand homme ne s'abandonne pas
À lui même.

•

Qui quitte la partie, la perd.

•

Qui quitte sa place, perd sa place.

L'ambition

Amour, folie aimable ;
Ambition, sottise sérieuse.

Chamfort, *Maximes*

•

L'ambition est impitoyable :
Tout mérite qui ne la sert pas
Est méprisable à ses yeux.

Joseph Joubert, *Pensées*

•

On passe souvent de l'amour à l'ambition,
Mais on ne revient guère
De l'ambition à l'amour.

La Rochefoucauld, *Maximes*

L'ambitieux se perd en s'élevant.

Lebrun, *l'Auteur et le Livre*

•

L'ambition, c'est la richesse des pauvres.

Marcel Pagnol

•

C'est l'ambition
Qui perd les grands hommes.

•

Qui entre pape au conclave
En sort cardinal.

L'avarice

À femme avare galant escroc.

La Fontaine, *Contes*

•

L'avarice annonce le déclin de l'âge
Et la fuite précipitée des plaisirs.

Vauvenargues, *Réflexions et Maximes*

•

L'amour ne loge point
Sous le toit de l'avarice.

•

L'argent est un remède à tout mal,
Hormis à l'avarice.

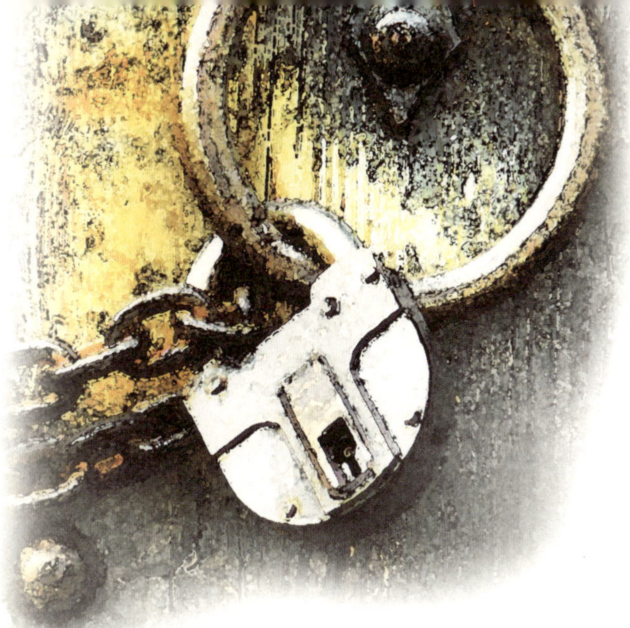

L'argent est plat, pour s'entasser.

•

L'avare et le cochon ne sont bons
Qu'à leur mort.

•

Des biens qu'épargne un avare,
Vient un héritier qui s'en empare.

•

L'avare crierait famine sur un tas de blé.

•

L'avare pour vouloir dépenser peu,
Dépense le double.

Avare pour le son,
Prodigue pour la farine.

•

Quand tous les péchés sont vieux,
Avarice est encore jeune.

•

Il n'est cher que d'avaricieux.

•

C'est pain béni, qu'escroquer un avare.

L'avidité

Nous perdons tout par trop d'avidité.

Stassart, *la Poule trop grasse*

•

Autant croît le désir que le trésor.

•

Qui trop embrasse, mal étreint.

•

Qui plus a, plus convoite.

•

Plus faible est la raison,
Plus fort est le caquet.

Aubert, *le Radoteur*

Les envieux mourront, mais non pas l'envie.

•

À force de prendre dans la huche
Et de n'y rien mettre,
On y voit bientôt le fond.

•

Le pouvoir s'avilit, aussitôt qu'il compose.

•

Chose prohibée, est d'autant plus désirée.

Le bavardage

La nature a horreur des bavards.

Jules Renard, *Journal*

•

La plus mauvaise roue fait le plus de bruit.

Rivarol

•

Trop gratter cuit, trop parler nuit.

•

Brebis qui bêle perd sa goulée.

•

Le babil indiscret découvre le secret.

•

On aime mieux dire du mal de soi-même
Que de n'en point parler.

La bouche parle de l'abondance du cœur.

•

En close bouche n'entre mouche.

•

Épargne de bouche vaut rente de pré.

•

À bon messager, il ne faut rien dire.

•

On ne trouve jamais meilleur messager
Que soi-même.

La curiosité

Trop s'enquérir n'est pas bon.

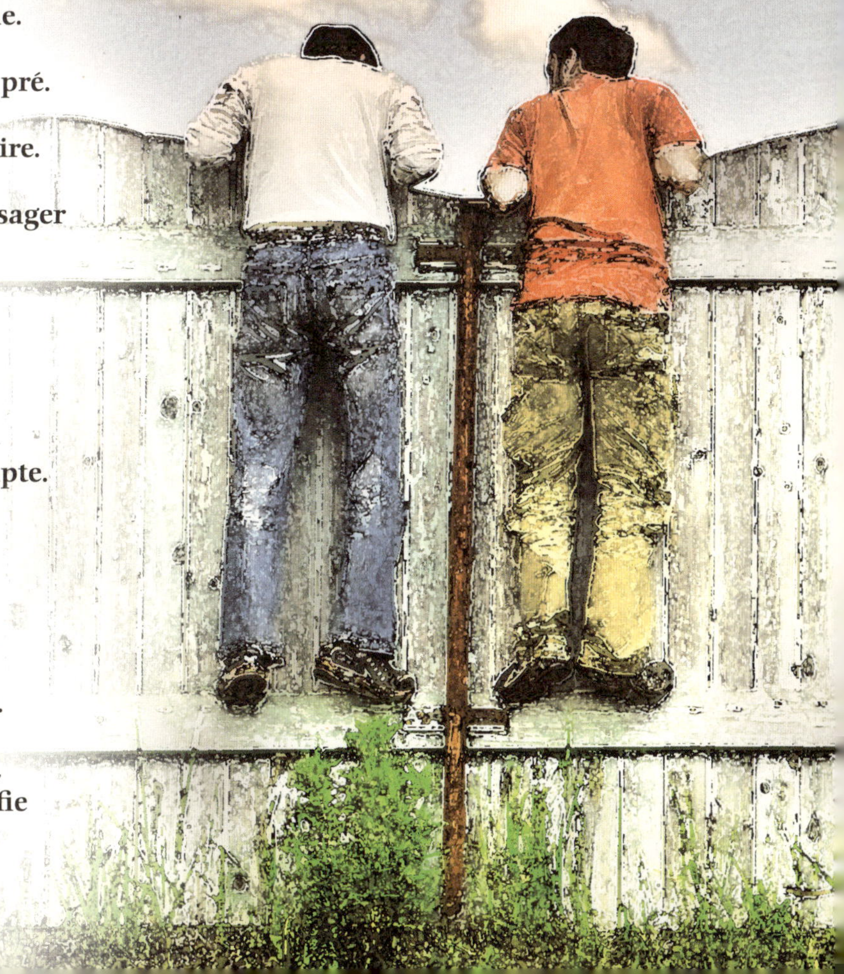

Qui écoute aux portes,
Entendra mal parler sur son compte.

•

Qui parle, sème ;
Qui écoute, recueille.

•

Fol est qui se met en enquête.

•

Rien ne pèse tant qu'un secret.

•

Ce que l'on confie à personne,
Est plus secret que ce qu'on confie
À l'homme le plus discret.

L'égoïsme

Un égoïste est incapable d'aimer un ami.
Mais il ne peut pas se passer d'amis :
Il ne s'aimerait jamais assez à lui tout seul.

•

Comment vivre avec son semblable,
Quand on veut tirer tout à soi ?

Nivernais, *les deux Aigles*

•

Chacun porte les mains tournées vers soi.

•

Chagrin d'autrui ne touche qu'à demi.

•

Chacun décharge son péché,
Et charge celui d'autrui.

•

Le mal d'autrui n'est que songe.

•

Quand le paysan est enrichi,
Il n'a ni parent ni ami.

•

On est jamais bien juste
À l'égard d'un rival.

L'entêtement

On n'obtient guère d'un homme
Ce qu'il ne veut pas faire.

•

N'est pire sourd
Que celui qui ne veut entendre.

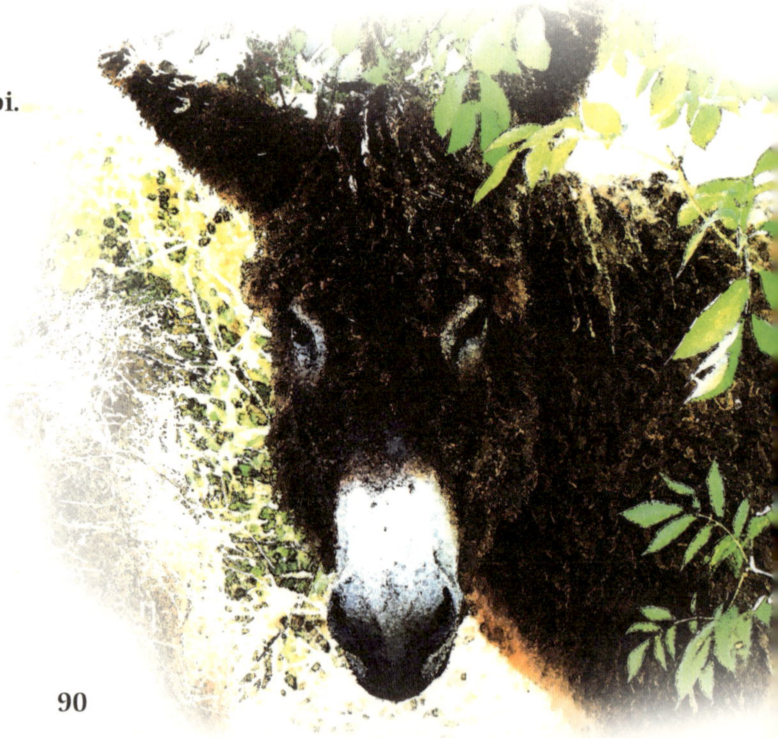

Les excès

Souvent l'excès des maux
Vient de l'excès des biens.

Le Bailly, *les deux Souhaits*

•

Il est bon de parler, et meilleur de se taire ;
Mais tous deux sont mauvais
Alors qu'ils sont outrés.

La Fontaine, *l'Ours et le Jardinier*

•

Craignons l'excès, même en fait de vertus.

Nivernais, *le Sultan et la Sultane*

•

L'excès en tout est un défaut.

•

D'excès d'amour et de haine,
parfois on meurt dans la peine.

•

Excès de vin et de femme,
Met en ruine et corps et âme.

•

Femme n'est belle qui trop se farde,
Ni viande qui trop se larde,
Ni bienfait qui par trop tarde,
Bon dîner qui trop se garde.

La Rochefoucauld, *Maximes*

Trop tranchant ne coupe pas,
trop pointu ne perce pas.

La familiarité

J'aime fort le ton familier,
Mais mesuré par la décence ;
Dès qu'il sort de la convenance,
Il finit par être grossier.

Du Tremblay, *les deux Singes*

•

La familiarité engendre le mépris.

La folie

Fou qui a le choix et prend le pire.

•

Les fous et les enfants pensent qu'on ne voit
Jamais la fin de vingt ans
Et de vingt francs.

•

Les plus courtes folies sont les meilleures.

•

Qui fait la folie, doit la boire.

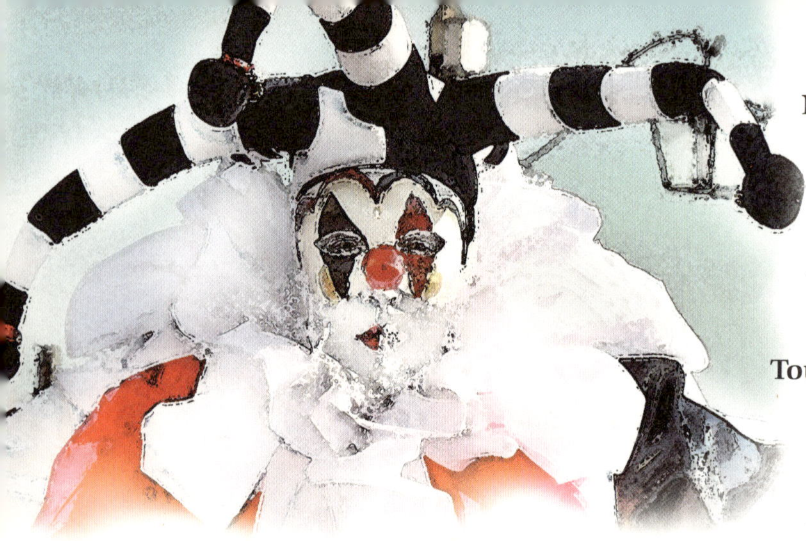

Tête de fou ne blanchit guère.

Les murailles sont le papier des fous.

•

Il ne faut jamais défier un fou
De faire des sottises.

•

Bonne journée fait qui de fou se délivre.

•

Plus est profit d'âne dompter,
Que n'est du bien au fol conter.

•

Les fous sont hommes ainsi que nous.

N'est pas sage qui n'a peur d'un fou.

•

Le fou se coupe de son couteau.

•

Plus on est de fou, plus on rit.

•

Avec les fous il faut foller.

•

Tous les fous ne sont pas dans les asiles.

•

Les fous font les fêtes,
Les sages en ont le plaisir.

•

Les fous sont plus utiles aux sages,
Que les sages aux fous.

•

Mou en tout, fou en tout.

•

Bien fou qui s'oublie.

•

À la presse vont les fous.

•

Il y a une providence pour les fous,
Les enfants et les ivrognes.

•

Grosse tête et petit cou,
C'est le commencement d'un fou.

•

Fol est qui veut ce qu'il ne peut avoir.

Les imperfections, les erreurs

Il n'est si bon charretier qui ne verse.

•

Erreur n'est pas compte.

•

Faute confessée est à demi pardonnée.

•

Mieux vaut être marteau qu'enclume.

•

Qui s'excuse, s'accuse.

•

À tout péché, miséricorde.

•

À bon pêcheur parfois échappe anguille.

•

Qui ne peut porter, traîne.

•

Les pots fêlés durent plus longtemps.

•

À donner et à prendre,
on peut bien se méprendre.

•

N'était le si et le mais,
nous serions tous parfaits.

L'ivrogne

Un ivrogne remplit
Plus souvent son verre,
Que ses engagements.

•

On voit plus de vieux ivrognes
Que de vieux médecins.

•

À la trogne, on connaît l'ivrogne.

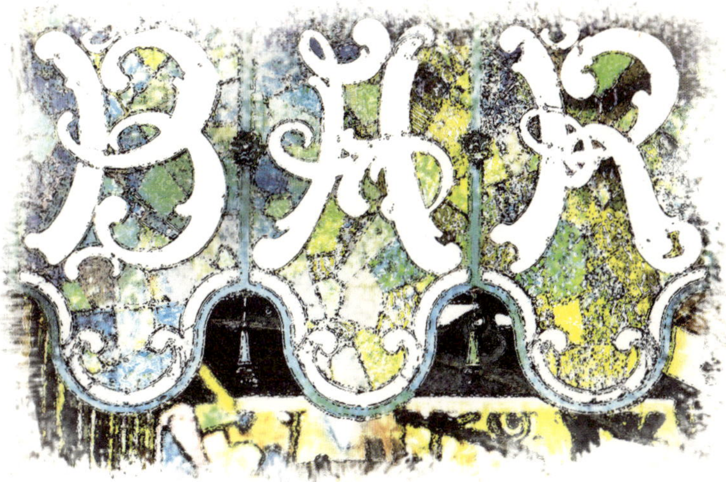

La méchanceté, la cruauté

Qui est dans le bourbier,
y voudrait mettre autrui.

•

Cruauté est mainte fois bonne
Quand sages hommes à temps la donne.

Le méchant est comme les mouches
Qui ne s'arrêtent qu'aux plaies.

•

Peine de vilain, n'est pour rien comptée.

•

Les grands larrons font pendre les petits.

•

Cruauté est fille de couardise.

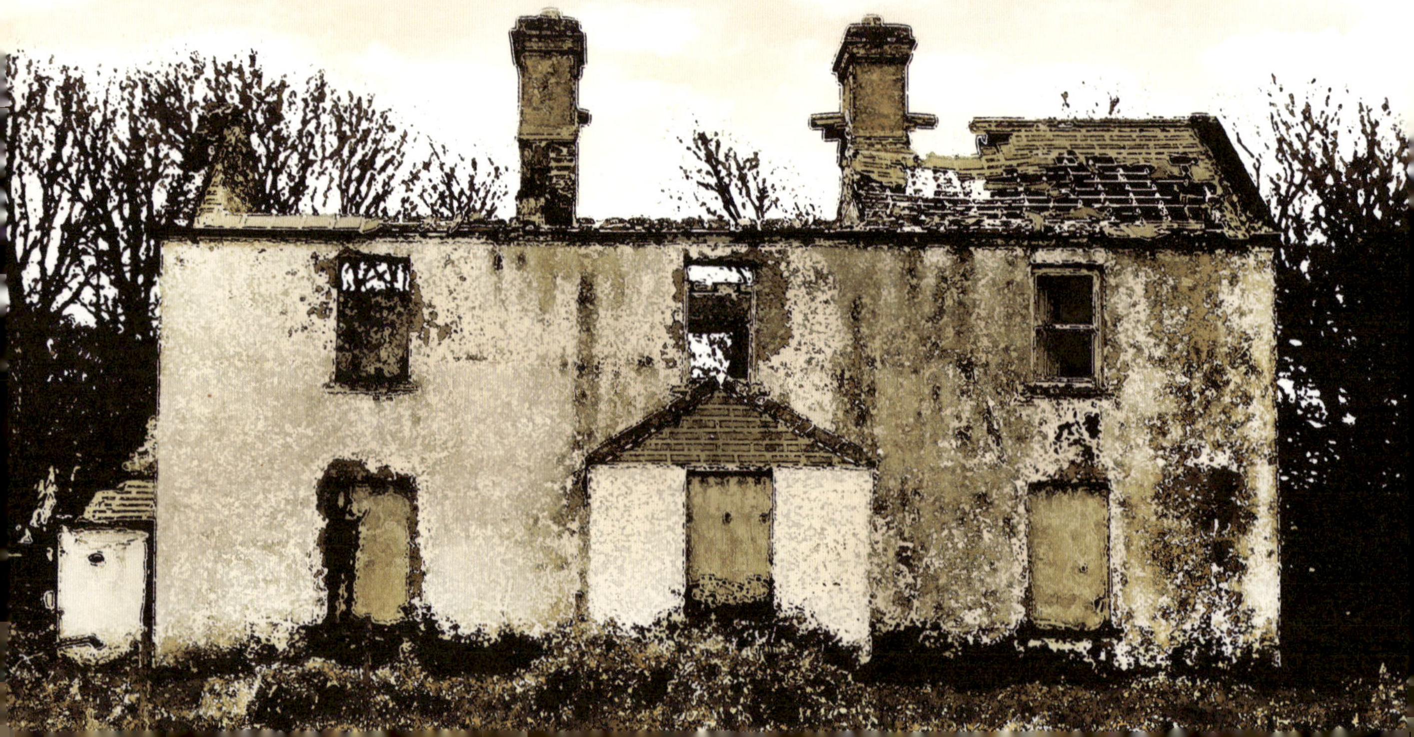

La médisance

Il ne faut point parler de corde
Dans la maison d'un pendu.

•

Qui crache contre le ciel,
Lui retombe dessus.

•

Quand les mots sont dits,
L'eau bénite est faite.

•

Qui dit tout, n'excepte rien.

•

Douces paroles n'écorchent pas la langue.

•

Tel dit du mal d'autrui,
Que moult est pire que lui.

•

Qui dit moquerie,
ne dit pas précisément esprit.

•

Il n'y a que la vérité qui offense.

•

Graissez les bottes d'un vilain,
il dira qu'on les brûle.

La méfiance

Le trop d'attention qu'on a pour le danger,
Fait le plus souvent qu'on y tombe.

•

Les gens sans bruit sont dangereux,
Il n'en est pas ainsi des autres.

•

Défie-toi d'un homme qui parle peu,
d'un chien qui n'aboie guère
et de l'*et cetera* d'un notaire.

•

Il ne fait pas bon d'attaquer
Celui qui est sur ses gardes.

•

Qui peut lécher, peut mordre.

•

La méfiance est mère de la sûreté.

•

Dépend le pendard, il te pendra.

•

Il faut se garder des gens
Qui n'ont rien à perdre.

•

Trop grand respect , est suspect.

•

Qui se soucie, malencontre lui vient.

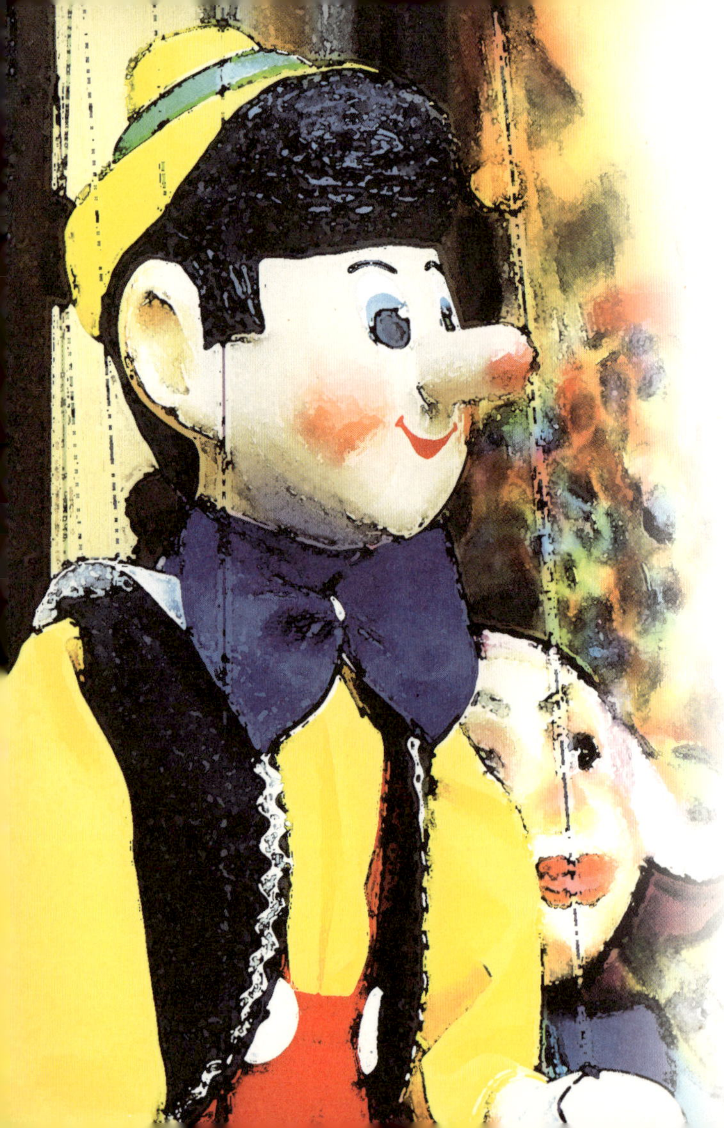

Comme on serait meilleur
Sans la crainte d'être dupe !

Jules Renard, *Journal*

Le mensonge

Il faut qu'un menteur ait de la mémoire.

•

Tout vilain cas est niable.

•

Encore que nier ne soit larcin,
Si est-ce de larcin.

•

Commettre un crime et le nier,
N'est pas le chemin de se corriger.

•

Bon sang ne peut mentir.

Le mépris

Ce qu'on méprise est souvent très utile.

•

Il n'y a point de dette sitôt payée,
Que le mépris.

•

Quiconque a sa vie en mépris,
Est maître de celle d'autrui.

L'oisiveté, la paresse

Tout ce qui peut être fait un autre jour,
le peut être aujourd'hui.

•

Ne charge pas autrui de ce que tu peux faire.

•

Un bon bâilleur en fait bâiller deux.

•

Qui toujours chante et toujours danse,
fait un métier qui peu avance.

•

À prompte demande, réponse lente.

•

Autre chose est dire,
Et autre chose faire.

•

Grand diseur n'est pas grand faiseur.

•

Qui est oisif en sa jeunesse,
peinera dans sa vieillesse.

•

L'oisiveté est mère de tous les vices.

•

On ne fait pas d'omelette
Sans casser des œufs.

Jeunesse paresseuse,
Vieillesse pouilleuse.

•

Paresseux est toujours pauvre.

•

Mauvais est qui se repose,
quand il a empris grand' chose.

•

Il n'y a que ceux qui ne font rien,
qui ne se trompent point.

•

Mieux vaut user des souliers
Que des draps.

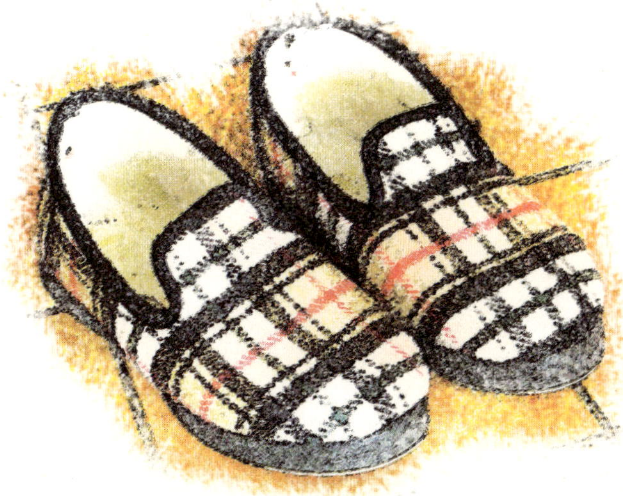

La précipitation

C'est se précipiter
Que de s'élancer trop haut.

•

Agir dans la colère,
C'est s'embarquer durant la tempête.

•

Bonne fuite vaut mieux
Que mauvaise attente.

•

Qui trop se hâte en cheminant,
En beau chemin se fourvoie souvent.

La précipitation est la plus grande ennemie
De la véritable activité.

•

Qui est pressé, qu'il coure devant.

•

Mieux vaut tenir que courir.

•

Il ne faut pas vendre la peau de l'ours
Avant qu'on ne l'ait pris.

•

Il ne faut pas voler, avant d'avoir des ailes.

Plus on se hâte,
Moins on avance.

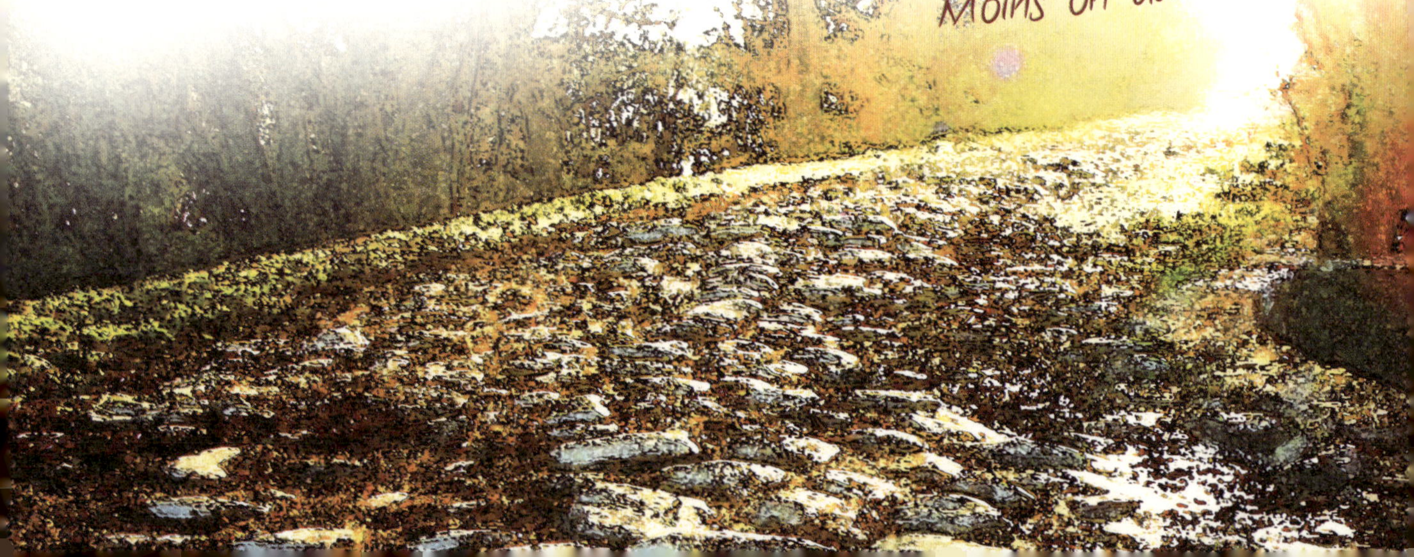

La stupidité, la bêtise

Deux fois bon, c'est une fois bête.

•

Les bonnes gens sont aisées à tromper.

•

Souvent qui choisit, prend le pire.

•

Un gaucher ne fait rien à droite.

•

Il est honteux de se heurter deux fois
À la même pierre.

•

Tout paraît jaune à qui a la jaunisse.

•

Autant vaut celui qui chasse
Et rien ne prend,
Que celui qui lit
Et rien ne comprend.

•

Quand on a pas de mémoire,
Il faut avoir des jambes.

•

Qui fait deux fois naufrage,
Ne doit pas s'en prendre à la mer.

Ce qui rentre par une oreille,
Sort par l'autre.

•

On est mieux seul qu'avec un sot.

•

Les jeunes gens disent ce qu'ils font,
Les vieillards ce qu'ils ont fait,
Et les sots ce qu'ils feront.

•

Le sot forge lui-même ses contes
Pour qu'après il puisse y croire.

•

Un sot savant est plus sot
Qu'un sot ignorant.

•

Il n'est si sot qui n'ait sa ruse.

•

Les grandes noces font les sots,
et le sage y est sans écot.

•

De sottises faites à plaisir,
on se repent à loisir.

•

Nul n'est sensé avoir voulu faire une bêtise.

•

Sottise, orgueil, et ne rien faire,
lèvent plus d'impôts que la guerre.

Vivent les gens d'esprit,
Pour faire des sottises.

•

Il n'y a que les sots qui se vantent.

•

Il va chercher le bâton
Pour se faire battre.

•

Un sot trouve toujours un plus sot
Qui l'admire.

Boileau

•

La bêtise est souvent
L'ornement de la beauté.

Charles Baudelaire

•

La bêtise et l'orgueil
Ont étroit parentage.

Le Bailly, *l'Oison et le Serpent*

•

La guigne ne s'acharne que sur la bêtise.

Jules Renard, *Journal*

•

À bêtise et à folie,
Ne réponds ni ne t'allie.

La tricherie, la tromperie

Gueuserie engendre tricherie.

•

La tricherie, retourne à son maître.

•

Qui trompe aux épingles,
Trompera aux écus.

•

C'est un double plaisir
Que de tromper le trompeur.

•

À trompeur, trompeur et demi.

La vanité, l'orgueil

L'amour-propre est aveugle.

•

La vanité naît de l'aveuglement.

•

La foie, l'œil et la renommée,
Ne veulent guère être touchés.

•

Il ne faut jamais dire :
Fontaine je ne boirai point de ton eau.

Bons nageurs sont souvent noyés.

•

Quand orgueil chemine devant,
Honte et dommage suivent de bien près.

•

Orgueil ne se daigne aviser.

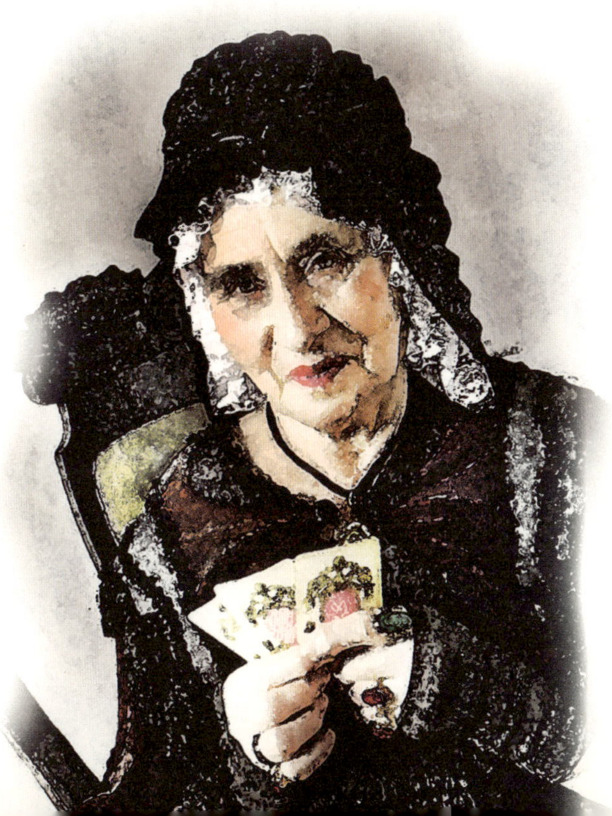

La gloire qui dîne de l'orgueil,
Fait son souper du mépris.

•

L'archer qui outrepasse le blanc,
Fait comme celui qui n'y arrive point.

•

Grande déraison,
De prétendre avoir toujours raison.

•

La réputation vaut une armée
Aux grands capitaines.

•

Vainquons par valeur, ou par ruse,
Le succès sera notre excuse.

•

Grosse tête, peu de sens.

•

Le vrai moyen d'être trompé,
C'est de se croire plus malin que les autres.

•

Une once de vanité,
Gâte un quintal de mérite.

•

La faveur est comme l'opium :
Un peu fait dormir, beaucoup fait mourir.

•

Il n'est point de faveur,
Alors qu'on est digne.

La vantardise

Généralement, les gens qui savent peu
Parlent beaucoup,
Et les gens qui savent beaucoup
Parlent peu.

Jean-Jacques Rousseau

•

Qui parle beaucoup
Dit beaucoup de sottises.

•

Conteur sempiternel, pauvre cervelle.

•

Diseur de bons mots, mauvais caractère.

•

Tout flatteur vit aux dépens
De celui qui l'écoute.

•

Il fait bon battre un glorieux.

•

Histoire contée, abrège la montée.

•

Il ne faut pas ourdir plus
Qu'on ne peut tisser.

•

Bon poète, mauvais homme.

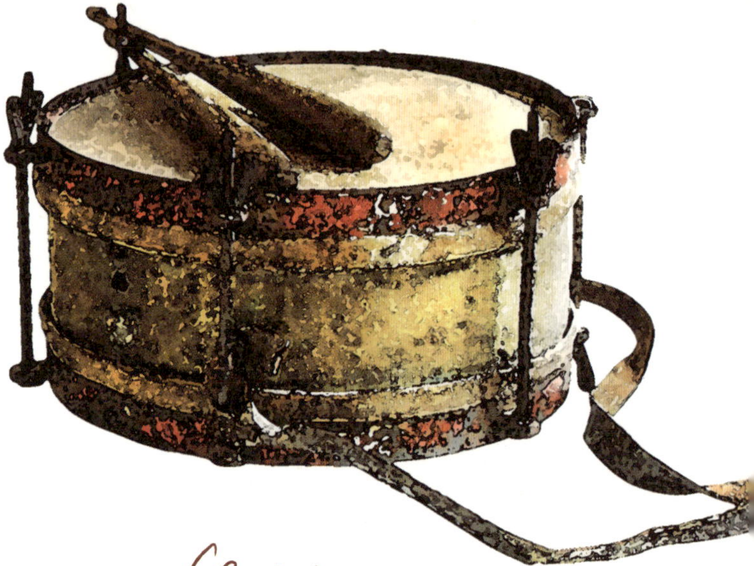

Ce qui vient par la flûte
S'en va par le tambour.

Bon renom s'acquiert par bonne hantise.

•

Bonne renommée
Vaut mieux que ceinture dorée.

•

En grande vanterie, grande menterie.

Le vol

Ce qu'on dérobe, ne fait pas garde-robe.

•

Qui a pris un œuf, prendra un bœuf.

•

Autant pèche celui qui tient le sac,
Que celui qui met dedans.

•

Qui vole une fois est appelé voleur.

•

Voler un voleur n'est pas voler.

•

La paix pend les voleurs,
La guerre les met en honneur.

•

Quand les voleurs se brouillent,
Les vols se découvrent.

Payer ses erreurs

Il n'y a pas de fumée sans feu.

•

Toute médaille à son revers.

•

De soudain vouloir, longue repentance.

•

De grande montée, grande chute.

•

Qui saute le plus haut, descend le plus bas.

•

Trop près du roi et du feu,
Qui s'en approche y dure peu.

•

De trop près se chauffe, qui se brûle.

•

Bien bas choit qui trop haut monte.

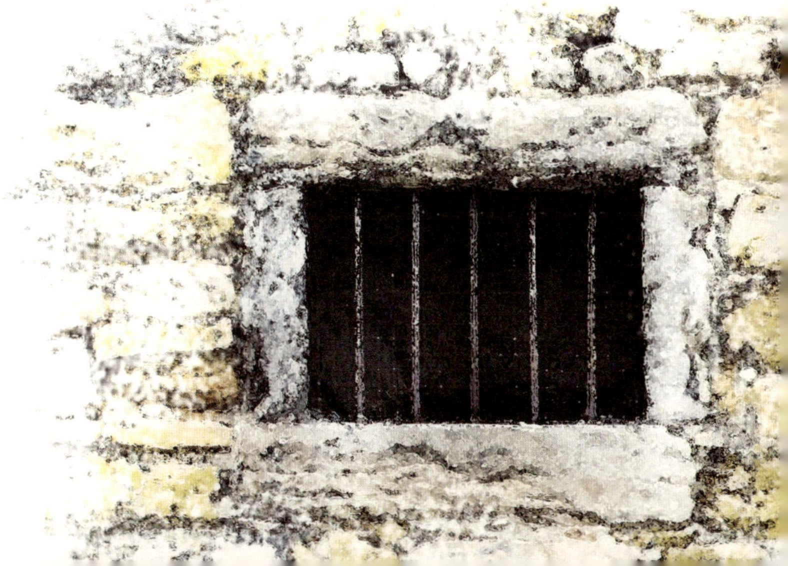

Rarement à courir le monde,
On devient homme de bien.

•

Qui s'attend à l'écuelle d'autrui,
Dîne souvent par cœur.

•

Les moqueurs sont souvent moqués.

•

Souvent les railleurs sont raillés.

•

Tel est pris qui croyait prendre.

•

Repentance vaut mieux que peine.

En attendant les souliers d'un mort,
On marche longtemps pieds nus.

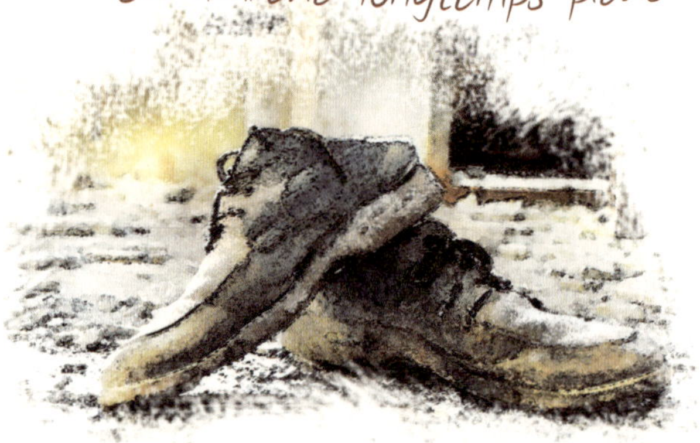

Les sentiments

L'absence

Il n'est pas d'amour qui résiste à l'absence.
Anatole France, *la Rôtisserie de la reine Pédauque*

•

L'absence est le plus grand de tous les maux.
Jean de La Fontaine, *les Deux Pigeons*

•

Un seul être vous manque,
Et tout est dépeuplé.
Alphonse de Lamartine, *l'Isolement, (Méditations poétiques)*

•

Les absents ont toujours tort.

•

L'absence est l'ennemie de l'amour.

•

Un peu d'absence fait grand bien.

•

Les absents ont toujours tort.

•

Les os sont pour les absents.

•

On oublie vite les absents.

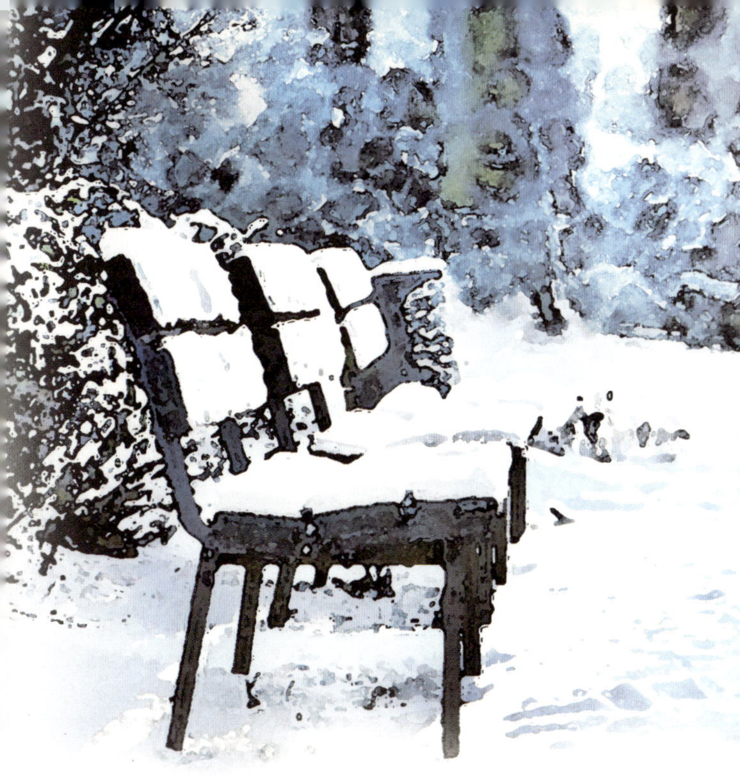

Chute d'ardoise pèse plus au présent
Que chute de tour à l'absent.

•

Qui s'en va se fait oublier.

•

Loin des yeux, loin du cœur.

L'admiration

Nous aimons toujours
Ceux qui nous admirent ;
Et nous n'aimons pas toujours
Ceux que nous admirons.

La Rochefoucauld, *Maximes*

•

L'admiration est fille de l'ignorance
Et mère des merveilles.

Le bonheur

L'homme le plus heureux
Est celui qui fait le bonheur
D'un plus grand nombre d'autres.

Diderot

•

Le bonheur est dans soi, chez soi,
Autour de soi et au-dessous de soi.

•

Le bonheur dépend presque toujours de soi.

•

Bonheur passe richesse.

Le bonheur est là où on le place.

•

Le bonheur est l'amorce de la témérité.

•

Où manque le bonheur,
Tout soin est inutile.

•

Chacun est l'artisan de sa fortune.

•

Qui dit fortune, ne dit pas félicité.

•

Faire contre mauvaise fortune, bon cœur.

•

Il n'est fortune qui ne faille.

•

Nul ne sait ce que fortune lui garde.

•

Au bout du fossé la culbute.

•

Il n'y a qu'heur et malheur.

•

Il n'est d'heureux que qui croit l'être.

•

Les heureux n'apprennent rien.

•

Heureux comme un sot.

Loue le beau jour au soir,
Et la vie à la mort.

•

Qui a des pois et des pains d'orge,
Du lard et du vin pour sa gorge,
Qui a cinq sous et ne doit rien,
Il peut se dire qu'il est bien.

•

Plaisir non partagé, n'est que demi plaisir.

•

Chance vaut mieux que de bien jouer.

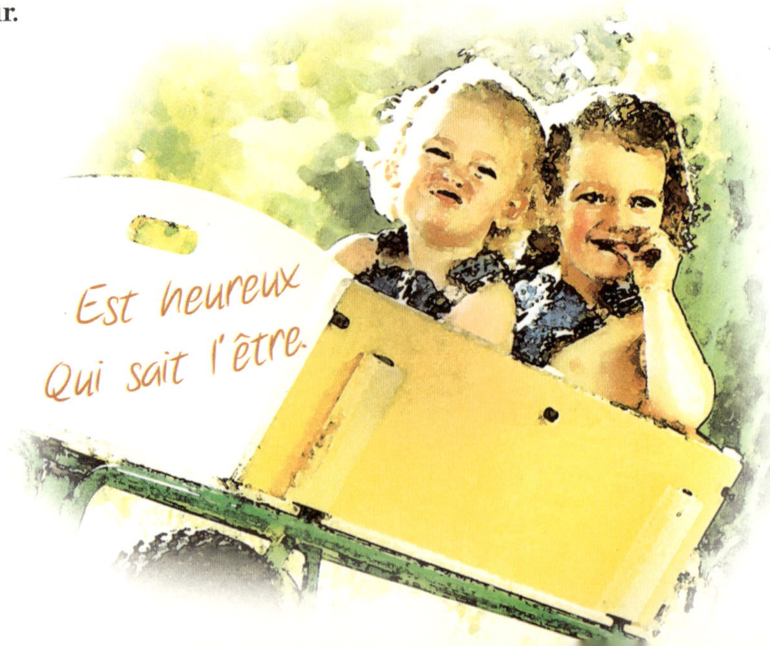

Le bien

Le bien cherche le bien.

•

Notre bien et notre mal
ne tiennent guère qu'à nous.

•

On a toujours plus de bien que de vie.

•

Qui donne son bien avant de mourir,
peut s'apprêter à souffrir.

•

Quand viennent biens,
ils viennent à monceaux.

•

Bienfait qui se fait trop attendre,
est gâté quand il arrive.

•

Bienfait reproché, est à demi payé.

•

Un bienfait reproché
Tient toujours lieu d'offense.

•

Un bienfait n'est jamais perdu.

•

Le bien commun n'a amis ni prochain.

•

Le bien commun n'a pas de loi,
chacun veut le tirer à soi.

•

De bien commun, l'on ne fait pas monceau.

•

Qui sert au commun, ne sert pas à un.

•

Qui est bien, qu'il s'y tienne.

•

Nous sommes biens, tenons nous-y;
Peut-être ailleurs serions-nous pis.

Le chagrin

Il n'y a guère de chagrins raisonnables.

•

Cent ans de chagrins
Ne paient pas un sou de dettes.

La colère

Faute de se fâcher une bonne fois,
On se fâche tous les jours.

•

Qui se fâche aura deux peines :
Celle de se fâcher, et celle de se défâcher.

La crainte, la peur

Qui craint de souffrir, souffre de la crainte.

•

Qui n'a rien ne craint rien.

•

Chacun croit fort aisément
Ce qu'il craint et ce qu'il désire.

•

On peut bien garantir du mal,
Mais non pas de la peur.

•

Tel menace qui tremble.

•

La peur a bon pas.

•

La peur donne des ailes (aux talons).

•

Tel chante qui a peur.

•

On ne saurait guérir de la peur.

•

Qui a peur est à demi battu.

•

Qui a peur des feuilles, n'aille au bois.

•

Il n'y a pas de médecin pour la peur.

Le danger

À vaincre sans péril,
on triomphe sans gloire.

•

Être en péril, n'est pas être perdu.

•

N'est pas glorieux
Tout ce qui est périlleux.

•

L'homme est son plus grand ennemi.

La honte, la gêne

N'est pas toujours aise qui danse.

•

Un peu de honte est bientôt bue.

•

Il n'y a que les honteux qui perdent.

•

Grande honte à qui châtie autrui,
Et soi-même à châtier oublie.

Le malheur

Difficile chose est de souffrir aise.

•

Mieux vaut un doigt coupé
Qu'un doigt pendant.

•

Qui conduit dans le fossé,
Y tombera le premier.

•

Ce qui tombe dans le fossé
Est pour le soldat.

•

Quand le guignon (malchance)
Est à nos trousses,
On se noie dans un crachat.

•

On se heurte toujours où l'on a mal.

•

Ceux que le malheur n'abat point,
Il les instruit.

•

Un malheur amène son frère.

•

Un malheur n'arrive jamais seul.

•

À quelque chose
Malheur est bon.

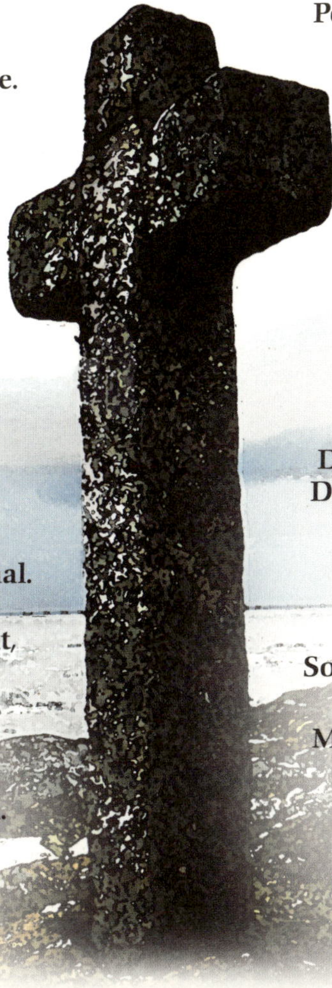

Pour s'aimer dans le malheur,
Il faut espérer ensemble.

•

Qui est malheureux,
A beau être courageux.

•

La consolation
Des malheureux
Est d'avoir des semblables.

•

Les malheureux
N'ont point de parents.

•

De cent noyés, pas un sauvé ;
De cent pendus, pas un perdu.

•

La potence n'est faite
Que pour les malheureux.

•

Souffre ce qu'amender ne peut.

•

Mieux vaut suer que grelotter.

•

Ce qui suffit ne suffit pas.

•

Qui n'a suffisance n'a rien.

La paix

Si tu veux vivre en paix,
Vois, écoute, et te tais.

•

Qui a la paix temporelle,
A peine à la spirituelle.

Le plaisir

Tout ce qui est plaisant, n'est pas salutaire.

•

Qui fait son métier d'être plaisant,
Est parfois bien déplaisant.

•

Nul plaisir sans peine.

Pour un plaisir, mille douleurs.

•

Fi du plaisir que la crainte peut corrompre !

•

Plaisir engendre deuil.

•

Le plaisir court après ce qui le fuient.

•

Plaisir et bonheur sont deux.

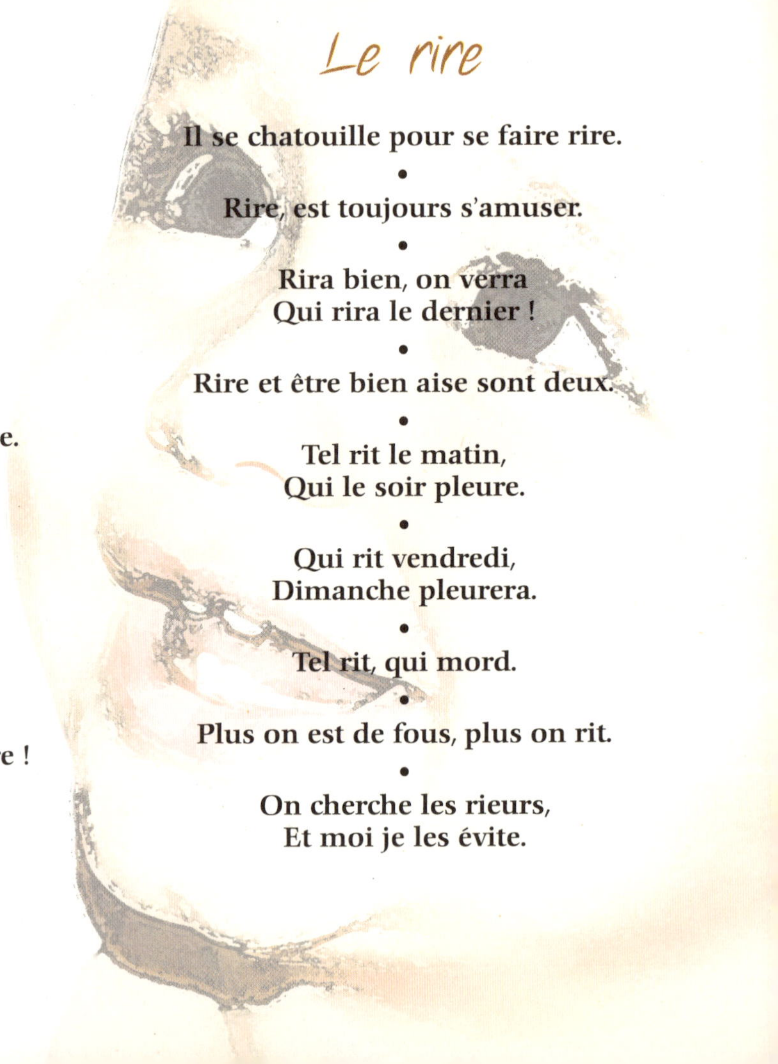

Le rire

Il se chatouille pour se faire rire.

•

Rire, est toujours s'amuser.

•

Rira bien, on verra
Qui rira le dernier !

•

Rire et être bien aise sont deux.

•

Tel rit le matin,
Qui le soir pleure.

•

Qui rit vendredi,
Dimanche pleurera.

•

Tel rit, qui mord.

•

Plus on est de fous, plus on rit.

•

On cherche les rieurs,
Et moi je les évite.

Les préjugès sur les autres régions

Artésien, tête de chien !

•

Coureur comme un Basque.

•

Le Béarnois, feint, faux, courtois.

•

Le breton menace quand il a frappé.

•

Tout chemin mène à Rome.

•

Dauphinois, fin matois ; ne vous y fiez pas.

•

Fier comme un Écossais.

•

Gènevois, quand je te vois, rien je ne vois.

•

En affaires, il faut
Deux juifs contre un Génois,
Deux Génois contre un Grec,
Et deux Grecs contre un Arménien.

•

C'est le greffier de Vaugirard :
il ne peut écrire quand on le regarde.

Qui langue a, à Rome va.

•

Mangeur de pain comme un Limousin.

•

Lorrain, vilain,
Traître à Dieu et au prochain.

•

Lorrain, vilain, prête-moi ton lard
Pour frotter mon pain ? Neni, ça s'use !

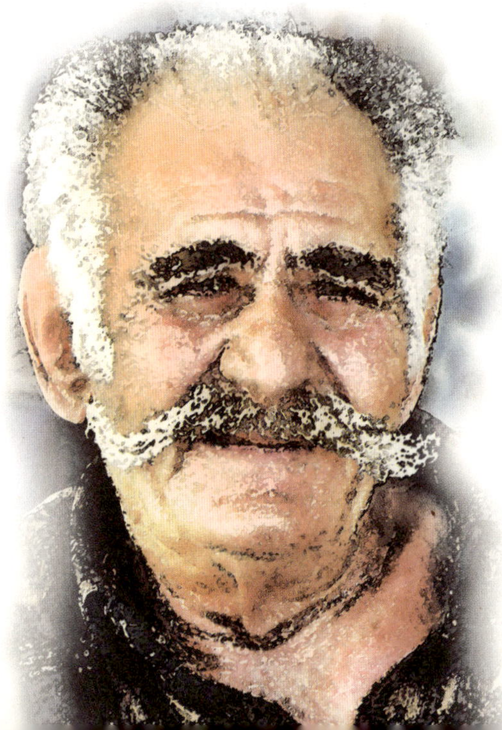

Le Manceau est un Normand et demi.

•

Le Normand est toujours
En deçà de la vérité ;
Le Gascon, toujours au delà.

•

Le Normand vous attrape quand il peut,
Le Provençal quand il le veut.

•

En Normandie, on vendange à coup de gaule.

•

Picard, bon enfant.

•

Picard, tête chaude.

•

Picard n'est fin, mais se ravise.

•

Jamais cheval ni méchant homme,
N'amenda pour aller à Rome.

•

Tel vient de Rome,
Qui ne vaut pas mieux qu'en y allant.

•

Foi de Saintongeois,
Foi de Carthaginois.

À cause du calvinisme de la Rochelle ?

•

Il ne fait jamais mauvais temps
Pour aller à Paris.

Paris est bon pour voir ;
Lyon, pour avoir ;
Toulouse pour apprendre,
Et Bordeaux pour dépendre (dépenser).

•

Paris est le paradis des femmes,
le purgatoire des hommes
Et l'enfer des chevaux.

•

Si Paris était plus petit,
On le mettrait dans un baril.

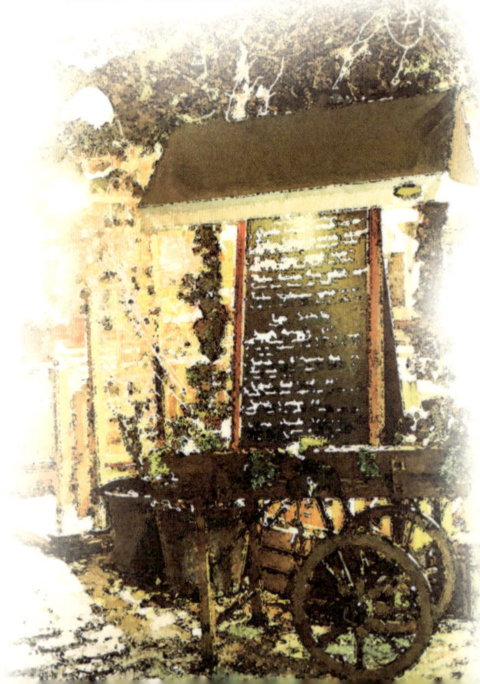

Les occupations

Le travail

Besogne qui plaît est à demi faite.

•

Besogne commencée
Est plus qu'à demi faite.

•

Parle peu, fais ta besogne ;
Sage est qui ainsi besogne.

•

Besoin fait maint sentier tenir.

•

Le besoin fait vieille trotter.

Les choses ne tiennent pas aux champs,
Comme elle sont ordonnées en chambre.

•

Qui s'entremet, doit achever.

•

En faisant, on apprend.

•

À chose faite, conseil pris.

•

Comme tu fais, on fera.

•

Bien dire, fait rire ; bien faire, fait taire.

•

Fais bien, tu auras des envieux ;
Tu les confondras si tu fais mieux.

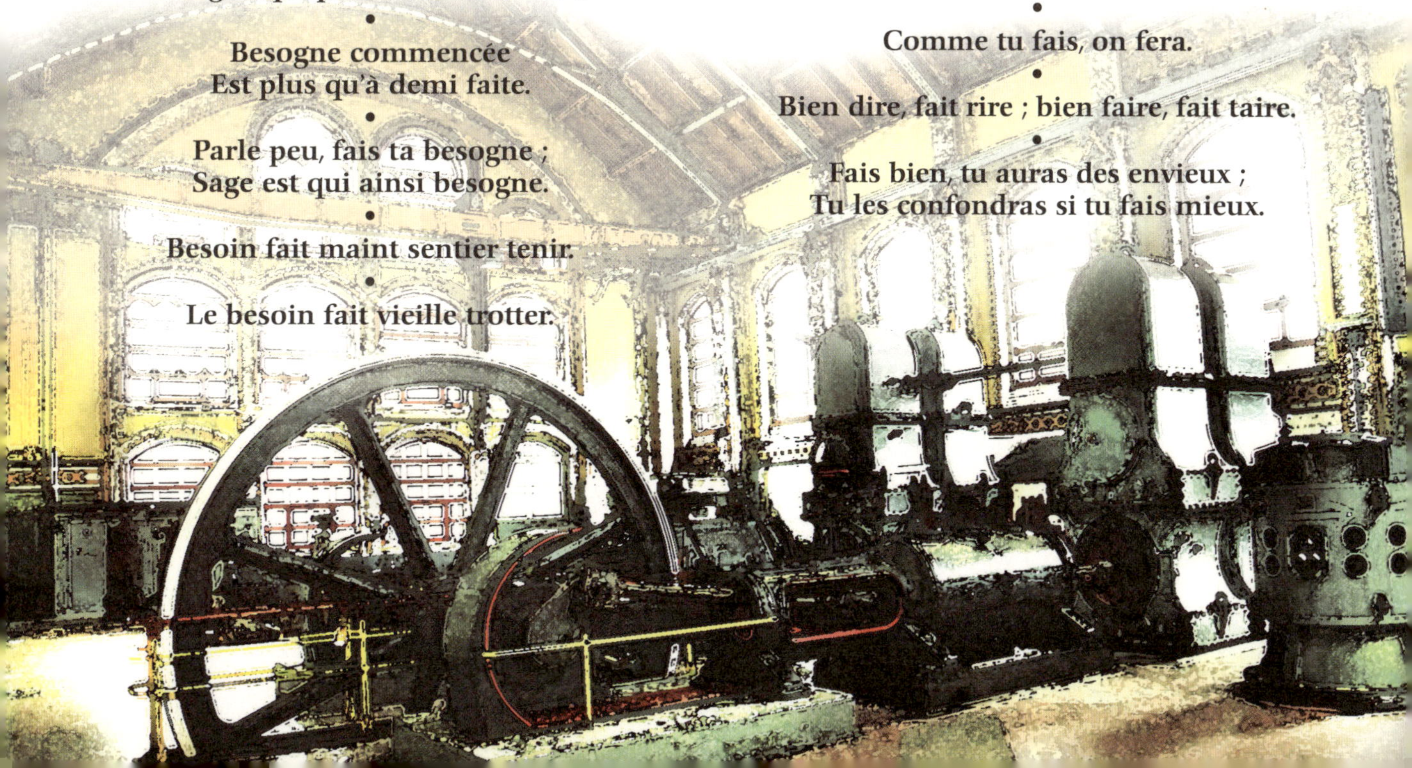

Rien n'est fait quand il reste à faire.

•

Mieux vaut bien faire que de faire vite.

•

Bien faire et laisser dire.

•

Ce qui est fait n'est plus à faire.

•

Qui fait bien, trouve bien.

•

On ne peut faire qu'en faisant.

•

Au long aller, la lime mange le fer.

•

À l'œuvre, on connaît l'ouvrier.

•

À bon jour, bonne œuvre.

•

À mauvais ouvrier,
il n'y a pas de bons outils.

•

Bon ouvrier se sert de tous outils.

•

Bon ouvrier ne querelle pas ses outils.

•

Bon ouvrier n'est pas trop payé.

Bon ouvrier ne reste jamais sans rien faire.

•

Il n'est œuvre que d'ouvrier.

•

Méchant ouvrier n'a jamais bons outils.

•

Bon atelier, vaut mieux que bon râtelier.

•

De rien l'on ne fait rien.

•

Assez tôt se fait, ce qui bien se fait.

•

La rouille use plus que le travail.

•

Le travail vient à bout de tout.

•

La montagne en travail,
Enfante d'une souris.

•

Travaillez, prenez de la peine,
C'est le fond qui manque le moins.

•

Qui travaille, prie.

•

Varier les occupations,
Est à l'esprit récréation.

Il est plus aisé de bâtir des cheminées,
Que d'en tenir une chaude.

•

Qui bâtit, pâtit.

L'apprentissage

Bien venu qui apporte.

•

Il n'est que de vivre pour apprendre.

•

C'est le signe d'un fou,
qu'avoir honte d'apprendre.

•

Apprenti n'est pas maître.

•

Il faut savoir obéir
Avant que de commander.

•

À force de forger,
On devient forgeron.

•

Maille à maille se fait l'haubergeon.
(Cotte de maille au Moyen Âge.)

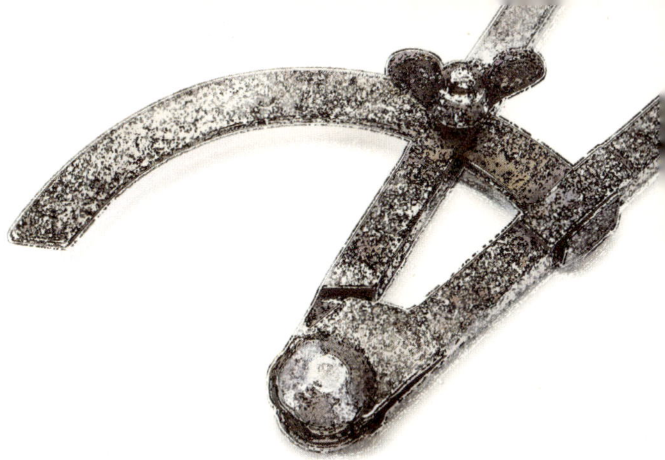

Les métiers

Les cordonniers sont les plus mal chaussés.

•

Qui peut, et n'empêche, pèche.

•

Une fileuse vigilante
Ne manque jamais de chemise.

•

Jacobins en chaire, cordeliers au chœur.

•

Jeune procureur et vieil avocat.

•

De jeune avocat, héritage perdu ;
de jeune médecin, cimetière bossu.

Sueur de maçon, où la trouve-t-on ?

•

Vieux médecin, jeune chirurgien
Et riche apothicaire.

•

Il n'y a pas de sot métier,
il n'y a que des sottes gens.

•

De tous métiers, il y en a de pauvres
Et de riches.

•

Il n'y a si petit métier
Qui ne nourrisse son maître.

•

À chacun suffit son métier.

•

Qui a métier, a rente.

•

Qui ne sait son métier, l'apprenne.

•

Chacun son métier,
Les vaches seront bien gardées.

•

Dieu nous garde d'un *et cetera* d'un notaire,
Et d'un quiproquo d'un apothicaire.

•

L'œil du fermier vaut du fumier.

•

Charbonnier est maître dans sa loge.

Les loisirs

La chasse et la pèche

Qui va à la chasse perd sa place.

•

Il n'est chasse que de vieux chiens.

•

Chasseur, pêcheur, preneur de taupes,
Feraient beaucoup, n'étaient les fautes.

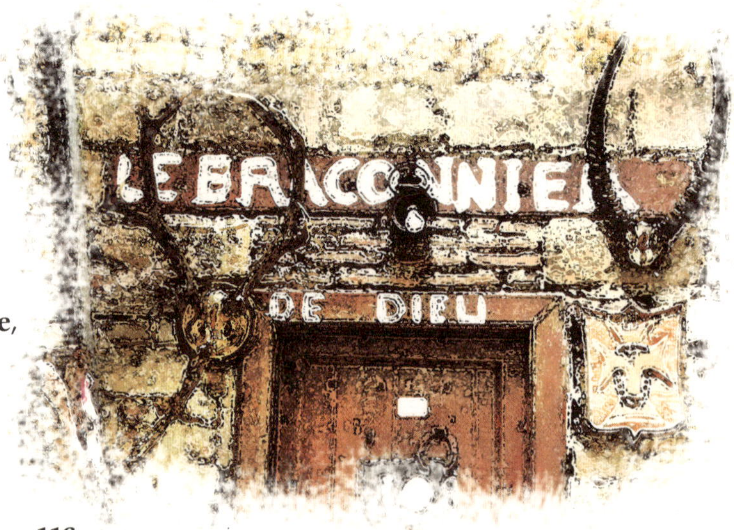

Les jeux

À beau jeu, beau retour.

•

Tel jeu n'en vaut pas la chandelle.

•

Le jeu et les bouteilles
Rendent les hommes égaux.

•

Jeu de main, jeu de vilain.

•

Au bon joueur, la balle lui vient.

•

La balle cherche le joueur.

•

Le joueur n'a pas besoin de cordon
À sa bourse.

Le commerce

Marchand d'oignons se connaît en ciboule.

•

Marchand qui perd ne peut rire.

•

Il n'est marchand qui toujours gagne.

Il faut être marchand ou larron.

•

De marchand à marchand,
Il n'y a que la main.

•

Mauvaise marchandise
N'est jamais bon marché.

•

Quand on envoie les enfants au marché,
Les marchands sont sûr de gagner.

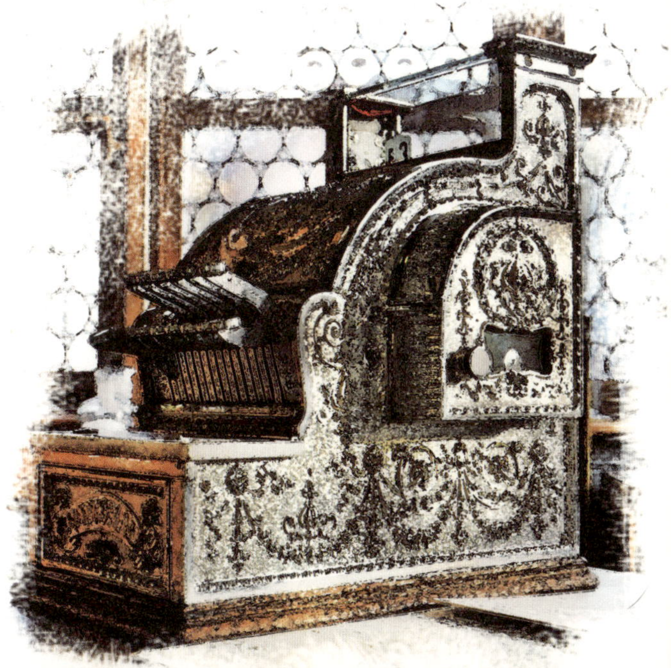

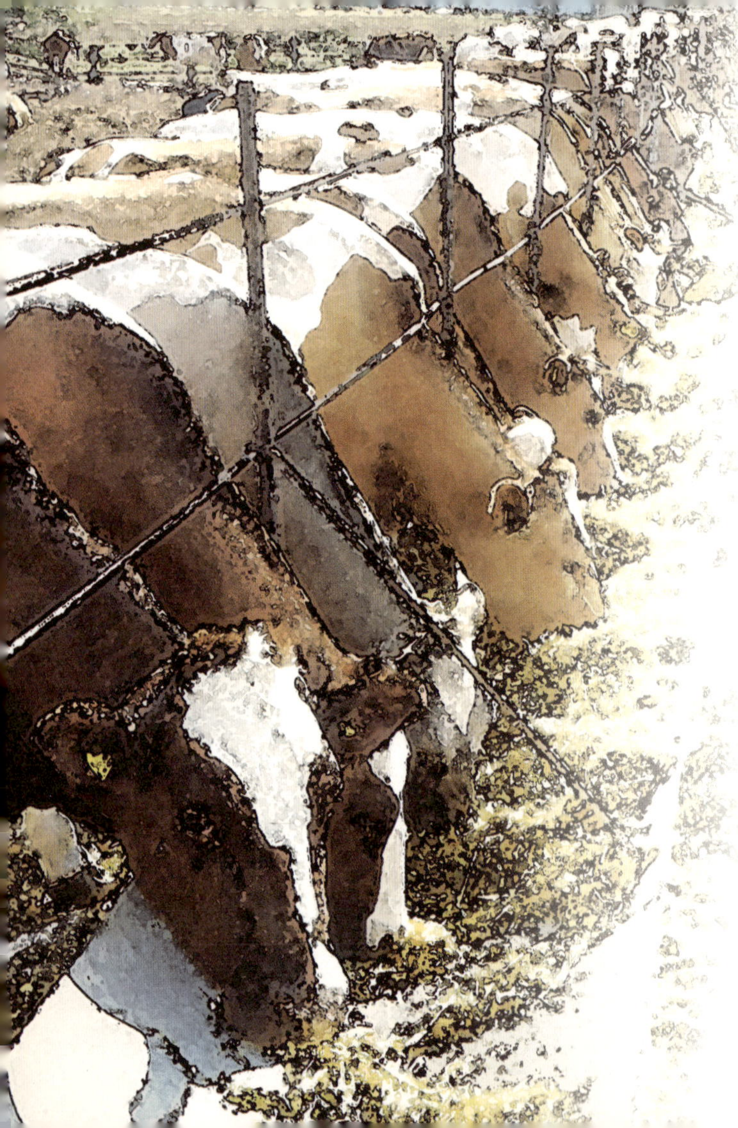

Bon marché ruine.

•

Bon marché vide le panier,
mais n'emplit pas la bourse.

•

À bon payeur, bon marché.

•

Marchandise qui plaît, est à moitié vendue.

•

Qui prend, se vend.

•

Tel vend, qui ne livre pas.

•

Qui vend le pot, dit le mot.

•

Mieux vaut vendre de la marchandise,
Que de se vendre.

•

Tout fait vendre, pourvu qu'il entre.

•

Qui achète ce qu'il ne peut,
Vend, après, ce qu'il ne veut.

•

Qui achète le superflu
Vendra bientôt le nécessaire.

•

Il y a plus de fous acheteurs
Que de fous vendeurs.

Mieux vaut acheter qu'emprunter.

•

Ne pas acheter, c'est se faire une rente.

•

Achète en foire et vends à la maison.

•

Il ne faut pas acheter chat en poche.

•

Ce que l'on acquiert méchamment,
On le dépense sottement.

•

À donner, donner ; et à vendre, vendre.

•

Il n'est marchand qui toujours gagne.

•

Tant vaut la chose qu'elle se peut vendre.

Faire des affaires

Il vaut mieux être
Plusieurs sur une bonne affaire
Que seul sur une mauvaise.

Tristan Bernard

•

Les affaires, c'est l'argent des autres.

Alexandre Dumas fils

Les gens qui ont peu d'affaires
Sont de très grands parleurs :
Moins on pense, plus on parle.

Montesquieu

•

Il n'est point de petites affaires.

•

Les affaires font les hommes.

•

En affaire qui est douteuse,
L'audace est avantageuse.

•

Affaire qui se fait sans bruit,
Succès en est le fruit.

•

Affaires les bonnes maisons font,
Affaires aussi les défont.

•

En affaire le plus expert est souvent
Celui qui perd.

•

Les affaires se font à table.

•

Les affaires font les hommes.

•

Il n'est point de petites affaires.

Dieu nous garde d'un homme
Qui n'a qu'une affaire.

•

Ceux qui n'ont point d'affaires, s'en font.

•

Les affaires sont ce qu'on les fait.

•

Dans les affaires du monde,
Ce n'est pas la foi qui sauve,
Mais plutôt l'incrédulité.

•

Qui a affaire à gens de bien se repose.

•

Affaire menée sans bruit
Se fait avec plus de fruit.

•

Corsaires, attaquant corsaires,
Ne font pas, dit-on, leurs affaires.

•

Ne rien faire produit beaucoup d'affaires.

•

Ne te mêle point d'affaires,
Qui sont entre frères.

•

Le secret est l'âme des affaires.

•

Le trop d'expédients peut gâter une affaire.

Tant vaut la chose comme on peut en avoir.

•

Quand on sait ce que vaut l'aune,
On y met le prix.

L'argent

L'eau trouble est le gain du pêcheur.

•

Si l'argent ne fait pas le bonheur. Rendez-le !

Jules Renard, *Journal*

•

L'argent est bon serviteur,
Mais mauvais maître.

•

Plaie d'argent n'est pas mortelle.

•

L'argent est le nerf de la guerre.

•

Argent comptant porte médecine.

•

Amour fait beaucoup mais argent fait tout.

•

Argent fait perdre et pendre gens.

Rien n'est plus éloquent
Que le son de l'argent.

•

L'argent est toujours bien venu,
Même dans un torchon sale.

•

Faut compter l'argent deux fois,
Pour n'être trompé, et l'or trois.

•

Qui a argent s'anoblit, et qui n'en a s'avilit.

•

Qui a argent il en prête,
Et qui n'en a il s'endette.

•

L'argent reste au vivant,
Et la terre au mourant.

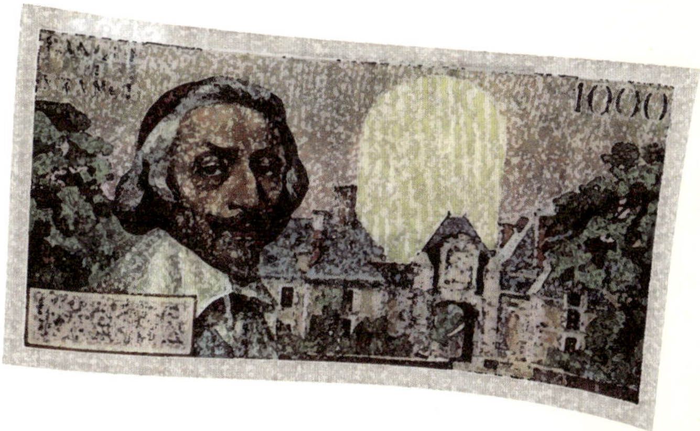

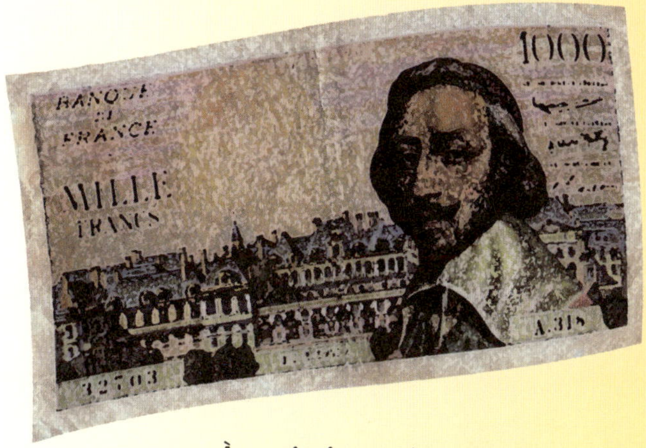

À capitaine et à sergent
Le butin et tout l'argent

•

L'argent n'a point d'odeur.

•

On peut faire attendre un marchand,
Un ouvrier, un indigent,
Qui nous a fourni ses denrées ;
Mais un escroc ?
L'honneur veut qu'au moment
On le paie, et très poliment.

Florian, *Pan et la Fortune*

•

Il ne faut pas mettre au feu le fagot entier.

•

À bon demandeur bon refuseur.

Le vrai moyen de gagner beaucoup
Est de ne vouloir jamais trop gagner
Et de savoir perdre à propos.

Fénelon

•

On hasarde de perdre
En voulant trop gagner.

La Fontaine, *le Héron*

•

Petit jeu, petit gain.

•

Qui a des noix en casse,
qui n'en a pas s'en passe.

•

Quand il n'y en a plus, il y en a encore.

•

Homme sans abri, oiseau sans nid.

•

Les plus accommodants
Sont les plus habiles.

•

Bien mal acquis ne prospère jamais.

•

Argent changé, argent mangé.

•

Marteau d'argent brise porte de fer.

•

Trésorier sans argent,
Apothicaire sans sucre.

Selon l'argent, les violons.

•

L'argent sert l'homme sage
Et gouverne le sot.

•

Selon ta bourse te maintiens.

•

Qui casse les verres les paie.

•

Pour reprendre ta chemise,
Ne mets ton héritage en mise.

•

Toujours est trop cher
Ce qui de rien ne sert.

•

Le coût fait perdre le goût.

•

Ce qui ne coûte rien,
Est sensé ne valoir rien.

•

Ne dépensez que selon vos moyens.

•

Dépense toujours moins que ta rente.

•

Avant de consulter ta fantaisie,
Consulte ta bourse.

Qui ne sait pas se servir
De la fortune quand elle vient,
Ne doit pas se plaindre quand elle s'en va.

•

Qui n'a que dix-neuf sous,
Ne saurait compter en francs.

•

Gros gagneur, gros dépenseur.

•

Le gain s'en va comme il est venu.

•

Laid gain, fuit comme daim.

•

D'injuste gain, juste daim (dommage).

•

Fortune aveugle suit aveugle hardiesse.

•

Il n'est que de changeur
Pour se connaître en monnaie.

•

Moins tu auras de nécessités,
Plus tu auras de liberté.

•

N'est pas d'or tout ce qui brille.

•

Ni l'or ni la grandeur
Ne nous rendent heureux.

L'or fait l'éclat, mais non pas le bonheur.

•

L'un paie les violons, les autres dansent.

•

Qui paie, a bien le droit de donner son avis.

•

À petit mercier, petit panier.

•

Tel pâtit qui n'en peut mais.

•

Qui paie mal, paie deux fois.

•

Gens payés d'avance
Ont les bras rompus.

•

Bon payeur
Est de bourse d'autrui
Seigneur.

D'un mauvais payeur, on tire ce qu'on peut.

•

Toute peine mérite son salaire.

•

Quand le puits est sec,
On sait ce que vaut l'eau.

•

Tout ce qui reluit n'est pas or.

•

Qui répond, paie.

•

Ne pas surveiller ses gens,
C'est leur donner son argent.

•

Les trésoriers sont les éponges des rois.

L'épargne

Il n'y a pas de petites économies.

•

L'épargne est un grand revenu.

•

Amasser en toute saison,
Dépenser selon raison,
Ne peuvent faire que bonne maison.

•

Est ami qui me fait gagner, ou épargner.

•

Argent qui est épargné
Est un bien deux fois gagné.

•

Celui qui a bien gagné
N'a rien s'il n'a épargné.

•

L'épargne est le premier gain,
Le reste est comme le regain.

•

Qui veut être riche,
N'apprenne pas seulement
Comme on gagne,
Mais aussi comme on épargne.

•

Mieux vaut bon gardeur, que bon amasseur.

L'emprunt

Si tu veux savoir le prix de l'argent,
emprunte-le.

•

Ne prête pas ton argent à celui
À qui tu serais obligé de le redemander
Le chapeau à la main.

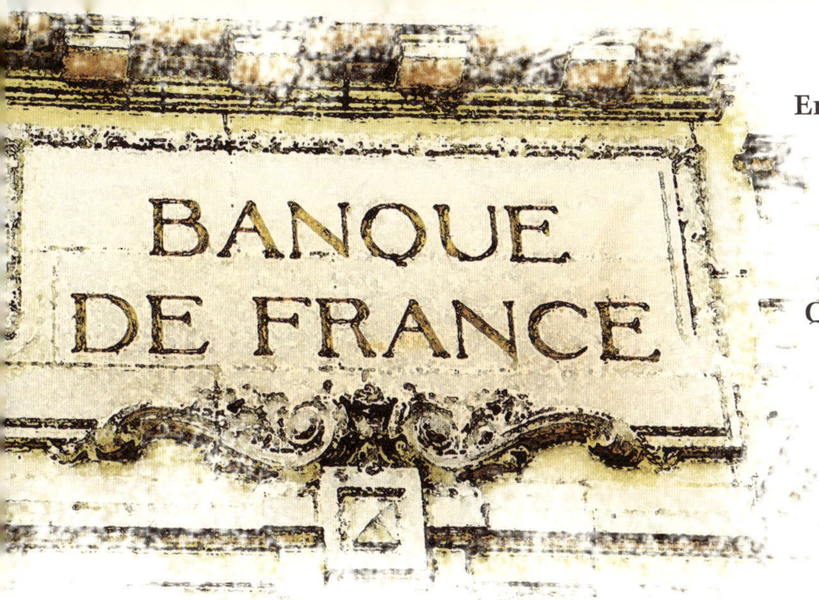

Argent emprunté porte tristesse.

•

Ce qui est bon à prendre est bon à rendre.

•

Emprunt n'est pas avance.

•

Qui prête ne recouvre ;
S'il recouvre, non tout ;
Si tout, non tel ;
Si tel, ennemi mortel.

•

Au prêter Dieu, au rendre Diable.

Emprunter, c'est ronger une fortune
Ou grossir une misère.

•

À bon emprunteur,
Bon éconduiseur.

•

Qui paie bien, deux fois emprunte.

•

Du dérober au restituer,
On gagne trente pour cent.

Les dettes

À débiteur insolvable,
Créancier impitoyable.

•

Qui perd ses dettes s'enrichit.

Honoré de Balzac, *Proverbes*

•

Les dettes abrègent la vie.

Joseph Joubert, *Pensées*

•

Les dettes du jeu sont sacrées.

•

Le chagrin ne paye pas les dettes.

Qui paye ses dettes s'enrichit,
qui les oublie se dédit.

•

Qui épouse la veuve, épouse les dettes.

•

Couche-toi plutôt sans souper,
Que de te lever avec des dettes.

•

Le créancier a meilleure mémoire
Que le débiteur.

•

Une dette n'empêche pas l'autre.

•

Le travail paie les dettes,
La fainéantise les fait.

•

Qui nous doit, nous demande.

•

Est assez riche
Qui ne doit rien.

•

S'industrier, paie les dettes ;
Et se désespérer, les augmente.

•

La mélancolie ne paie point de dettes.

•

À ne rien faire, on fait des dettes.

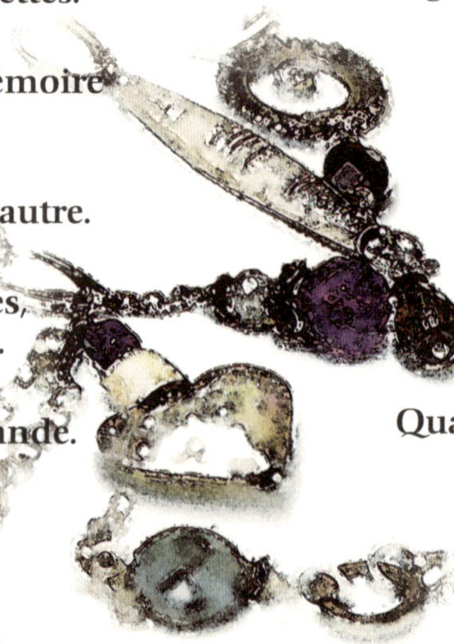

La richesse

Un homme riche n'est jamais vieux
Pour une fille.

•

Qui a argent a tout, et de tout il vient à bout.

•

Qui terre a, guerre a.

•

Abondance de bien
Ne nuit pas.

•

Quand l'argent marche,
Tout va bien.

•

Quand la fortune est à la porte,
Il faut lui ouvrir
Sans la faire attendre.

•

Clé d'or passe partout.

•

Qui paie bien est bien servi.

•

Qui commande, paie.

•

Qui a de l'argent, a des pirouettes.

Possession vaut titre.

•

Qui a provision, a rente.

•

Celui-là est riche qui est content.

•

Rien de plus orgueilleux,
Qu'un riche qui a été gueux.

•

N'est richesse qui honneur vaille.

•

Fi de richesse sans honneur !

La pauvreté

À la porte où l'on donne les miches,
Les gueux y vont.

•

Le sang du pauvre, c'est l'argent.

Léon Bloy

•

Qui n'a point argent en bourse,
ait miel en bouche.

•

On a argent quand on peut,
Et de la peine plus qu'on veut.

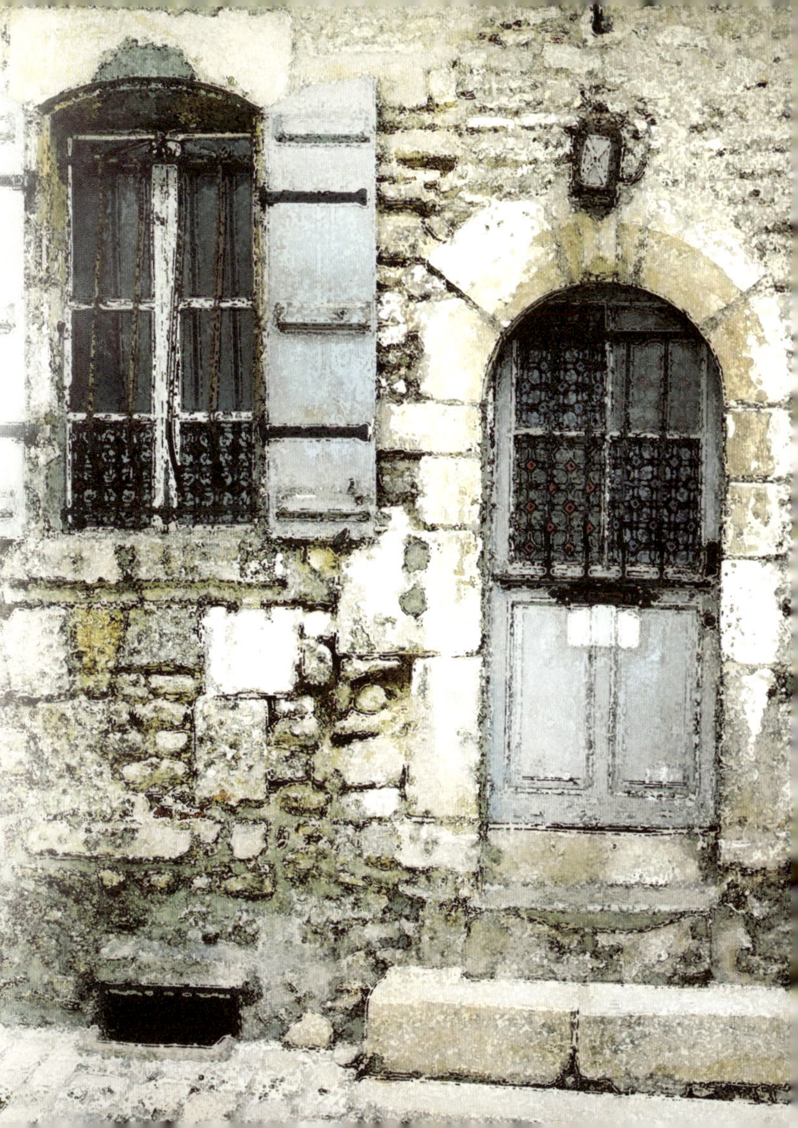

Qui a manqué de pain, de vin,
N'emploie son argent en vain.

•

Qui rien a, pis a.

•

Les battus paient l'amende.

•

Loin de ses biens, prés de sa ruine.

•

Nécessité n'a pas de loi.

•

La nécessité fait s'industrier.

•

La nécessité est mère de l'invention.

•

Les pauvres gens vivent
De ce qu'ils mangent.

Pauvreté n'est pas vice.

•

En grande pauvreté
Il n'y a guère grande loyauté.

•

Pauvreté engendre tricherie.

•

Quand pauvreté se montre à la porte,
Conscience se jette par la fenêtre.

•

La pauvreté des biens se peut guérir,
Celle de l'âme est sans remède.

•

Peu de biens, peu de soins.

•

Mieux vaut restreindre son état,
Qu'en pauvreté choir tout plat.

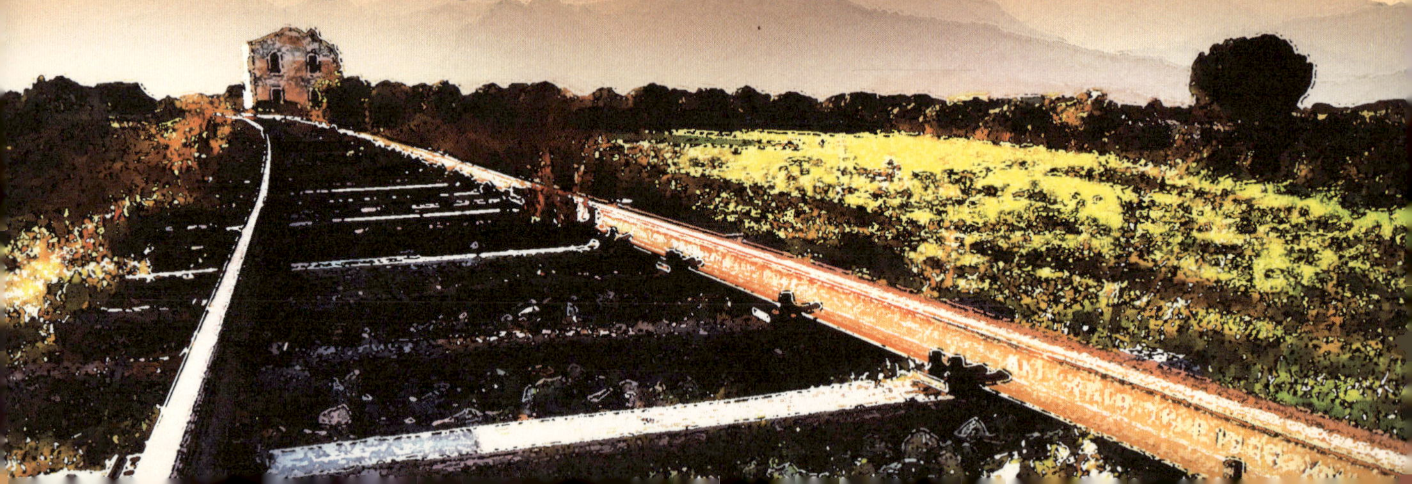

Le langage

L'indiscret est une lettre décachetée,
tout le monde peut la lire.

•

Longue langue, courtes mains.

•

Male langue, en enfer mène.

•

Un coup de langue est pire
Qu'un coup de lance.

•

Ce ne sont pas les grands mots,
Qui remplissent les boisseaux.

•

Les mots sont monnaie pour les sots,
Et jetons pour les sages.

•

La forteresse qui parlemente,
Est bien près de se rendre.

•

Parler tout seul est signe de folie.

•

Écris comme les habiles,
Et parle comme tout le monde.

Le peu parler est d'or,
Le trop parler est boue.

•

Parler est bien, mais faire est encore mieux.

•

Beaucoup savent parler,
Mais bien peu savent faire.

•

Grand parleur, grand menteur.

•

Qui parle beaucoup, doit dire des sottises.

•

Frappez haut, et parlez bas.

•

À quoi sert de parler,
Non pour être entendu ?

•

On lie les bœufs par les cornes,
Les hommes par les paroles.

•

Parole jetée, prend sa volée.

•

Peu de paroles, peu d'affaires.

•

Douces paroles n'écorchent langue.

•

Les paroles du matin ne ressemblent pas
À celles du soir.

À sottes paroles, sourde oreille.

•

Il n'y a qu'un mot qui serve.

•

C'est le ton qui fait la chanson.

•

Voix d'un, voix d'aucun.
(Testi unus, testi nullus.)

La vérité

Bien servir fait amis et vrai dire ennemis.

•

Dire tout et sans retenue,
Est humeur pire qu'ingénue.

•

Trop gratter cuit, trop parler nuit.

•

Toute vérité n'est pas bonne à dire.

•

Le dire vrai est dangereux.

•

La vérité surnage comme l'huile.

•

La vérité est amère,
Mais se laisse pas de s'avaler.

•

Il n'y a que la vérité qui offense.

L'écriture

La parole s'enfuit, et l'écriture demeure.

•

Le papier souffre tout et ne rougit de rien.

•

Le papier parle quand les gens se taisent.

•

Témoins passent lettres.

*Les mots ne se battent pas
Sur le papier.*

La pensée

Moins on pense, plus on parle.

Montesquieu

•

Pense deux fois avant de parler,
tu en parleras deux fois mieux.

•

L'homme sage ne dit pas tout ce qu'il pense,
Mais il pense tout ce qu'il dit.

•

Plus penser que dire.

•

Ne rien dire, et n'en penser pas moins.

Le silence

Langue muette, n'est jamais battue.

•

Il est bon de parler et meilleur de se taire.

•

Écoute avant de parler,
et peut-être verras-tu qu'il faut te taire.

•

Quand d'autrui parler tu voudras,
Regarde-toi et te tairas.

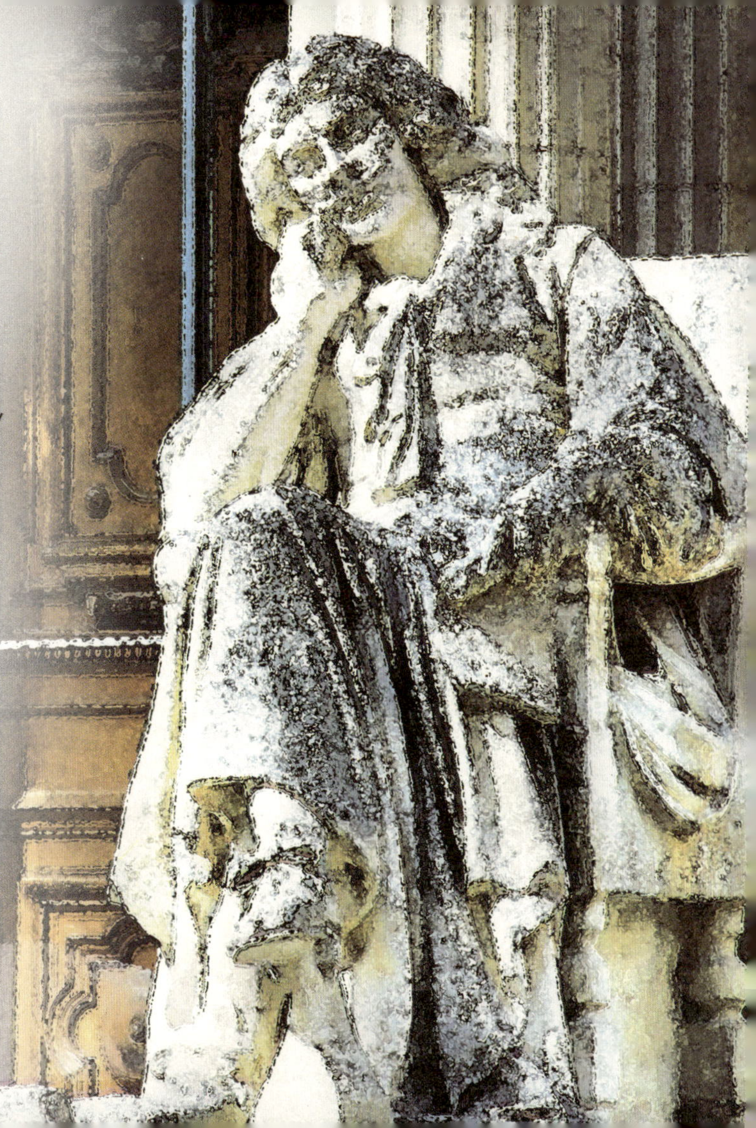

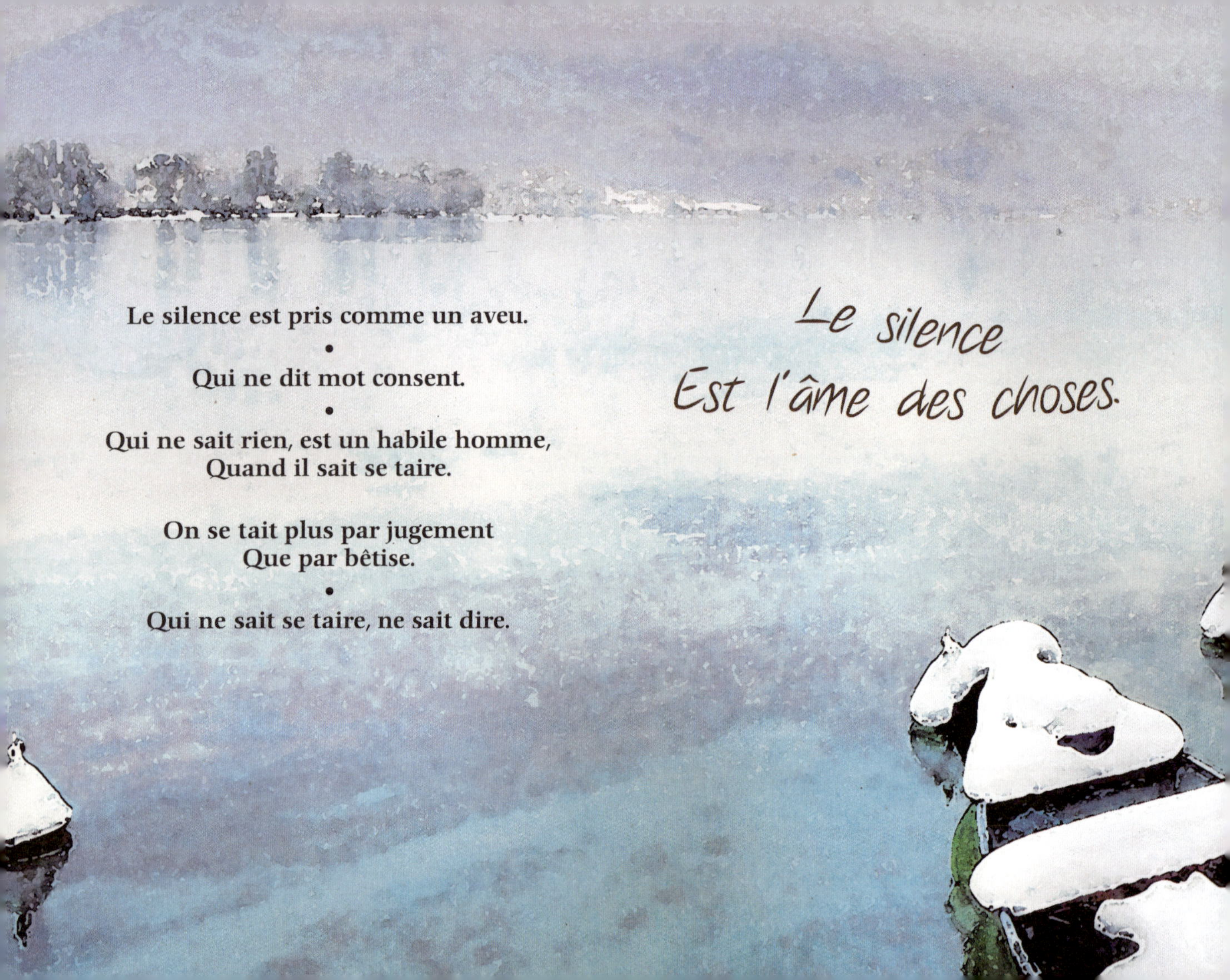

Le silence est pris comme un aveu.

•

Qui ne dit mot consent.

•

Qui ne sait rien, est un habile homme,
Quand il sait se taire.

On se tait plus par jugement
Que par bêtise.

•

Qui ne sait se taire, ne sait dire.

Le silence
Est l'âme des choses.

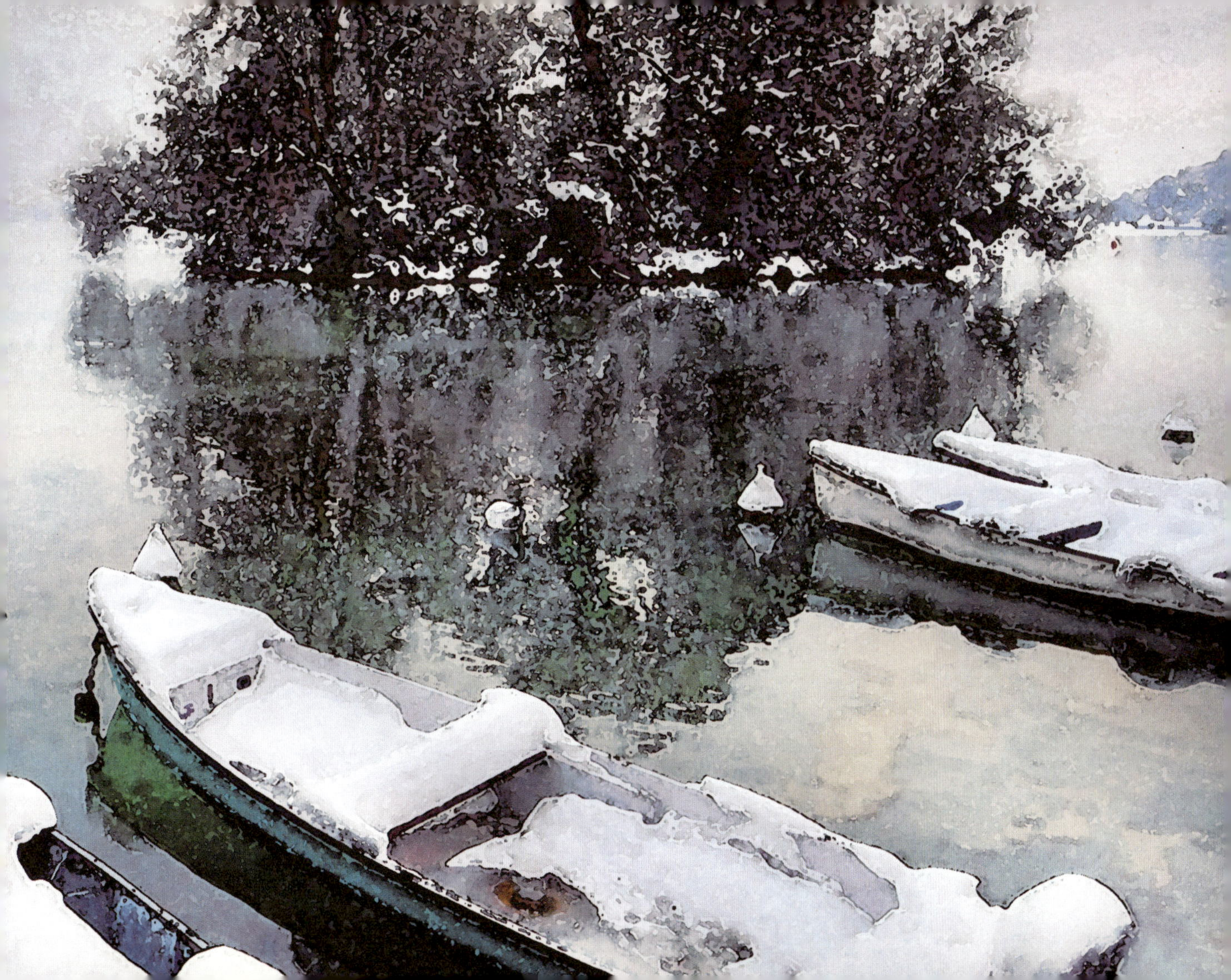

La religion

Les plus grands clercs
Ne sont pas les plus fins.

•

Évêque d'or, crosse de bois ;
Crosse d'or, évêque de bois.

•

Pour un moine qui manque,
On ne laisse pas d'élire l'abbé.

•

Le moine répond comme l'abbé chante.

•

L'office découvre l'homme.

Qui veut vivre à Rome
Ne doit pas se quereller avec le Pape.

•

On a beau prêcher
À qui n'a cure de bien faire.

•

Chacun prêche pour son saint.

•

Nulle chose n'est plus chère
Que celle achetée par la prière.

•

Nul n'est prophète en son pays.

•

Rouge soir et blanc matin,
C'est la journée du pèlerin.

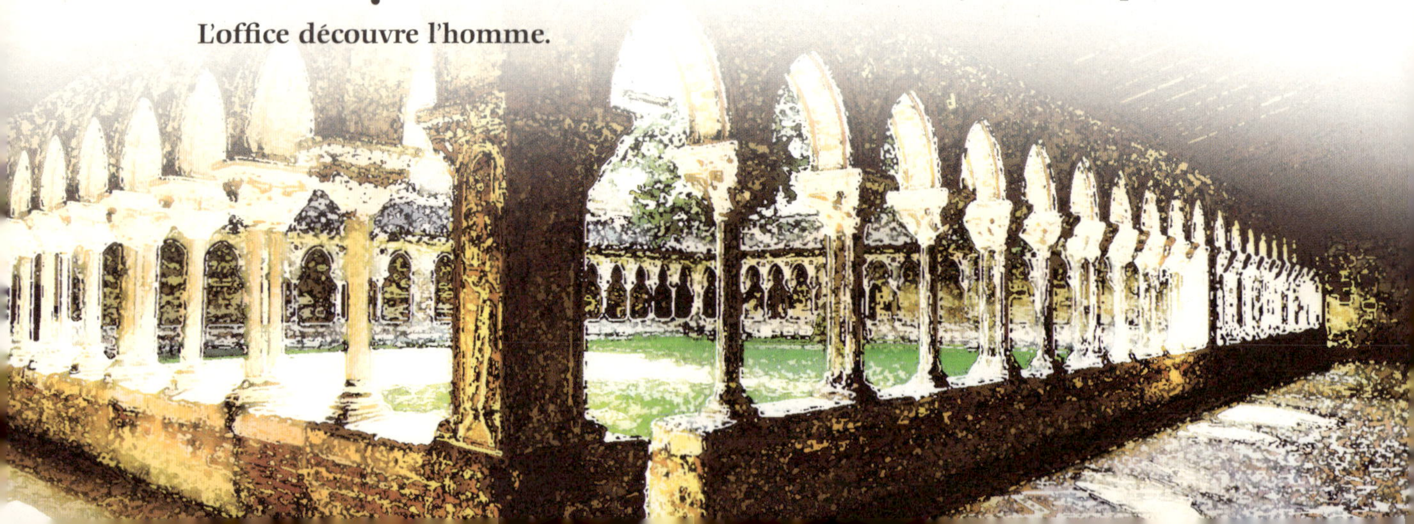

Dieu

Quand Dieu ne veut le saint ne peut.

•

À barque désespérée,
Dieu fait trouver le port.

•

Les batailles sont en la main de Dieu.

•

Où Dieu veut, il pleut.

•

L'homme propose et Dieu dispose.

•

Ce que Dieu garde est bien gardé.

•

À qui Dieu aide, nul ne peut nuire.

•

À brebis tondue, Dieu ménage le vent.

•

Dieu ne nous a point bâtit de ponts,
Il nous a donné des mains pour en faire.

•

Dieu voit qui est bon pèlerin.

•

Voix du peuple, voix de Dieu.

•

Dieu ne veut pas plus
Qu'on ne peut.

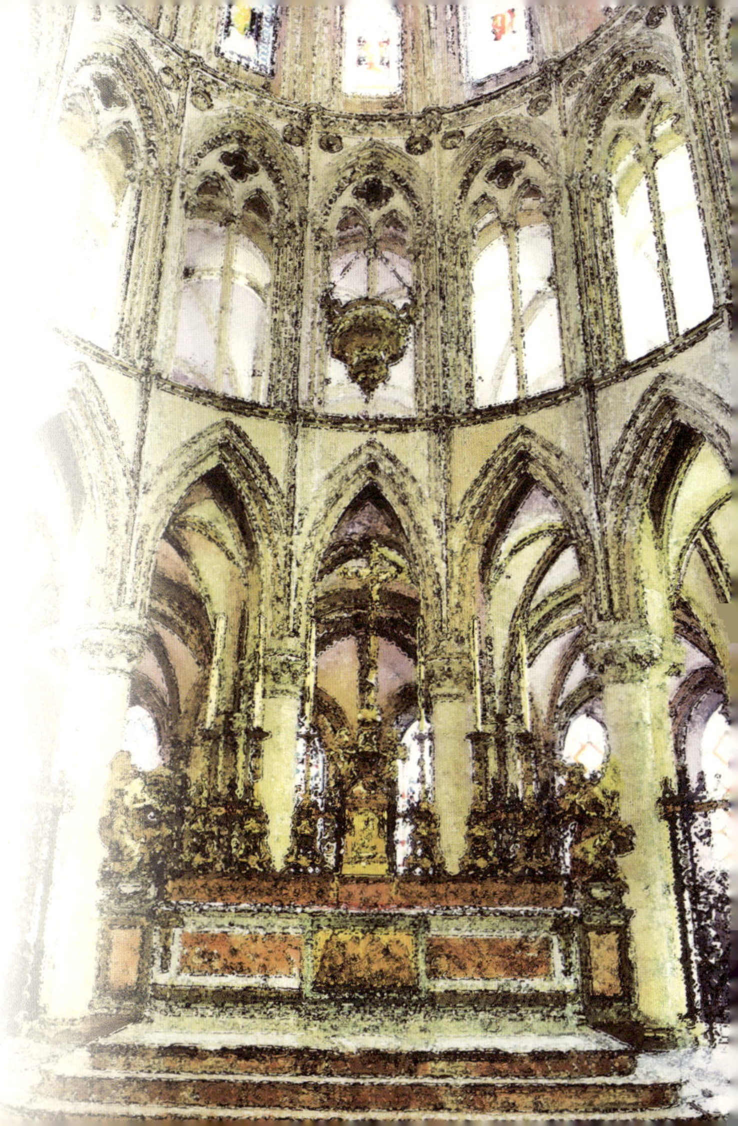

Le diable

On fait toujours le diable
Plus laid qu'il n'est.

•

Mieux vaut tuer le diable,
que si le diable vous tue.

•

La monnaie du diable
Est de faux or.

•

Où il y a un écu, il y a un diable ;
Où il n'y en a pas, il y en a deux.

•

On ne peut pas peigner un diable
Qui n'a pas de cheveux.

•

Porte fermée, le diable s'en va.

•

Taverne est la fosse au diable.

•

Quand le diable est vieux,
Il se fait ermite.

Le diable était beau
Quand il était jeune.

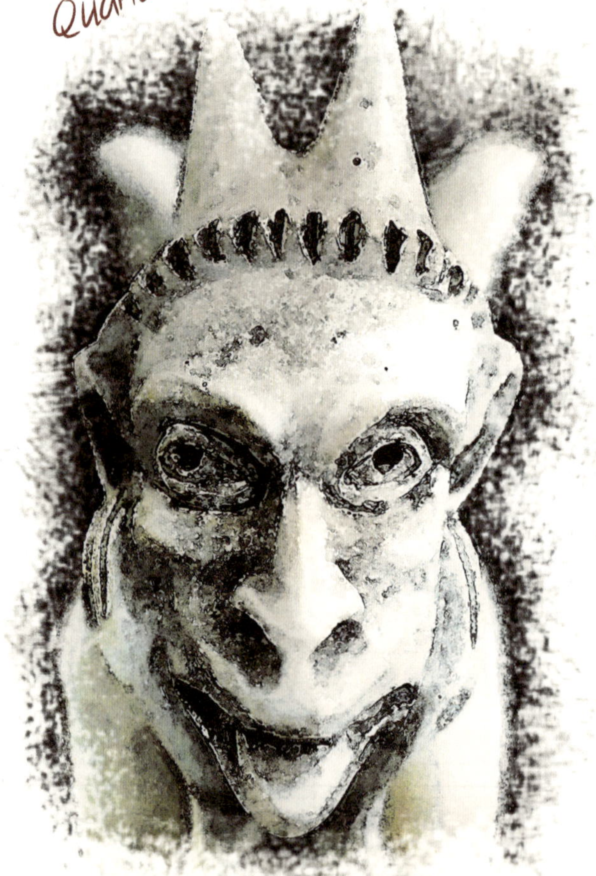

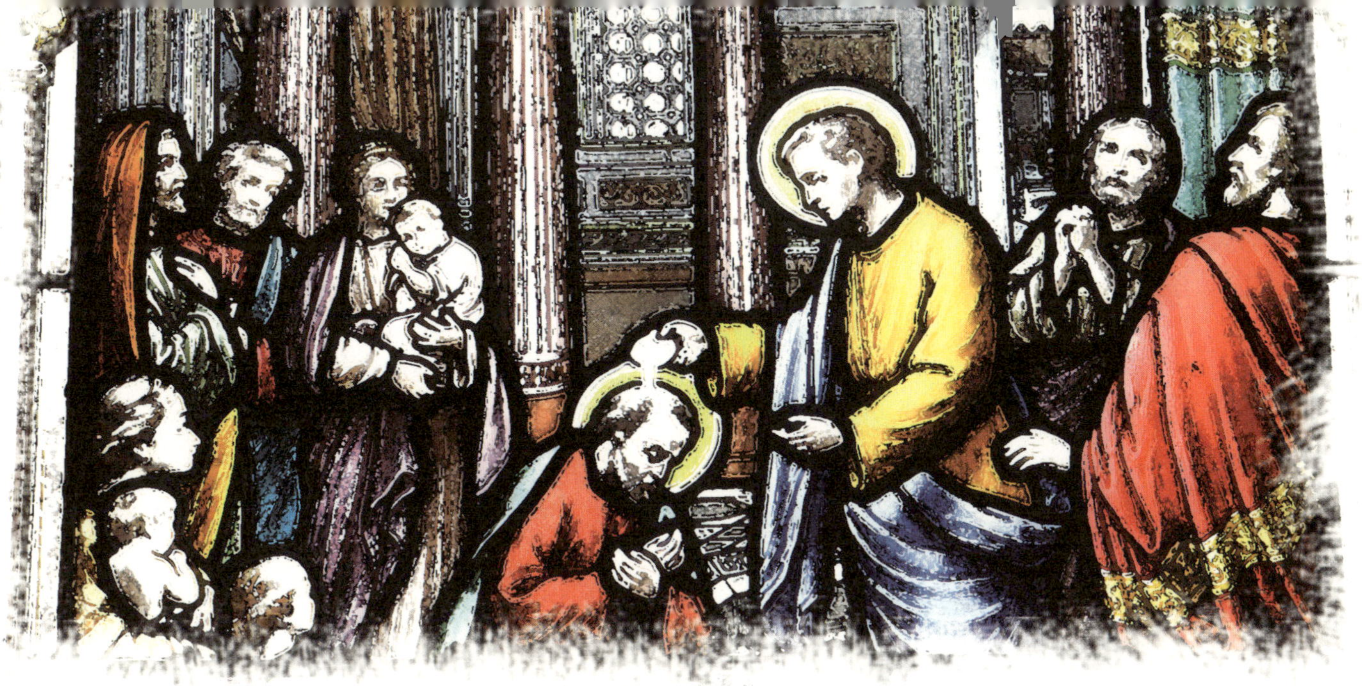

Les saints

À chaque saint, sa chandelle.

•

Saint qui ne guérit rien,
N'a guère de pèlerins.

•

Il n'est si petit saint
Qui ne veuille avoir son offrande.

Comme on connaît les saints,
On les fête.

•

Aux vêpres on connaît la fête.

•

La fête passée, adieu le saint.

•

Il n'est miracle que de vieux saints.

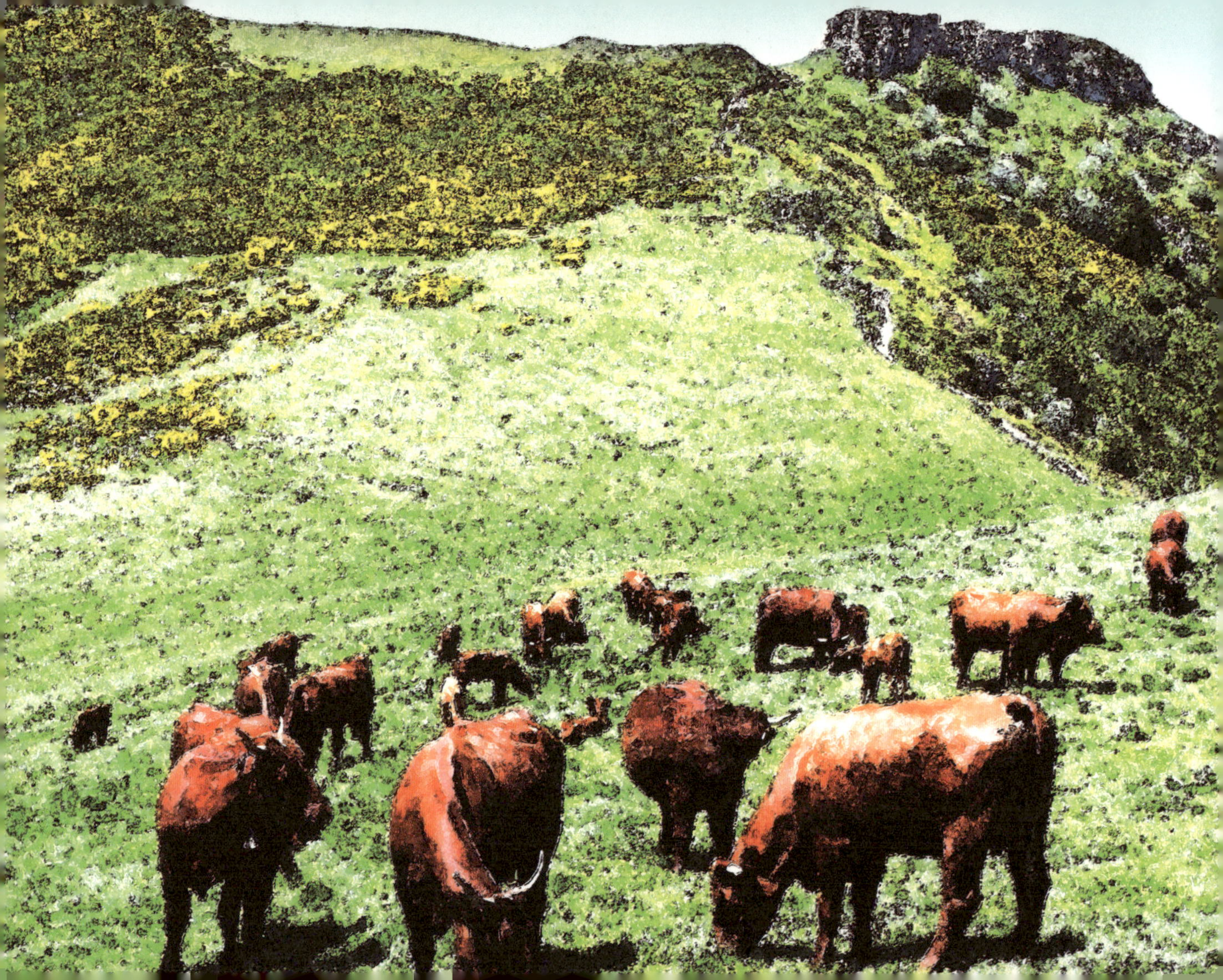

Les animaux

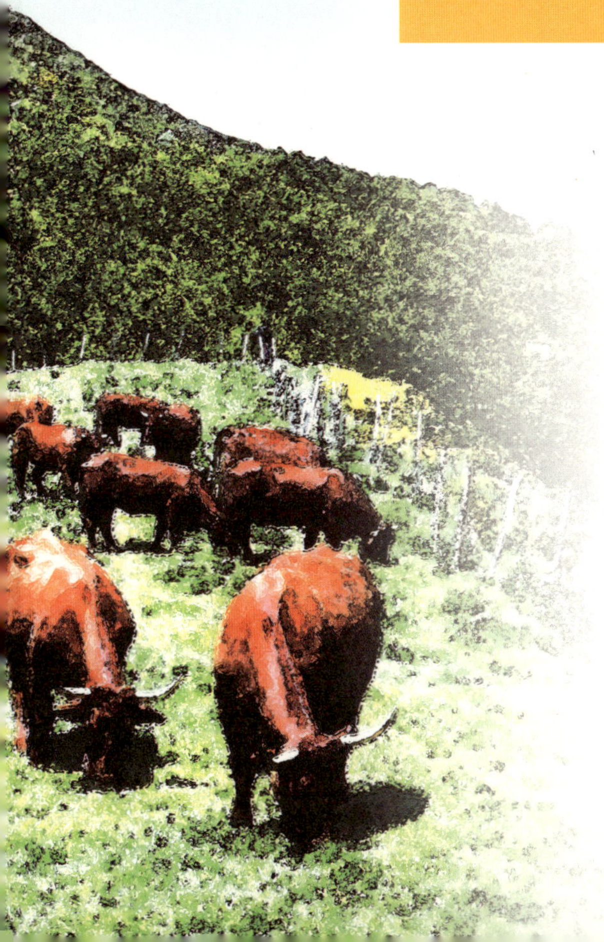

À toute bête, la nature a donné son ennemi.

•

Mauvaise bête se prend par douceur.

•

Souvent les bêtes montrent à vivre
Aux hommes.

•

Morte la bête, mort le venin.

•

On prend les bêtes par les cornes,
et les hommes par les paroles.

•

Prendre du poil de la bête.

Expression fondée sur la croyance que le poil de certains animaux, appliqué sur la morsure qu'ils ont faite, en opère la guérison.

•

Il n'y a point de coup mortel
sur une méchante bête.

Les ânes, Les chevaux

Âne qui paît chez le voisin
N'est pas accueilli en cousin.

•

Braiment d'un âne, voix de fou,
En assemblée porte même coup.

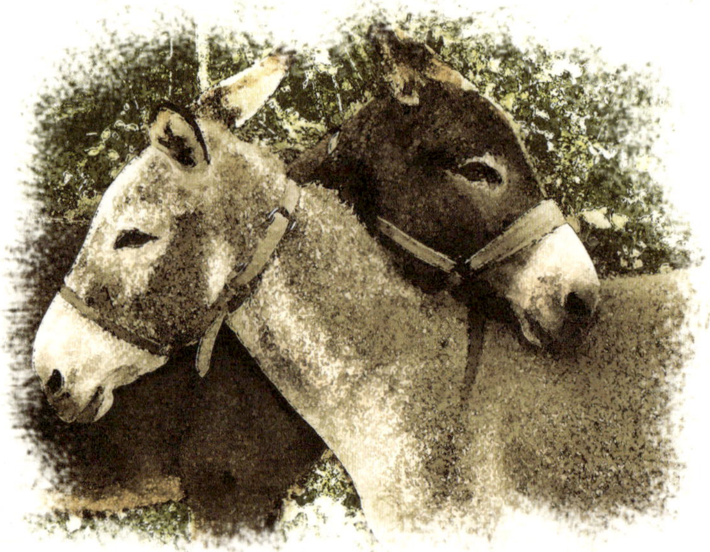

C'est folie de faire boire un âne
S'il n'a pas soif.

•

Chante à ton baudet, il te fera un pet.

•

L'âne de la communauté est toujours
Le plus mal bâté.

•

Âne avec le cheval ne doit s'atteler.

•

L'âne de la montagne porte le vin
Et boit de l'eau.

•

À rude âne, rude ânier.

•

Qui ne peut frapper l'âne, frappe le bât.

•

Tel fait l'âne pour avoir du son.

•

À dur âne, dur aiguillon.

•

Quand il n'y a plus de foin au râtelier,
Les ânes se battent.

•

Est bien âne de nature,
Qui ne sait lire son écriture.

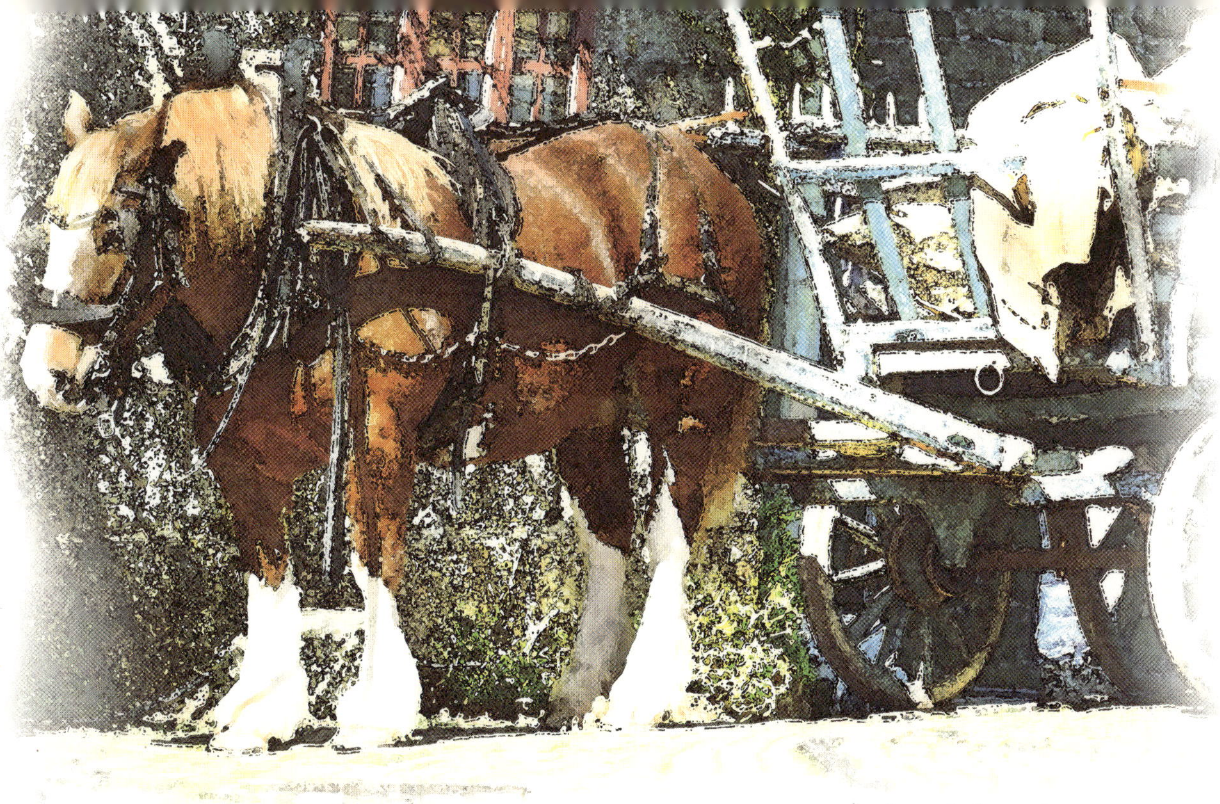

Bonne mule, mauvaise tête.

•

Qui monte la mule, la ferre.

•

Entêté comme une mule.

•

À vieille mule, frein doré.

À cheval donné,
on ne regarde pas les dents.

•

Au cheval maigre va la mouche.

•

Il n'est si bon cheval qui ne bronche.

Cheval seul à l'étable,
Malade ou peu traitable.

•

On change souvent son cheval borgne
Contre un aveugle.

•

Jamais bon cheval ne devient rosse.

•

À jeune cheval, vieux cavalier.

•

À méchant cheval, bon éperon.

•

Le déjeuner du cavalier
Est la meilleure avoine du cheval.

•

Cheval de foin, cheval de rien ;
Cheval d'avoine, cheval de peine ;
Cheval de paille, cheval de bataille.

•

Qui mène les chevaux, mène ses bourreaux.

•

Bien mérite d'aller à pied,
Qui ne prend soin de son cheval.

•

À cheval hargneux, étable à part.

•

Des femmes et des chevaux,
Il n'en est point sans défauts.

Bon cheval va seul à l'abreuvoir.

•

Il est aisé d'aller à pied,
Quand on tient son cheval par la bride.

•

Qu'un cheval soit mauvais ou bon,
Chausse toujours tes éperons.

•

L'écurie use plus le cheval que la course.

•

Mors doré ne rend pas le cheval meilleur.

•

Cheval qui piaffe, n'avance guère.

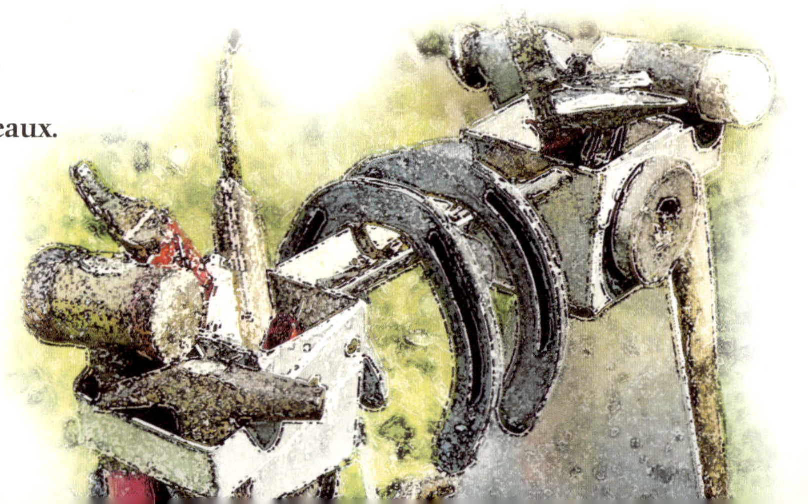

Les brebis, Les chèvres

Il faut tondre les brebis
Et non pas les écorcher.

•

Brebis mal gardée du loup est mangée.

•

À brebis tondue Dieu mesure le vent.

Une brebis galeuse
Infecte tout un troupeau.

•

L'homme se jette dans le vice,
Comme brebis en précipice.

•

Quand brebis enragent,
Elles sont pires que les loups.

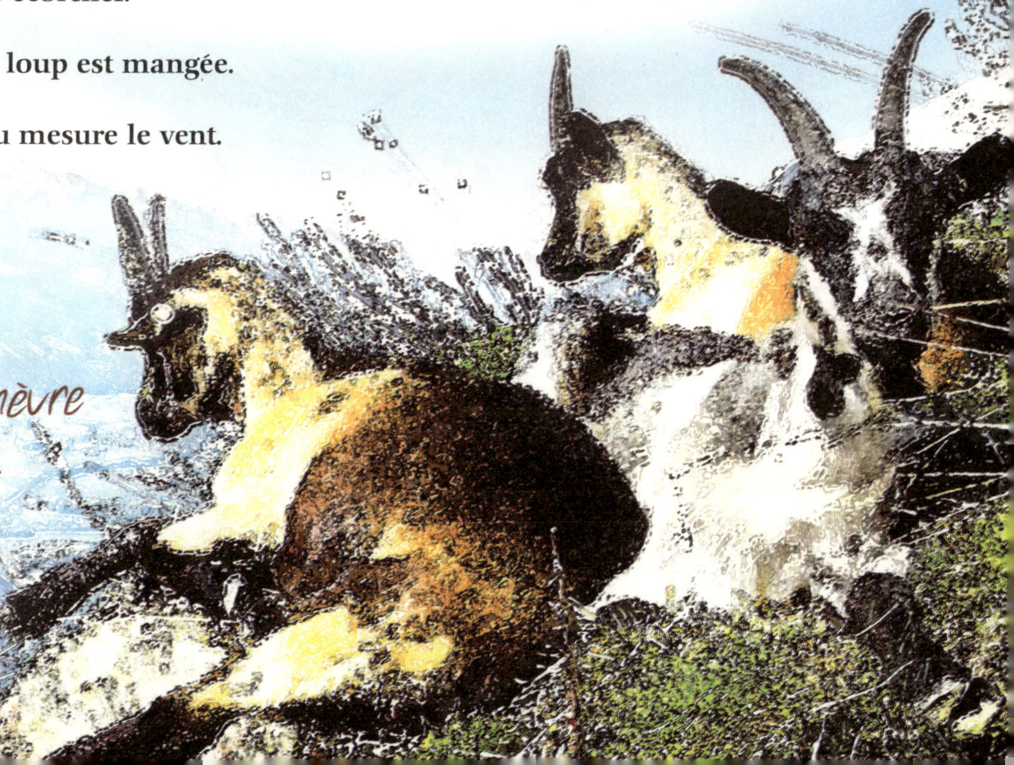

On n'a jamais vu chèvre
Morte de faim.

Brebis qui bêle perd sa gueulée.

•

Brebis comptée, le loup la mange.

•

Où la chèvre est attachée,
Il faut qu'elle broute.

•

À la chandelle la chèvre semble demoiselle.

•

La chèvre est la vache du pauvre.

•

Ménager la chèvre et le chou.

Un batelier doit passer en trois fois du bord d'un fleuve à l'autre un loup, une chèvre et un chou, sans laisser la chèvre exposée à la dent du loup, ou le chou à la dent de la chèvre. Il passe donc la chèvre, puis le chou qu'il gardera dans son bateau, enfin le loup qu'il débarquera avec le chou.

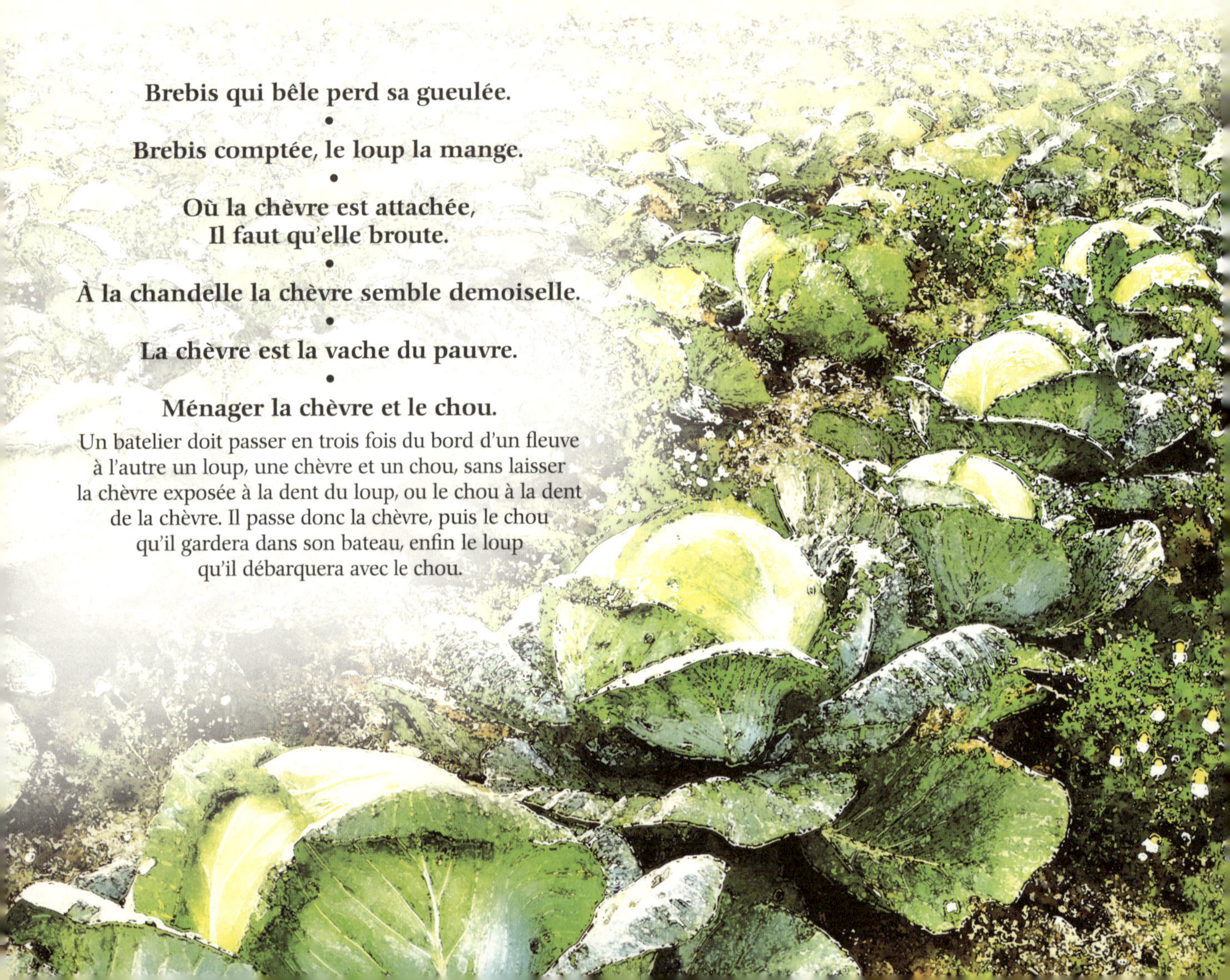

Les bœufs, Les vaches

Vieux bœuf fait droit sillon.

•

Il ne faut pas faire marcher
Les bœufs d'un autre
Plus vite qu'il ne veut.

•

Le grand bœuf apprend
Au petit à labourer.

•

Quand on donne un œuf,
c'est pour avoir un bœuf.

•

À la tannerie,
tous bœufs sont vaches ;
À la boucherie,
toutes vaches sont bœufs.

•

Où la vache est attachée,
Il faut qu'elle broute.

•

Il ne faut qu'une queue de vache
Pour atteindre le ciel,
À condition qu'elle soit longue.

Vache de loin, a lait assez.

•

Viendra le temps
Où les vaches auront affaires de queues.

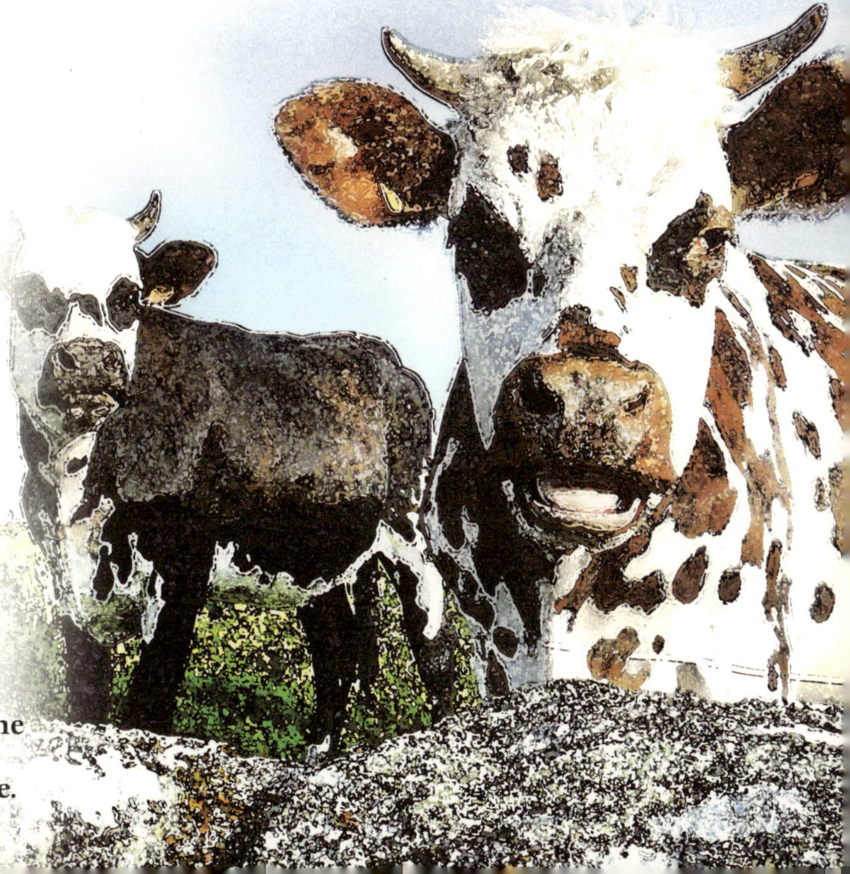

Les poules

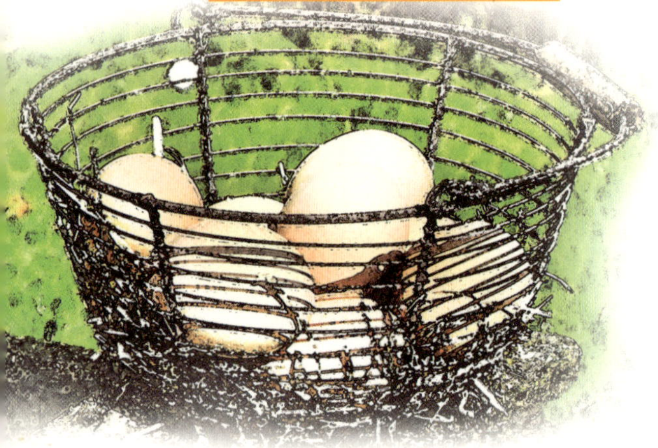

Qui veut l'œuf doit supporter la poule.

•

Une poule aveugle peut quelquefois
Trouver son grain.

•

Qui naît poule, aime à gratter.

•

Il faut savoir plumer la poule
Sans la faire crier.

•

Les poules pondent par le bec.

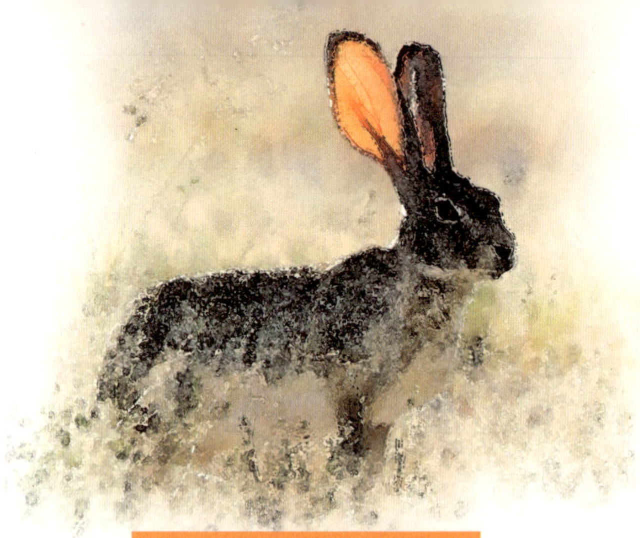

Les lièvres

Le lièvre revient toujours à son gîte.

•

Le lierre meurt où il s'attache.

•

On ne court pas deux lièvres à la fois.

•

Qui chasse deux lièvres n'en prend pas un.

•

On ne prend pas les lièvres
Au son du tambour.

Les renards, Les loups

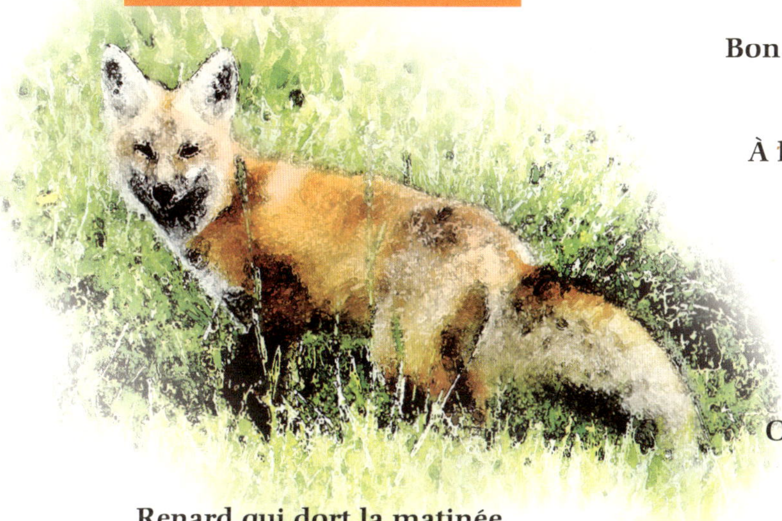

Renard qui dort la matinée,
N'a guère la bouche emplumée.

•

Un renard change de poils,
Mais non de nature.

•

Il est avis au renard, que chacun mange
Des poules comme lui.

Quand le renard se met à prêcher,
Gare aux poules.

•

Bon renard ne se prend pas deux fois
Au même piège.

•

Bon renard ne mange jamais les poules
De son voisin.

•

À la fin le renard va chez le pelletier.

•

Il ne faut pas se confesser
Au renard.

•

Il ne faut qu'un coup
Pour tuer un loup.

•

On fait toujours le loup plus gros
Que ce qu'il est.

•

Quand on parle du loup,
On en voit la queue.

•

Il ne faut pas donner des brebis
À garder au loup.

•

À chair de loup, dent de chien.

À mauvais berger, loup engraissé.

•

On apprend à hurler avec les loups.

•

Fais-toi mouton, le loup te mangera.

Les loups ne se mangent pas
Entre eux.

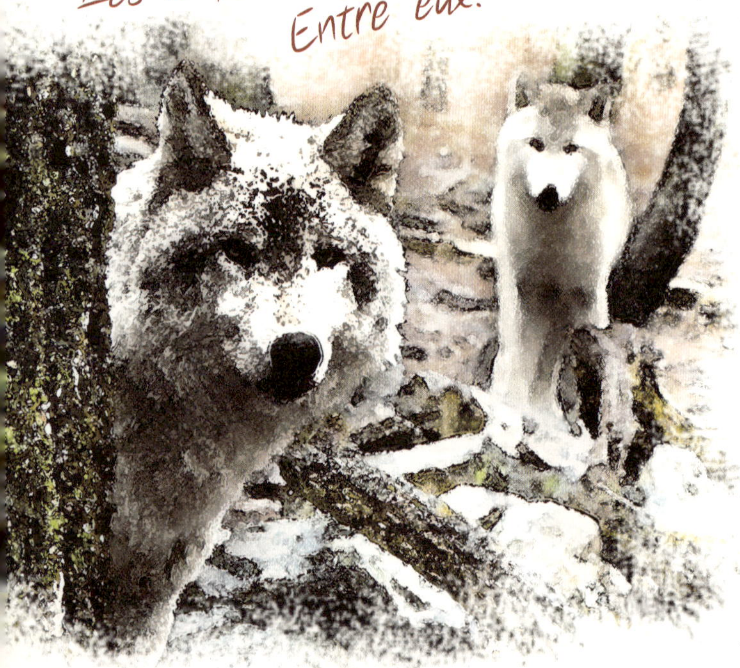

Les chiens, Les chats

Le chien, c'est la vertu qui,
Ne pouvant se faire homme,
S'est faite bête.

Victor Hugo

•

Flattez un chien, il vous fera caresse.

•

Qui veut noyer son chien,
L'accuse de la rage.

•

Chien qui aboie ne mord pas.

•

Bon chien chasse de race.

•

Il n'est pas nécessaire de montrer
Le méchant au chien.

•

Il n'est de chasse que de vieux chiens.

•

Le chien se défend
Quand on lui ôte son os.

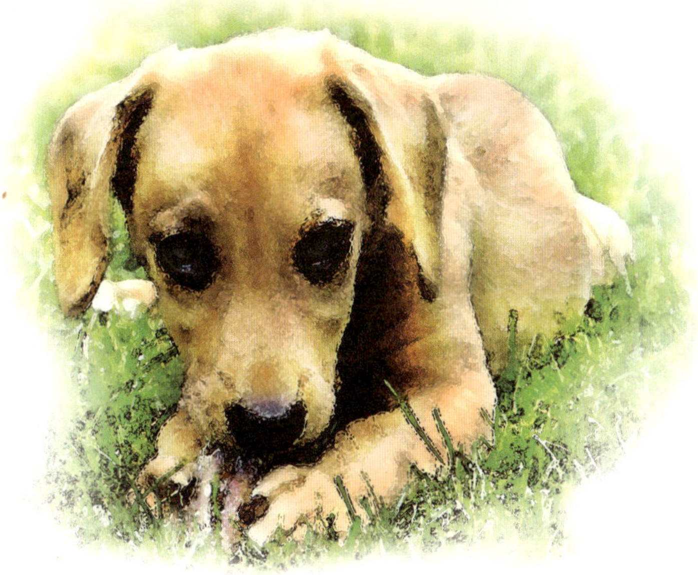

À bon chien, bon os.

Le chien se frotte à la charogne.

•

**Chien hargneux
A toujours les oreilles déchirées.**

•

**On ne connaît ni les gens aux robes,
Ni les chiens au poil.**

•

**Par petits chiens le lièvre est trouvé,
Et par les grands est happé.**

Un chien regarde bien évêque.

Il était défendu aux évêques d'avoir chez eux un chien, afin que ceux qui leur demandaient l'hospitalité ne soient pas mordus.

•

Entre chien et loup.

Au crépuscule, dans la pénombre, on hésite entre la silhouette du chien et celle du loup.

•

Deux chiens sont mauvais à un os.

•

À mauvais chien queue lui vient.

•

Bon chien n'aboie pas pour rien.

•

**Il ne faut pas tuer son chien
Pour une mauvaise année.**

•

Au chien qui mord, il faut jeter des pierres.

•

Petit chien, belle queue.

•

**Il n'y a toujours que trop de chiens
Autour d'un os.**

•

**Un chien et un coq
sont forts sur leur palier.**

Le chien ne peut pas être chèvre,
Ni le lapin devenir lièvre.

•

Veux-tu que le chien te suive ?
Donne-lui du pain.

Caresses de chien donnent des puces.

•

Qui couche avec le chien,
Se lève avec des puces.

•

Chien échaudé ne revient pas en cuisine.

•

À méchant chien, court lien.

•

Il ne faut pas se moquer des chiens
Qu'on ne soit hors du village.

*Chats et chiens,
Mauvais voisins.*

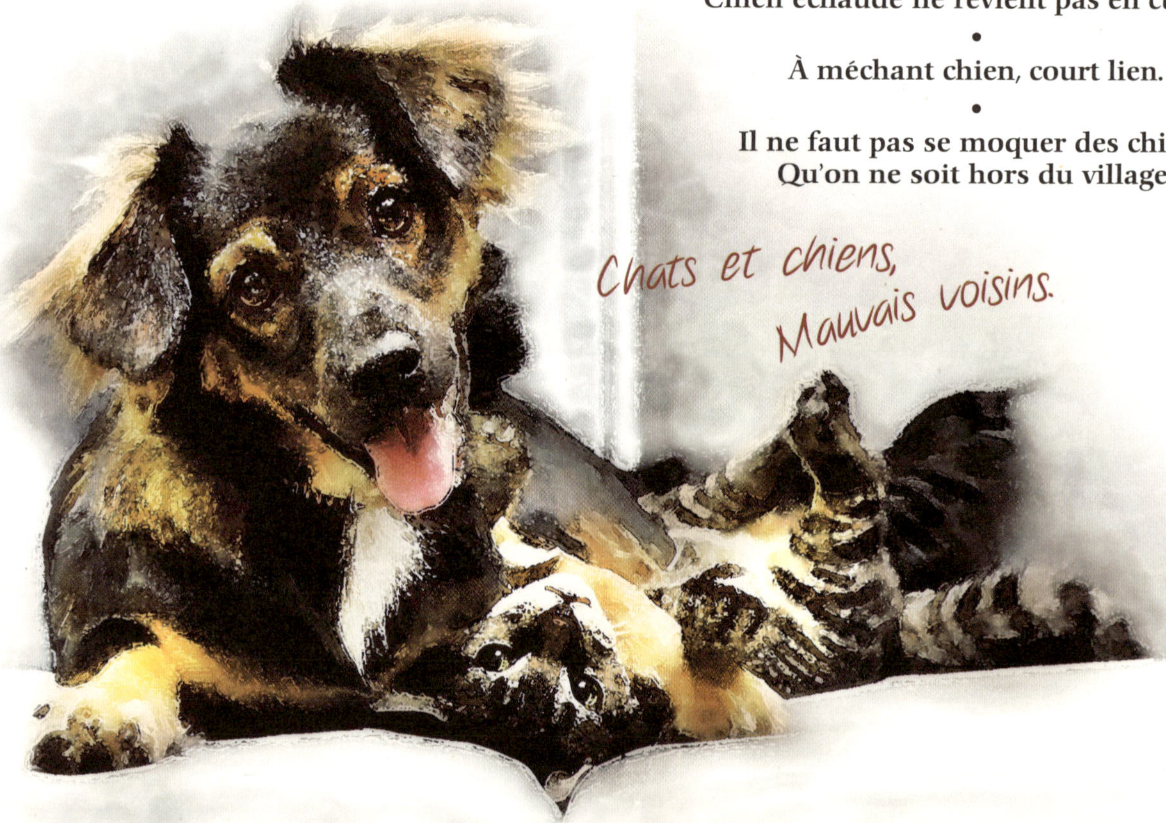

Quand les chiens s'entredéchirent,
Le loup fait ses affaires.

•

Il n'y a qu'un chien ou un Français,
Qui marche quand il a mangé.

•

L'idéal du calme est dans un chat assis.

Jules Renard, *Journal*

•

Le chat ne nous caresse pas ;
Il se caresse à nous.

Rivarol

•

Qui naquit chat, court après les souris.

•

À bon chat, bon rat.

•

Chat échaudé craint l'eau froide.

•

La nuit tous les chats sont gris.

•

Chat se chauffant,
Est signe de mauvais temps.

•

Acheter chat en poche,
***ou* Acheter chat pour lièvre,**
***ou* Acheter âne dans un sac.**

Acheter sans voir.

Le chat tombe toujours
Sur ses pattes.

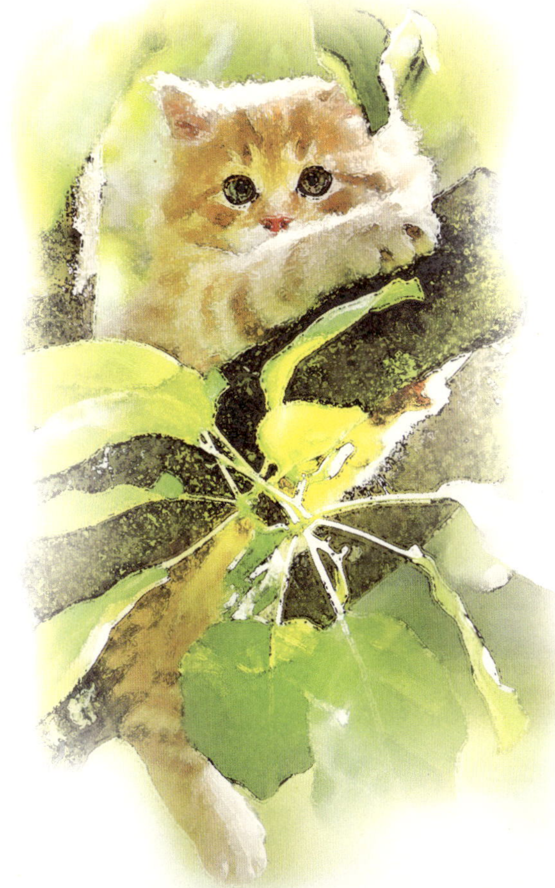

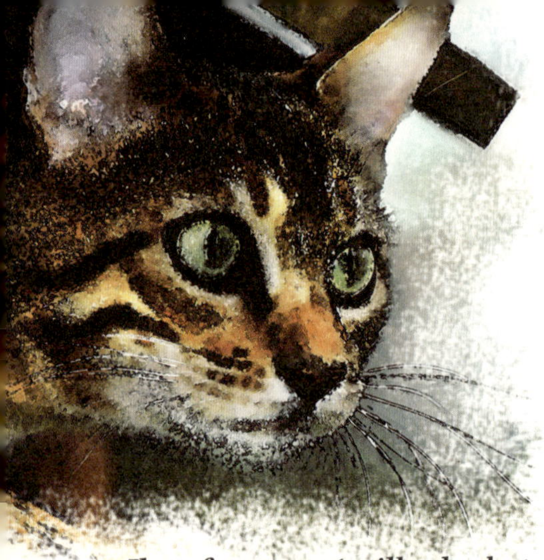

Il ne faut pas réveiller le chat qui dort.

•

Chat ganté ne prit jamais souris.

•

Il n'est si petit chat qui n'égratigne.

•

On ne saurait retenir le chat
Quand il a goûté à la crème.

•

On ne prend pas chat sans mitaines.

•

Quant le chat n'est pas au logis,
les rats dansent.

•

Qui ne nourrit pas le chat, nourrit le rat.

Les oiseaux

D'une buse on ne peut faire un épervier.

•

Quand on ne peut pas prendre des grives,
On prend des merles.

•

Qui veut prendre un oiseau,
Ne doit pas l'effaroucher.

•

À chaque oiseau, son nid est beau.

•

Bon oiseau se dresse lui même.

•

Les oiseaux de même plumage,
S'assemblent sur le même rivage.

•

Petit à petit, l'oiseau fait son nid.

•

Aile de perdrix, cuisse de bécasse.

•

Où il y a pigeon, pigeon y vient.

•

La belle plume fait le bel oiseau.

Soit à chacun sa plume belle.

•

Il n'y a pas de plume tombée
Sans oiseau plumé.

Les étourneaux sont maigres
Parce qu'ils vont en troupe.

•

À merles soûls, cerises amères.

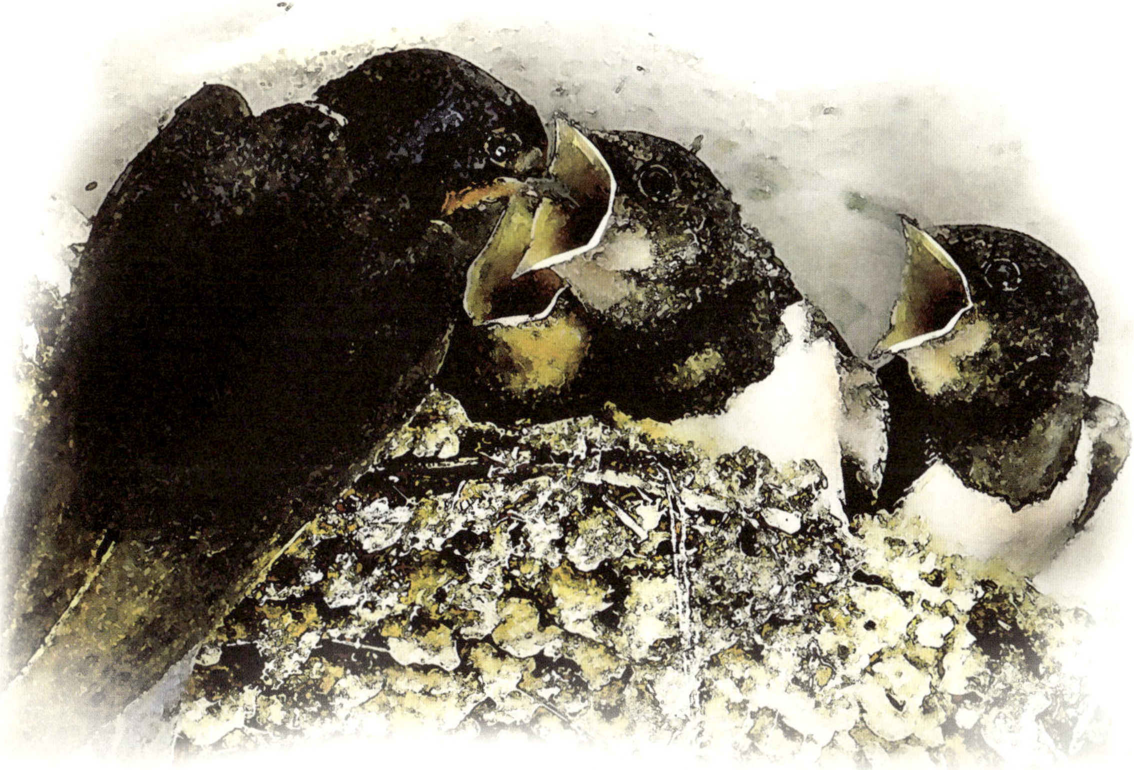

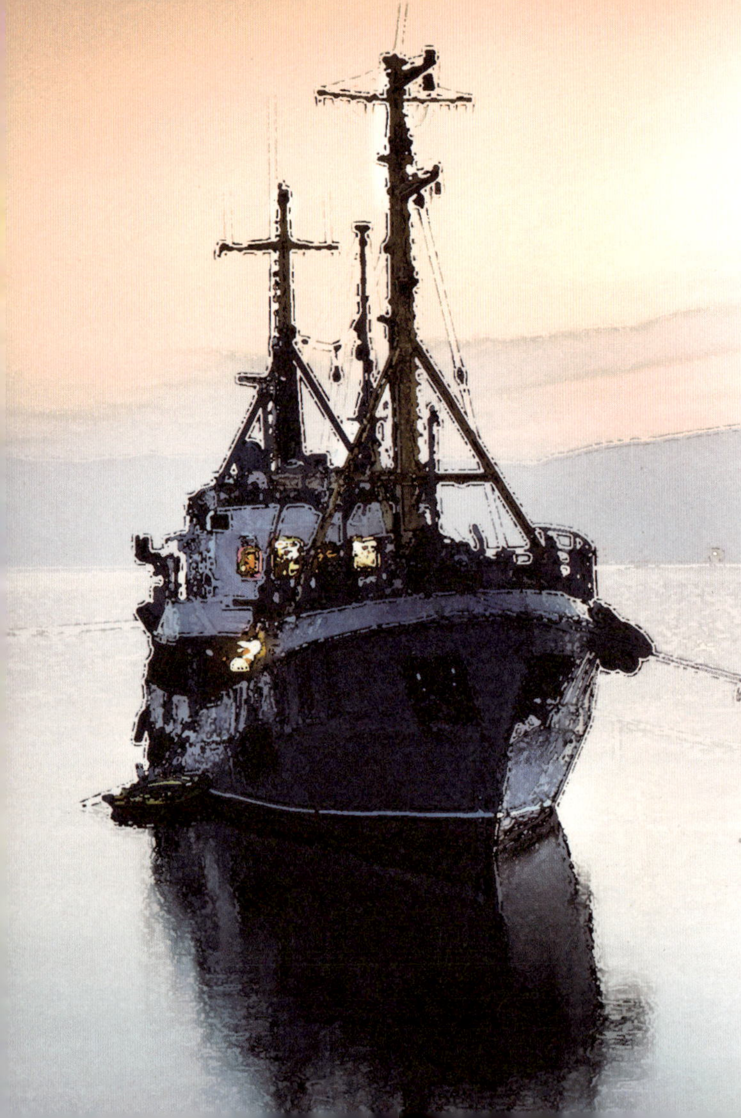

Les poissons

Dos de brochet, ventre de carpe.

•

Il y a anguille sous roche.

L'expression, d'origine latine, vient de la confusion entre *anguilla*, l'anguille, et *anguis*, le serpent, qui se tient sous des rochers.

•

Écorcher l'anguille par la queue.

C'est commencer par où il faudrait finir.

•

Pour trop serrer l'anguille,
On la perd.

•

La caque sent toujours le hareng.

•

Qui a pris un poisson,
Est pêcheur.

•

Petit poisson deviendra grand,
pourvu que Dieu lui prête vie.

•

Les gros poissons mangent les petits.

•

Les meilleurs poissons nagent près du fond.

Poisson d'eau douce
Ne descend pas à la mer.

Chaque plat de poisson
Est payé cinq fois au fisc,
Et une fois au pêcheur.

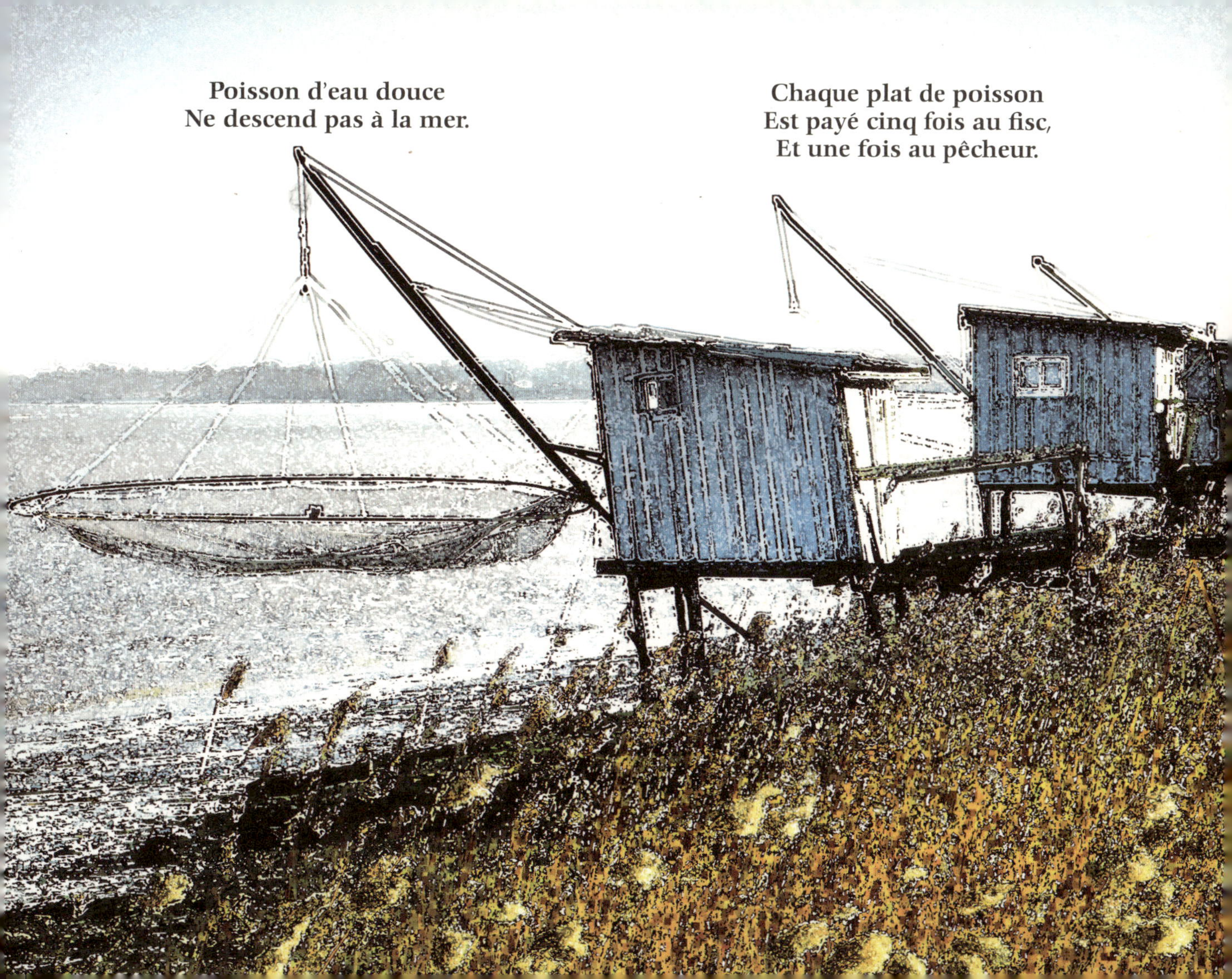

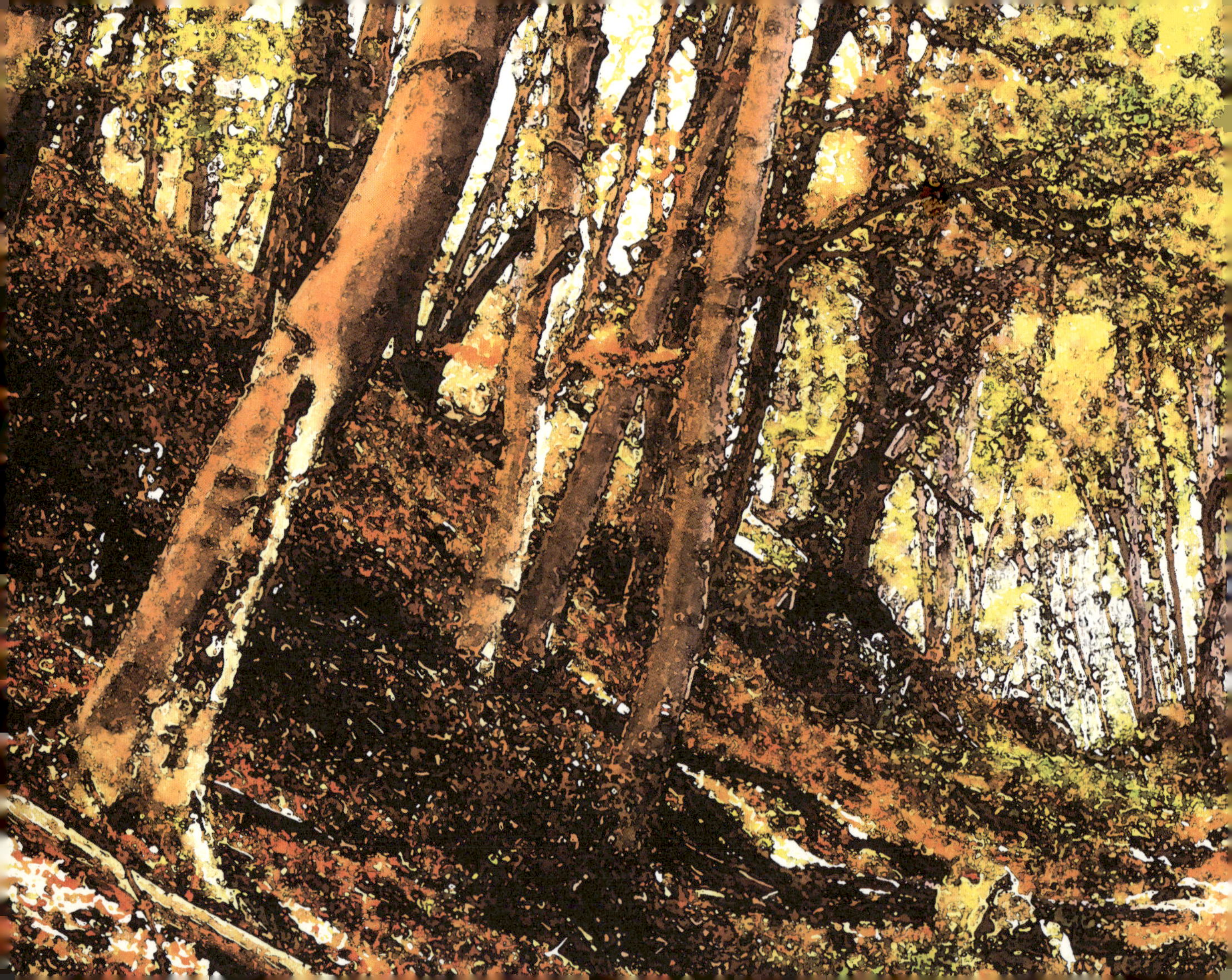

La nature

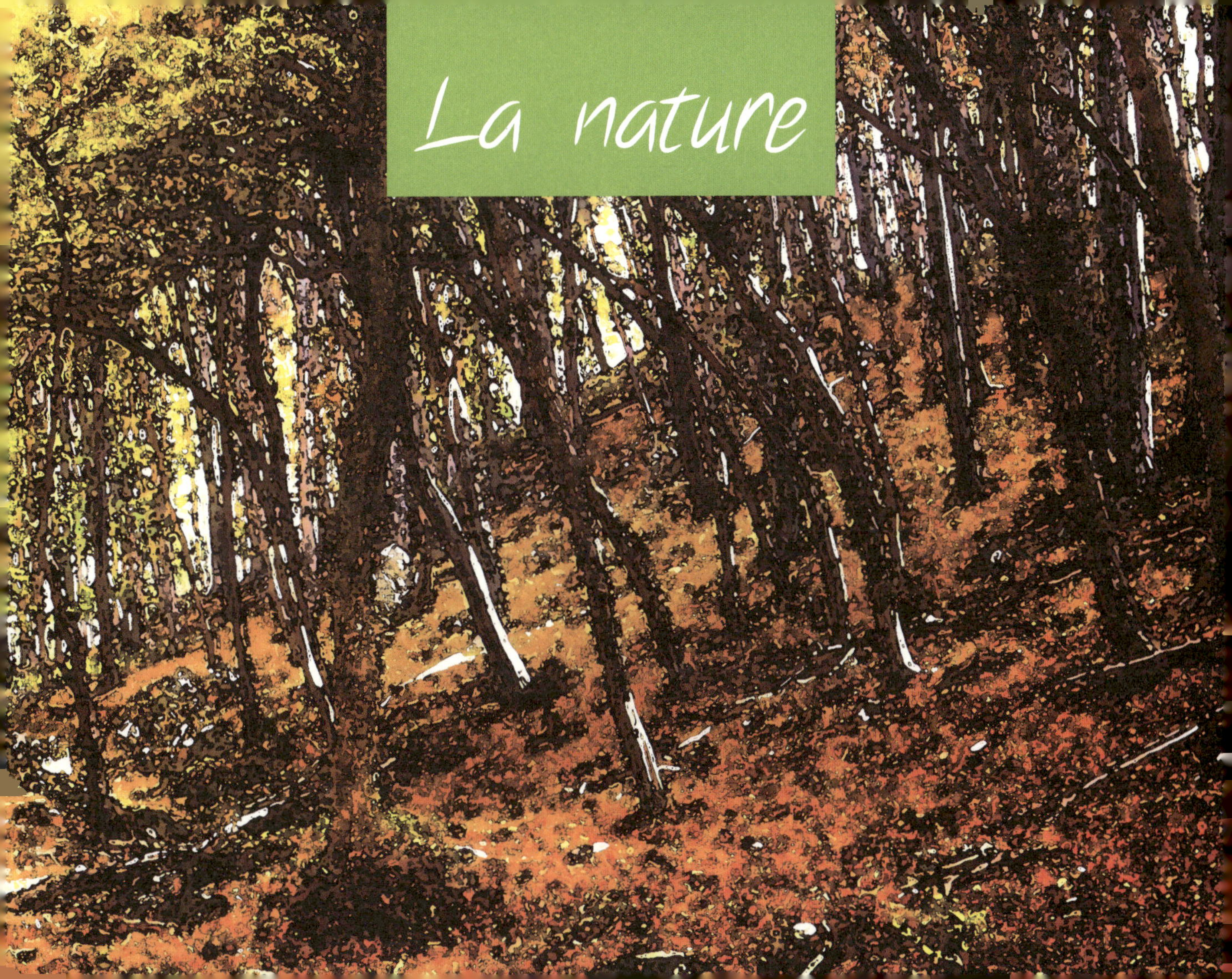

Le ciel est bleu partout.

•

Les montagnes ne se rencontrent point,
Mais les hommes se rencontrent.

Bonne terre, méchant chemin.

•

En chemin battu, il ne croît point d'herbe.

•

Au mauvais chemin, double le pas.

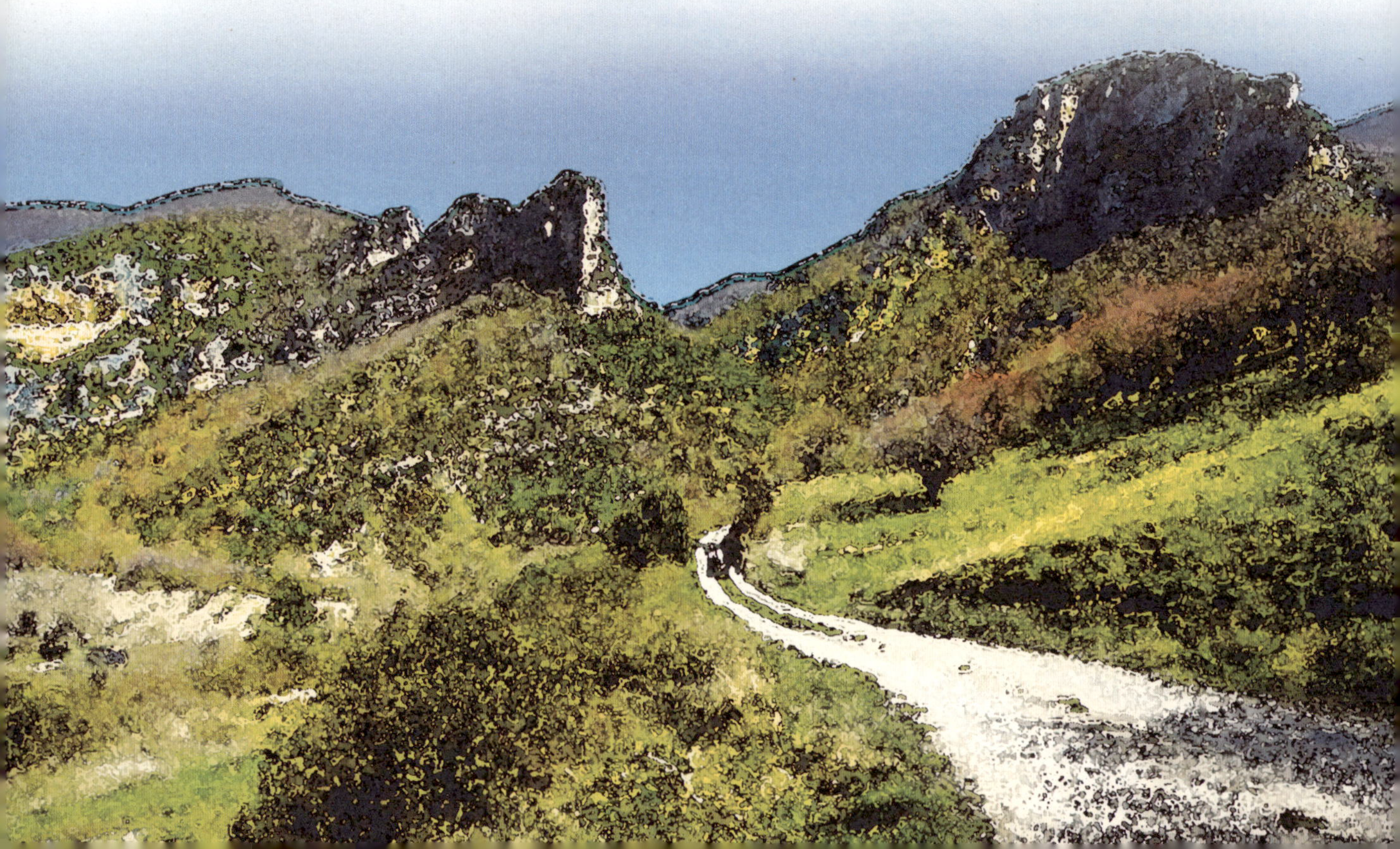

Les arbres

Quand l'arbre est tombé,
Tout le monde court
Aux branches.

•

On ne jette des pierres
Qu'à l'arbre chargé de fruits.

•

Entre l'arbre et l'écorce,
Il ne faut pas mettre le doigt.

•

Il n'est bois si vert
Qui ne s'allume.

•

Tout bois n'est pas bon
À faire flèche.

•

Il ne faut pas aller au bois
Sans cognée.

•

Il n'est de si petit buisson,
Qui ne porte ombre.

•

Au premier coup
Ne choit pas l'arbre.

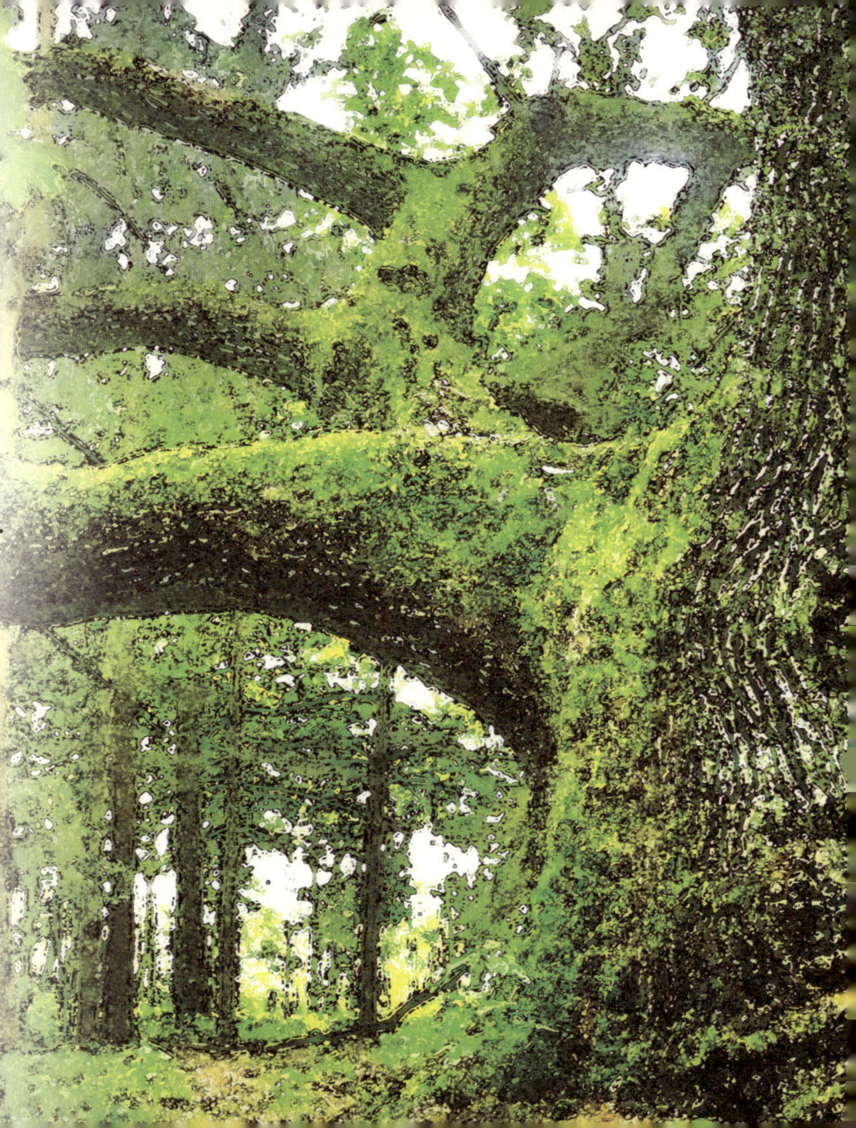

Les champs

Qui double son fumier,
Double son champ.

•

Mauvaise graine est tôt venue.

•

À la grange va le blé.

•

Mieux vaut semer moins
Et labourer davantage.

•

Adieu paniers, vendanges sont faites.

•

Bâtir est parfois nécessaire,
Mais planter est toujours utile.

•

Homme inutile vaut mieux
Que terre en pré.

Le pré convie l'âne.

•

Fruit précoce et fruit durable, sont deux.

•

Qui sème clair, récolte épais ;
Qui sème épais, récolte clair.

•

Qui sème trop épais, vide son grenier.

•

Il ne faut pas laisser de semer,
Par crainte des pigeons.

•

Tarder, en fait de labourage,
Est la ruine du ménage.

•

La terre rend ce qu'on lui donne.

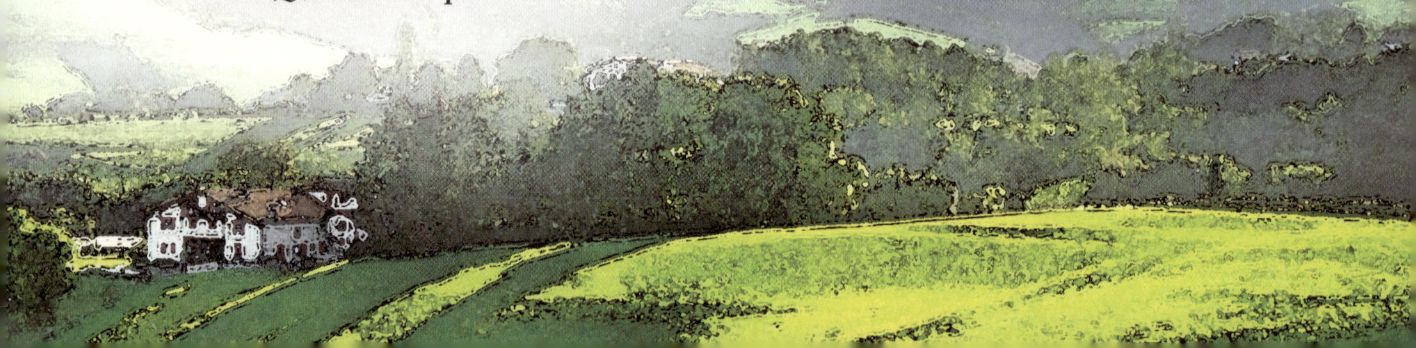

L'eau

Il n'est pire eau que celle qui dort.

•

Pour boire de l'eau et coucher dehors,
On ne demande congé à personne.

•

Il ne faut qu'une voie d'eau,
Pour submerger un vaisseau.

•

L'eau va toujours à la rivière.

•

Les eaux calmes sont les plus profondes.

•

Il ne faut pas porter de l'eau à la rivière.

•

L'eau la plus claire peut faire de la boue.

•

Goutte à goutte, l'eau creuse la pierre.

•

La dernière goutte d'eau est celle
Qui fait déborder le vase.

•

Les petits ruisseaux
Font les grandes rivières.

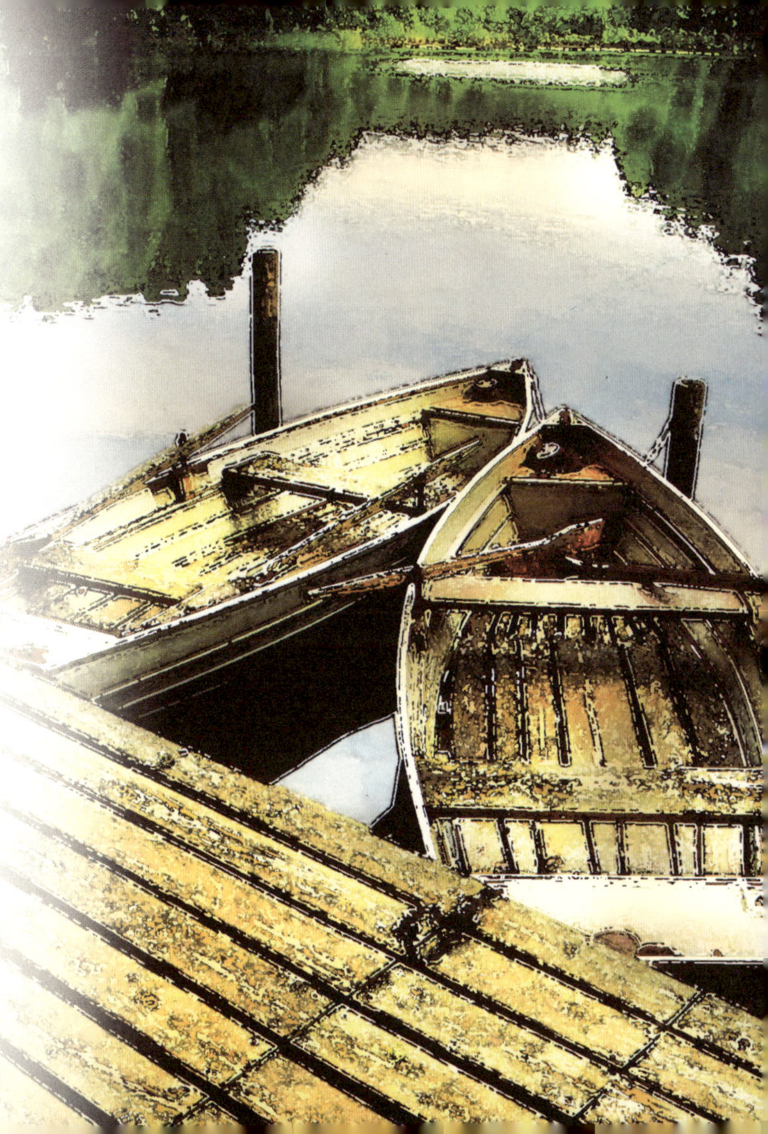

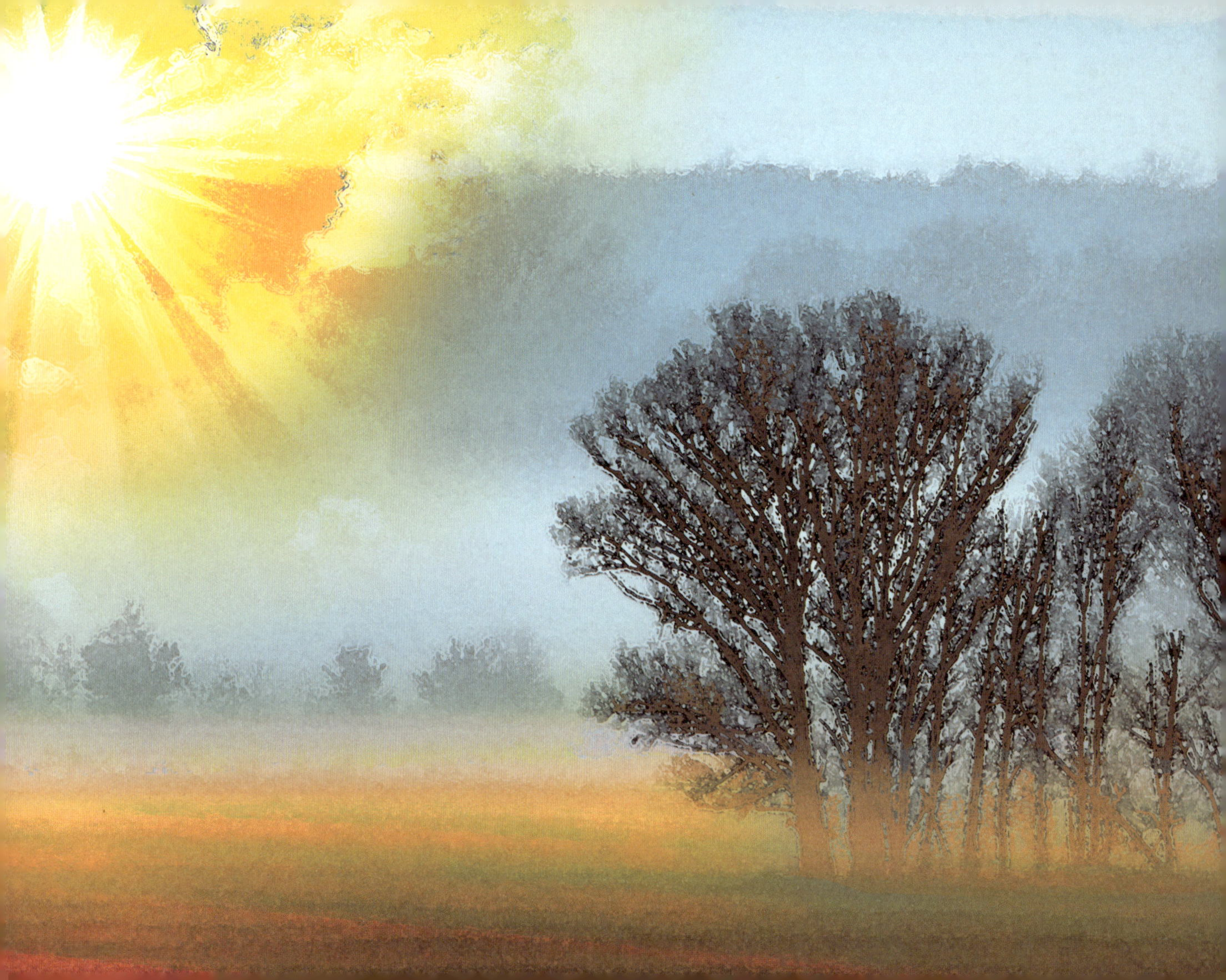

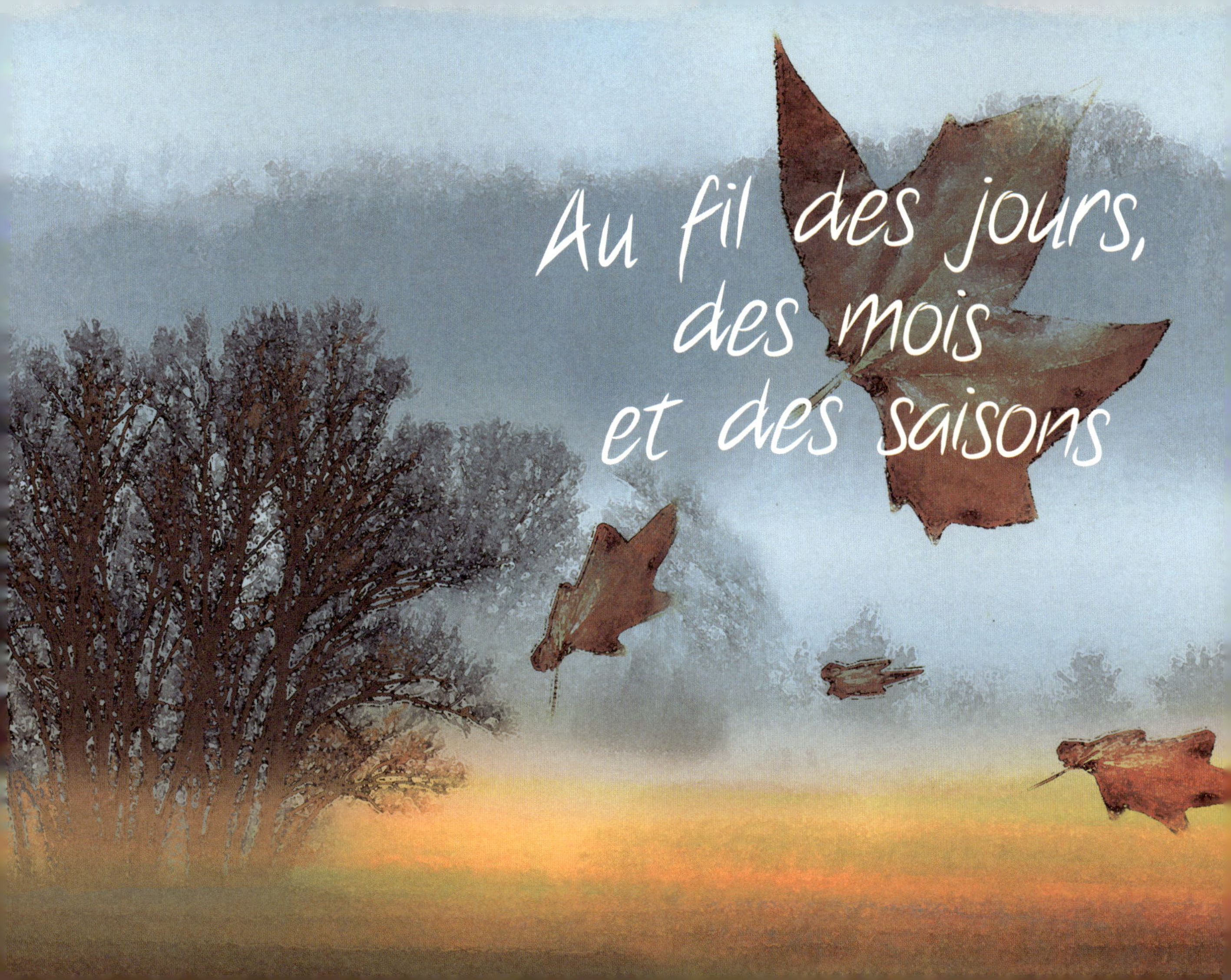
Au fil des jours,
des mois
et des saisons

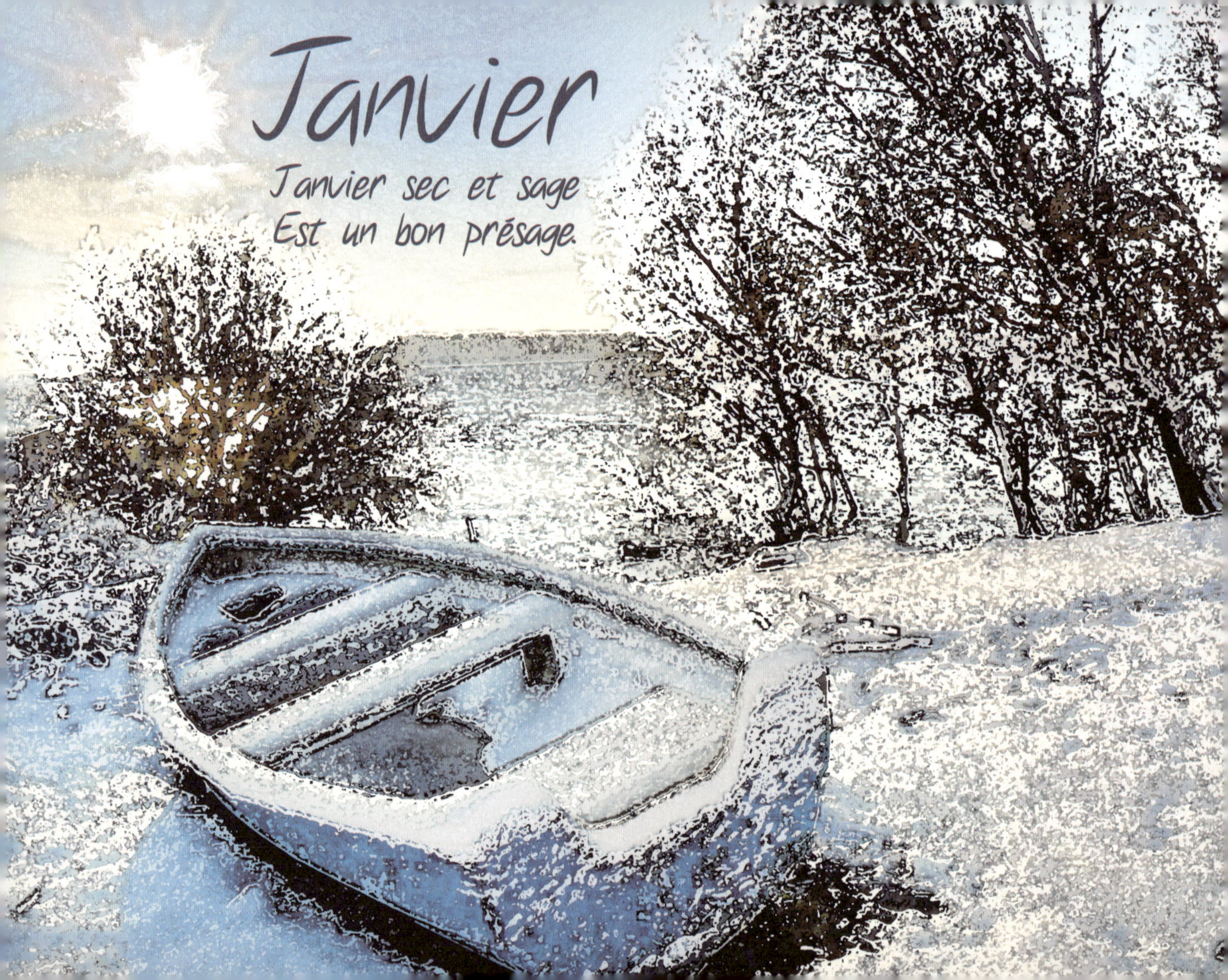
Janvier
Janvier sec et sage
Est un bon présage.

Janvier frileux,
Gèle l'oiseau sur ses œufs.

•

Au mois de janvier, mieux vaut voir
Le loup dans les champs,
Qu'un homme en chemise.

•

Le mauvais an entre en nageant.

•

Si janvier ne prend son manteau,
Malheur aux arbres, aux moissons
Et aux coteaux.

•

L'or du soleil en janvier
Est or que l'on ne doit envier.

•

Un mois de janvier sans gelée
N'amène pas une bonne année.

•

Janvier sec et sage est un bon présage.

•

Sécheresse de janvier
Richesse de fermier.

•

Sec janvier, heureux fermier.

•

Quand le soleil brille le jour de l'an
C'est signe de beaucoup de glands.

Pluie aux rois, blé jusqu'au toit.

•

Janvier ne veut pas voir pisser un rat.

•

Si la grive chante au mois de janvier,
Bouvier prends garde à ton grenier.

•

Garde-toi du mois de janvier
Comme d'un voleur au grenier.

Quand le crapaud chante en janvier,
Serre ta paille, métayer.

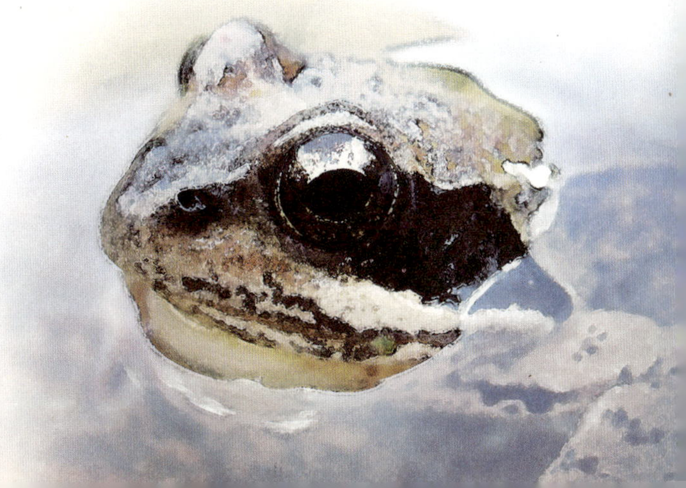

S'il fait vent, nous aurons la guerre,
Et si l'on voit épais brouillards,
Mortalité de toute part.

•

Les douze premiers jours de janvier
Indiquent le temps qu'il fera
Les douze mois de l'année.

•

Regarde comment sont menées
Depuis Noël douze journées
Car en suivant ces douze jours
Les douze mois feront leur cours.

•

Neige en janvier, vaut du fumier.

•

Neige en janvier, blé au grenier.

•

Janvier d'eau chiche, fait le paysan riche.

•

Quand il ne pleut pas en janvier,
On doit étayer le grenier.

•

Janvier détrempé, signe de cherté.

•

Tonnerre en janvier, récolte en quantité.

•

Quand il tonne en janvier,
Le vin remplira le cellier.

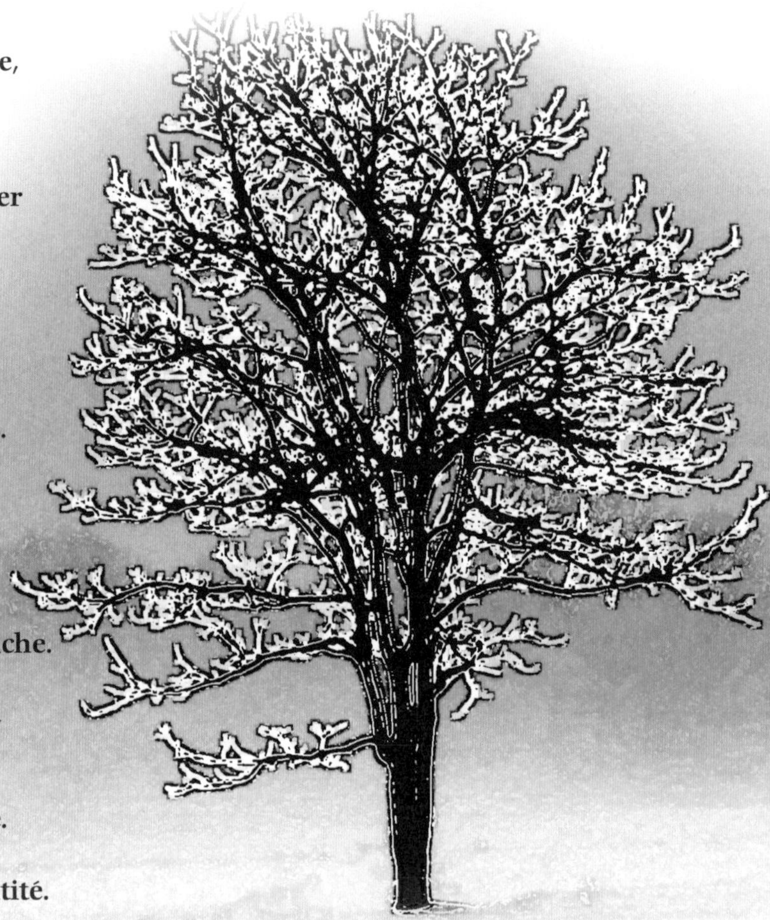

Quand il tonne en janvier,
l'hiver est avorté.

•

Janvier et février comblent
Ou vident les greniers.

•

Si l'hiver n'arrive pas en janvier,
Il arrive le 2 février.

•

Sécheresse de Janvier,
Richesse de février.

•

S'il ne neige pas en janvier,
Il neigera en mai et avril.

•

En janvier, la neige s'assied
Comme un cavalier ;
En février, elle fuit
Comme un chien lévrier.

•

Quand janvier est bon laboureur,
Février n'est pas son frère.

•

Autant de bonnes journées de janvier,
Autant de mauvaises en mai.

•

Vent en janvier, pluies en juillet.

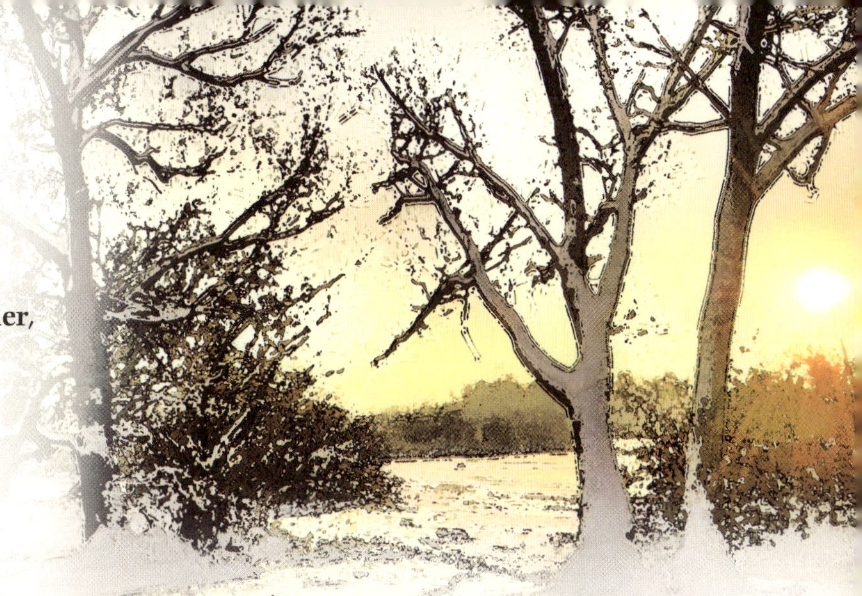

L'or du soleil en janvier
Est l'or que l'on doit envier.

Quand il tonne en janvier,
Il tonne tous les mois de l'année.

•

Jour de l'an beau, mois d'août très chaud.

•

S'il gèle à la Saint-Raymond (7 janvier),
L'hiver sera encore long.

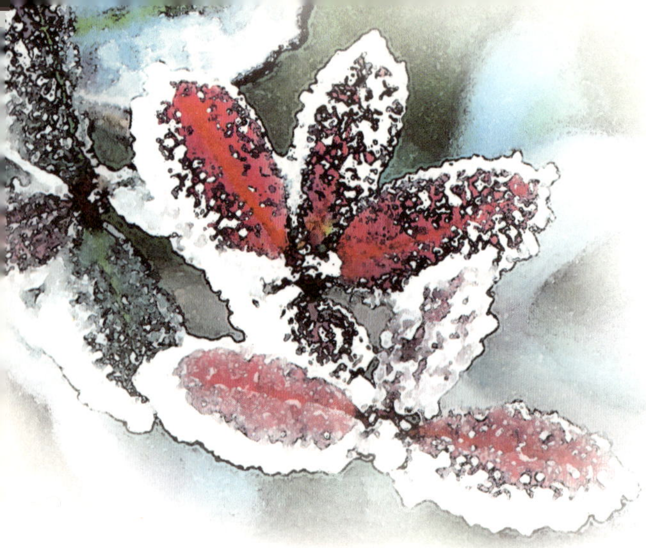

À la conversion de Saint-Paul (25 janvier),
L'hiver se rompt le col.

•

Saint-Pierre et Saint-Paul pluvieux,
Trente jours seront dangereux.

•

Quand il pleut et il fait soleil,
S'ouvrent les portes de Saint-Paul.
Quand il pleut et il neige,
S'ouvrent les portes de Saint-Pierre.

Entre le 10 et le 20 janvier,
les plus contents sont les drapiers.

•

À la Saint-Sébastien (20 janvier),
L'hiver reprend ou se casse les dents.

•

Si le jour de la Saint-Vincent (22 janvier)
Le soleil est clairet beau,
On aura plus de vin que d'eau.

•

Saint-Vincent, claire journée,
Nous annonce une bonne année.

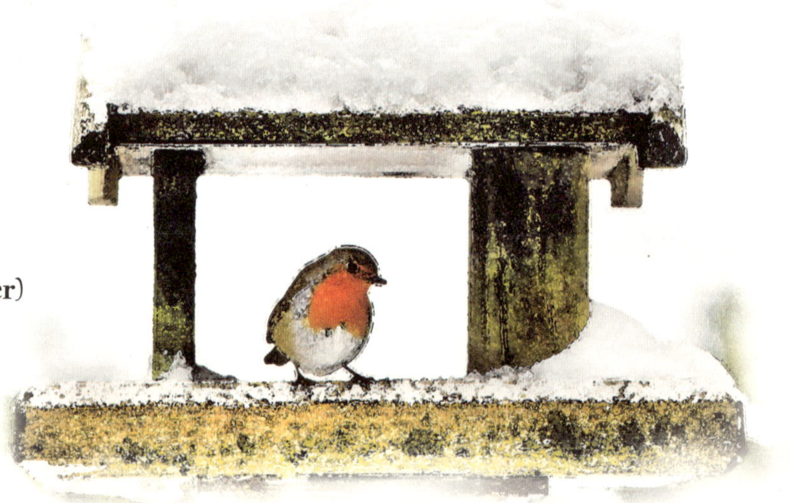

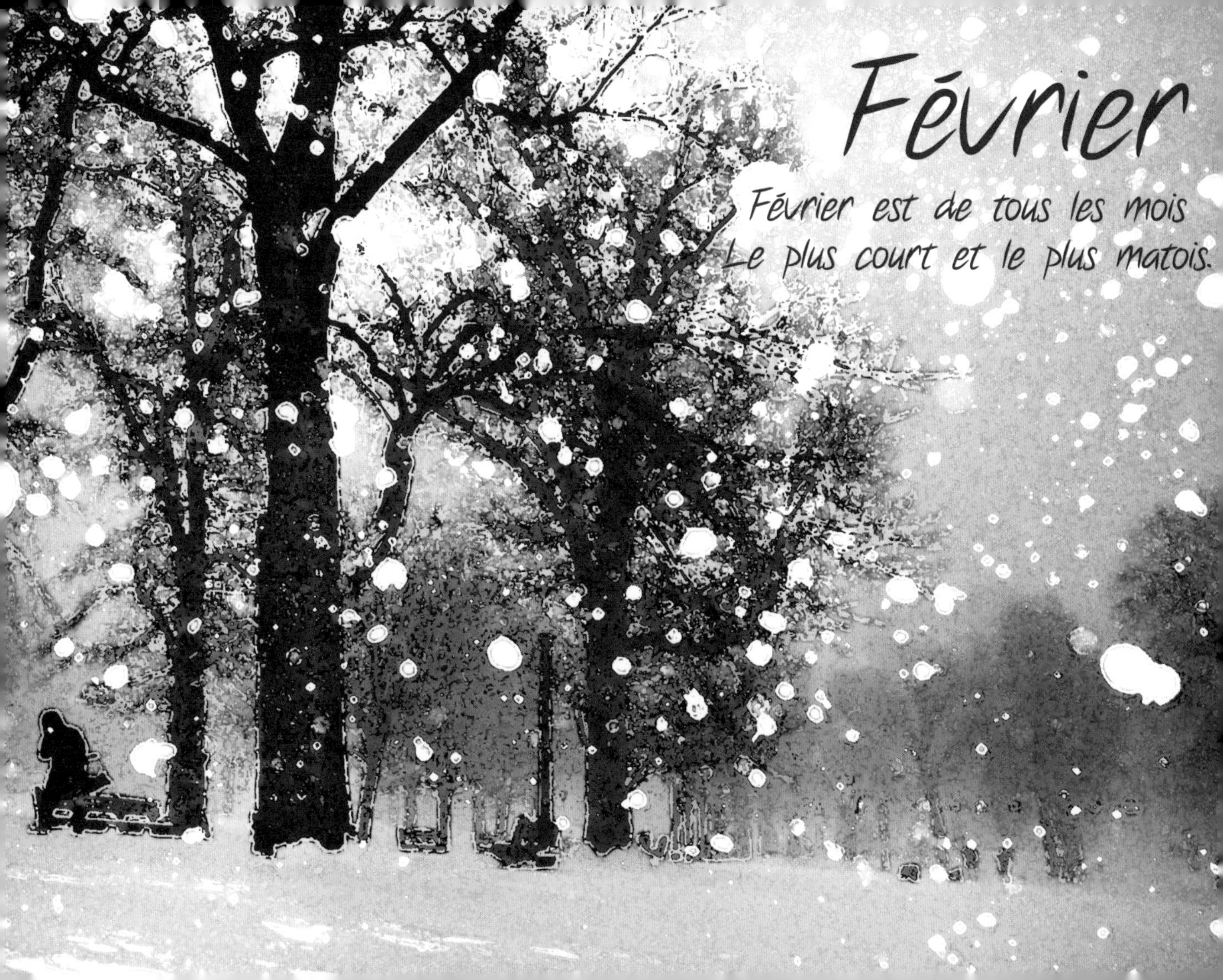
Février
Février est de tous les mois
Le plus court et le plus matois.

Si février n'a ses bourrasques,
Tous les mois feront des frasques.

•

Mieux vaut un loup dans son troupeau,
Qu'un mois de février beau.

•

Si février ne « février » pas,
Tout mois de l'an, peu ou prou, le fera.

•

Février et mars trop chauds
Mettent le printemps au tombeau.

•

Février doit remplir les fossés
Et mars, après, les quitter séchés.

•

En février, la feuille au groseillier.

•

Il ne faut pas que février
Laisse sans feuille le groseillier.

•

Si février commence en lion,
Il finit comme un mouton.

•

Si février n'a ni pluie ni giboulées,
Tous les mois de l'année seront ennuyés.

•

En février, les agneaux
Naissent plus beaux.

Le mois de février
Est bon agnelier.

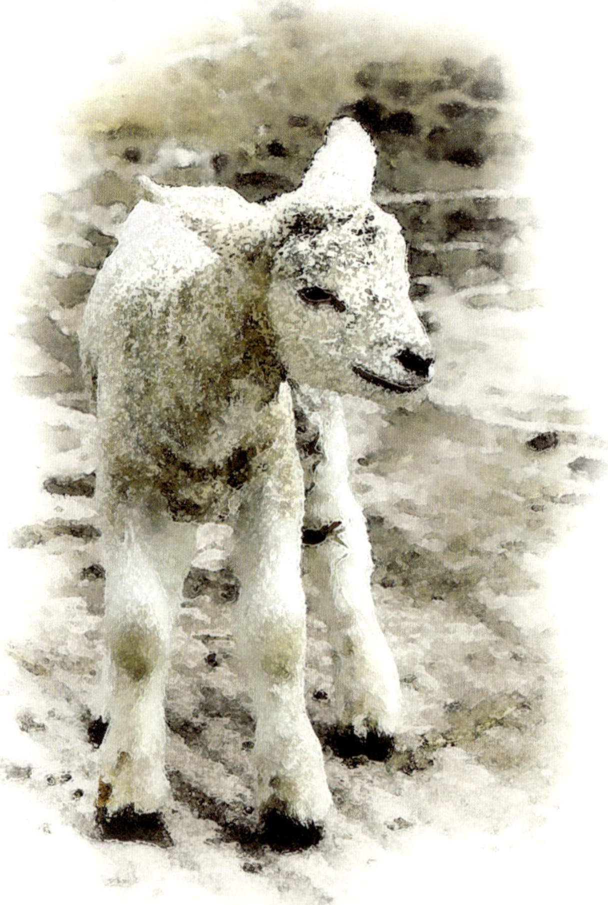

Œuf de février, œuf de fumier.

•

Fleur de février ne va pas au pommier.

•

Si février est sec et chaud,
Garde du foin pour tes chevaux.

•

Neige de février fuit comme un lévrier.

•

Neige de février tient comme l'eau
Dans un panier.

•

Neige de février brûle le blé.

•

Si février est chaud,
Croyez bien sans défaut
Que, par cette aventure,
Pâques aura sa froidure.

•

En février, civelles,
En Mars, bonnes et belles,
En avril, fi d'elles.

•

Mieux vaut un renard au poulailler,
Qu'un homme en chemise en février.

•

Pluie de février emplit les greniers.

Qui taille sa vigne en février
N'a besoin de corbeille ni de panier.

•

Février trop doux,
Printemps en courroux.

•

Eau de février, eau de fumier.

•

Quand février n'a pas de grand froid
Le vent dominera tous les autre mois.

•

Février, le plus court des mois,
Est de tous le pire à la fois.

•

Au mois de février,
Chaque herbe fait son pied.

•

Mois de février,
Le plus petit et le plus diable.

•

Février est de tous les mois
Le plus court et le plus matois.

•

Février est de tous les mois
Le plus court et le plus courtois.

À la Chandeleur (ou la veille)
L'hiver cesse ou prend vigueur.

•

Rosée à la Chandeleur,
Hiver à sa dernière heure.

•

Chandeleur claire, laisse l'hiver derrière.

•

À la chandeleur, pluvieuse ou claire,
Quarante jours d'hiver avons à faire.

•

Quand pour la Chandeleur, le soleil luit,
Quarante jours d'hiver suivent.

Quand le soleil de la Chandeleur fait lanterne,
Quarante jours après, il hiverne.

•

Si la Chandeleur est brumeuse,
Il y aura beaucoup d'amandes.

•

S'il pleut pour la Chandeleur,
Il y aura beaucoup de cire et de miel.

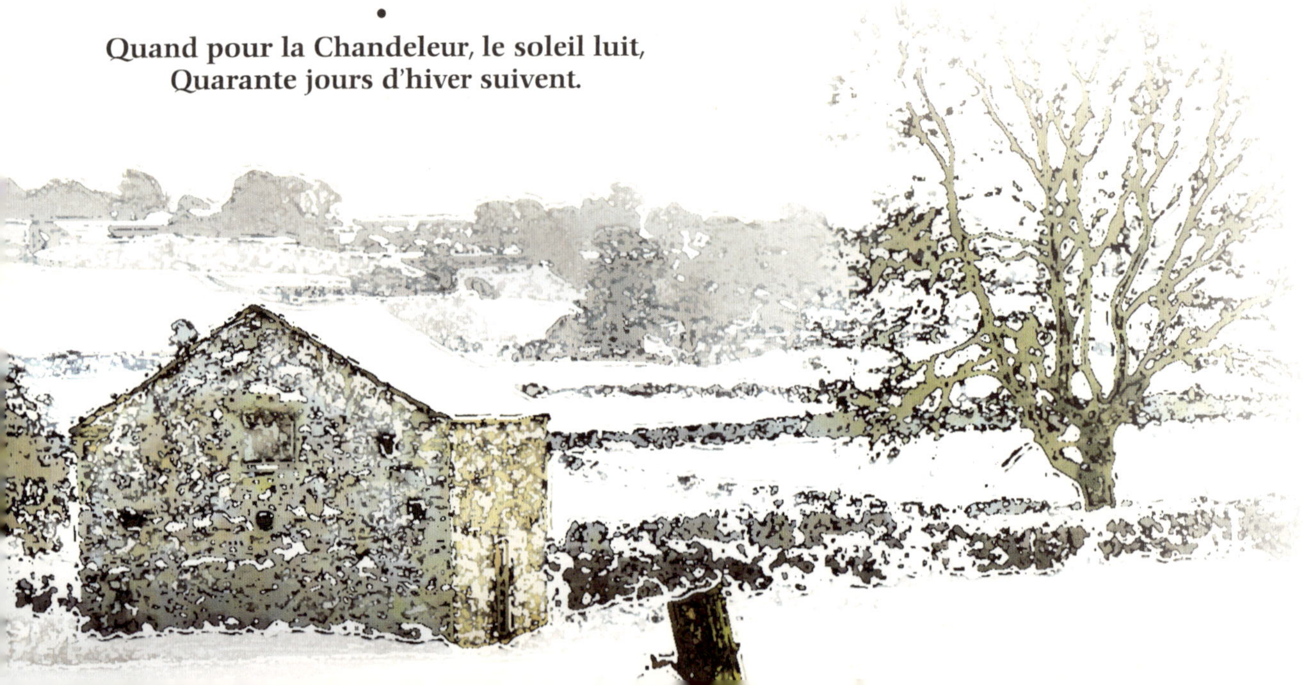

Chandeleur couverte,
Quarante jours de perte.

•

Chandeleur froide, hiver joyeux.
Chandeleur noire, l'hiver fait son devoir.
Chandeleur trouble, l'hiver redouble.

•

Carnaval au soleil, Pâques au feu.

•

Quand Mardi gras est de vert vêtu,
Pâques met des habits blancs.

•

En février la neige tient dans un panier.

•

Pluie de février vaut jus de fumier.

•

Février qui donne neige, bel été nous pleige.

•

Février neigeux, été avantageux

•

Février sans neige, saison d'été sèche.

•

Neige de février brûle le blé.

•

Si février est chargé d'eau,
Le temps n'en sera que plus beau.

Février remplit les fossés, Mars les vide.

•

Février remplit les fossés,
C'est à mars de les assécher.

•

Février laisse le fossé plein d'eau.

•

Lune nouvelle au Mardi gras,
Le tonnerre peu après entendras.

•

S'il tonne en février, belle récolte.

•

Tonnerre de février remplit ton cellier.

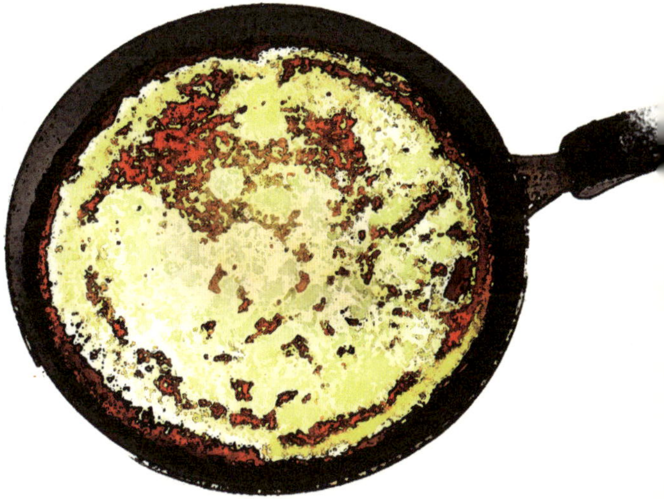

Quand il tonne en février,
Il faut monter les tonneaux au grenier.

•

Quand il tonne en février,
Monte ta cave au grenier.

•

En février, s'il tonne,
Point de cidre en la tonne

•

Tonnerre en février,
Fait tenir toute l'huile en une cuiller.

•

Février qui gèle et tonne,
Annonce un bel automne.

•

L'automne est bonne
Quand Mars la sonne,
Elle est encore meilleure
Quand février l'entonne.

•

L'avoine de février emplit le grenier.

•

Vin soutiré en février est toujours clarifié.

Si les mouches dansent en février,
Ménage ton foin dans ton grenier.

•

En février, signe de beau,
Quand les pies bâtissent haut.

•

À la Saint-Blaise (3 février), l'hiver s'apaise.

•

À la Sainte-Agathe (5 février),
Le temps se gâte.

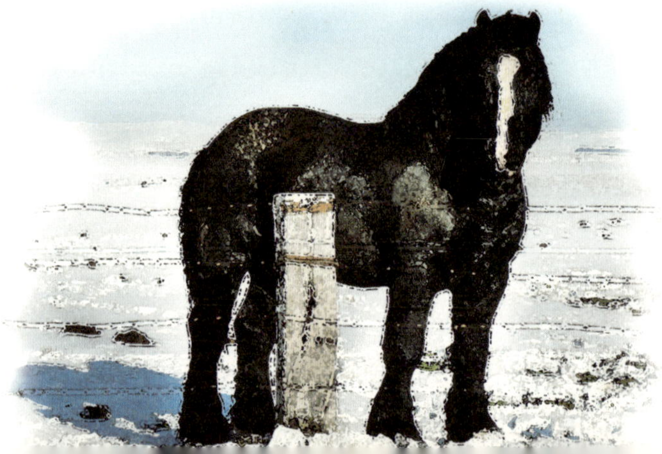

Mars

Autant de brouillard en mars,
Autant d'orages en été.

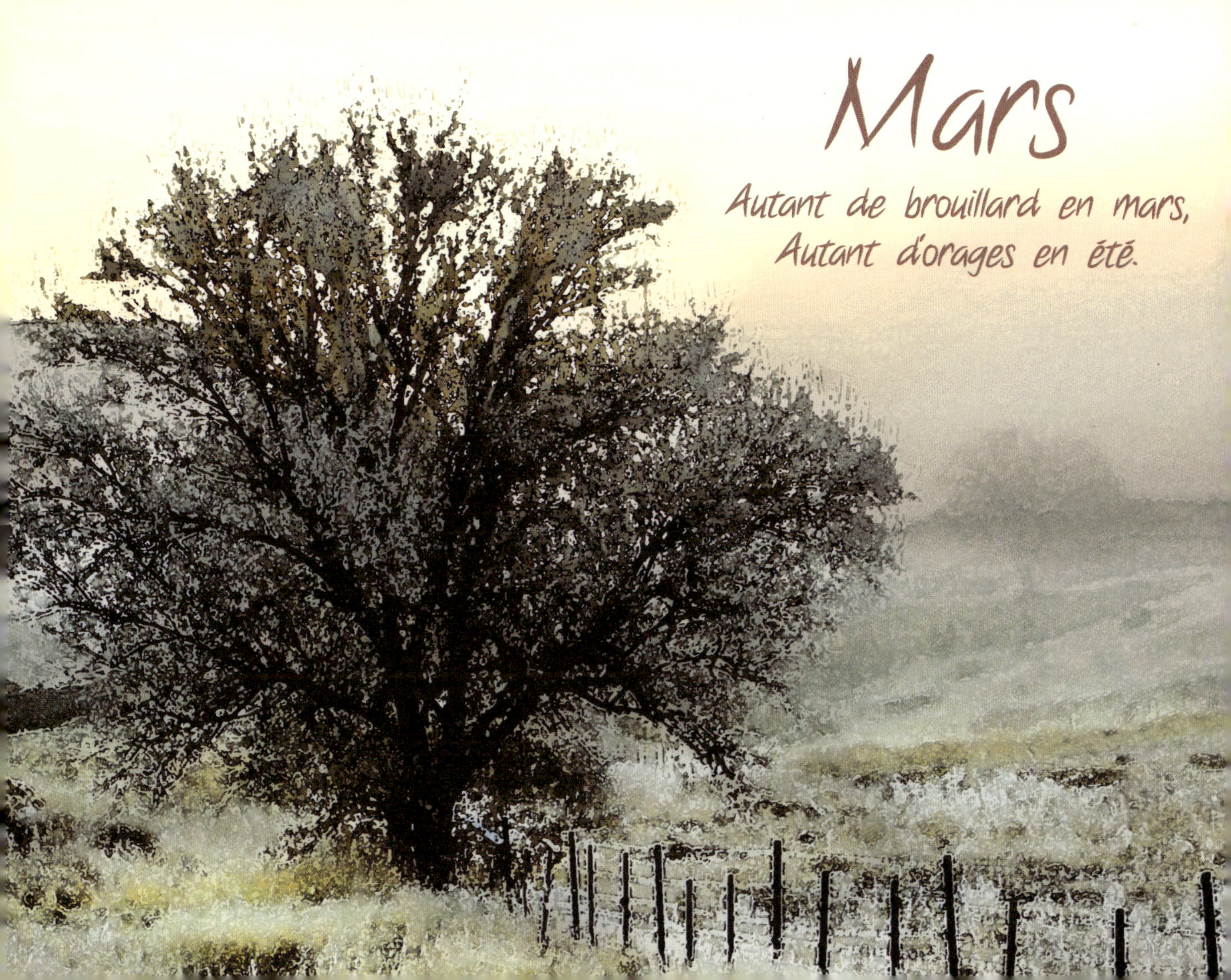

Mars bon ou méchant,
Ton bœuf à l'herbe, ton chien dedans.

Les chiens risquent de détruire les couvées
de perdrix, perdreaux, etc.

•

Si février se fievrotte, mars marmotte.

•

Si février a de gentilles filles,
Mars les lui pille.

•

Entre mars et avril,
On sait si le coucou est mort ou en vie.

•

Quand mars fait avril, avril fait mars.

•

Autant de gelées en mars,
Autant de rosées en avril.

•

À mars poudreux, avril pluvieux.

•

Mars martèle, avril coutelle.

•

Mars venteux et avril pluvieux.

•

Quand mars se déguise en été,
Avril prend ses habits fourrés.

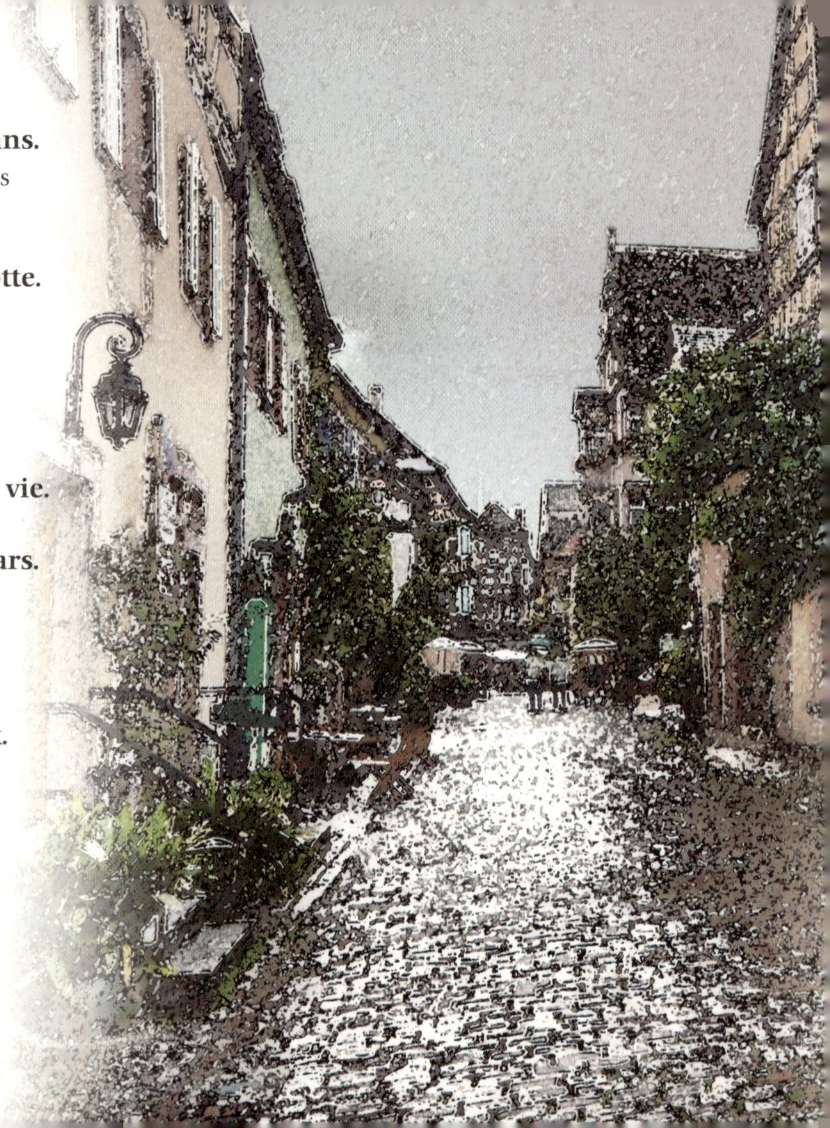

Gelée de mars, tonnerre en avril.

•

Tonnerre de mars, gelées d'avril.

•

Brouillard en mars,
Gelée en mai.

•

Mars sec, mai mouillé.

•

Quand il gèle en mars,
Il gèle autant en mai.

•

Le soleil de mars,
Donne des rhumes tenaces.

•

Quand le mois de mars est poussiéreux,
Le bouvier devient orgueilleux.

•

Si le seigle est sans épis,
Au mois de mars c'est tant pis.

•

Mars avec ses marteaux,
Dans leurs mères tue leurs veaux.

•

Mars est capable de tuer les bêtes à l'étable.

•

Mars, marseau,
Chaque brebis avec son agneau.

En mars, vent ou pluie,
Que chacun veille sur lui.

•

Pluie de mars,
N'engraisse ni oie ni jars.

•

Pluie de mars
Ne vaut pas pisse de renard.

•

Quand mars bien mouillé sera,
Beaucoup de fruit cueillera.

•

Quand mars bien mouillé sera,
Bien du lin il te donnera.

•

Neige de mars,
Vaut un parc (du fumier).

•

De mars la verdure,
Mauvais augure.

•

Mars venteux, vergers pommeux.

•

En mars les vaches au pré ;
Si ce n'est pour manger,
C'est pour s'y gratter.

Quand il tonne en mars,
les vaches sont tirées.

Le tonnerre de mars est un mauvais présage.
Pas de foin donc pas de lait !

•

En mars quand il fait beau,
Prends ton manteau.

•

Pluie de mars grandit l'herbette
Et souvent annonce disette.

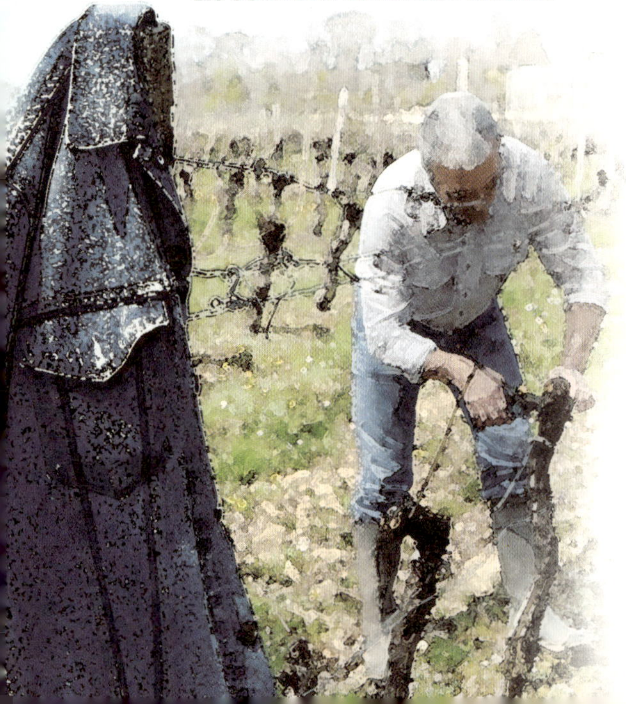

Si mars commence en courroux,
Il finira tout doux, tout doux.

•

Soit au début soit à la fin,
Mars nous montre son venin.

•

Le bourgeon de mars rempli les chars,
Celui d'avril le baril,
Celui de mai le chai.

•

Taille tôt, taille tard
Taille toujours en mars.

•

La vigne dit :
En mars me lie,
En mars me taille,
En mars il faut qu'on me travaille.

•

C'est en mars que que le printemps chante
Et que les rhumatismes augmentent.

•

Une hirondelle ne fait pas le printemps.

•

Une fleur ne fait pas le printemps.

•

Printemps secs, étés pluvieux.

•

Printemps tardif, précoce hiver.

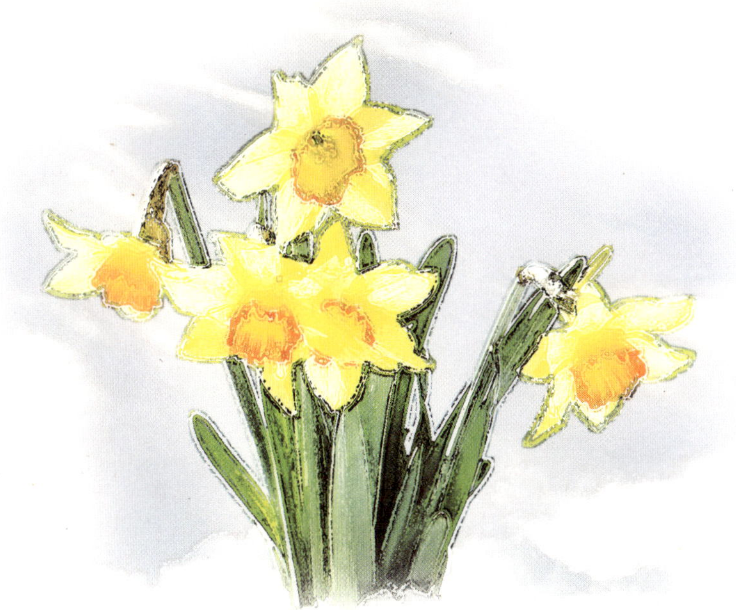

Des fleurs qui s'ouvrent en mars,
On n'en a que le regard.

•

Des fleurs de mars, ne tient pas compte,
Non plus que des filles sans honte.

•

Mois de fleurs, vie de pleurs.

Il ne faut pas se marier au printemps.

•

Neige de mars brûle le bourgeon.

Autant de brouillard en mars,
Autant d'orages en été.

•

En mars, vent avec pluie,
Que chacun veille sur lui.

•

Jamais pluie de printemps
N'a passé pour mauvais temps.

•

Si mars est poussiéreux,
Le bouvier est heureux.

•

Quand en mars il tonne,
L'année sera bonne.

•

Quand en mars il tonne,
L'amande est bonne.

•

Quand en mars il a tonné,
Le lait des vaches est tiré.

•

Quand en mars il tonne,
Bacchus remplit la tonne.

•

Mars sec et chaud,
Remplit caves et tonneaux.

S'il gèle aux Quarante martyrs (10 mars),
Il gèlera encore quarante nuits.

•

À la Saint-Grégoire (12 mars),
Tonds le mouton.

•

Si tu veux m'en croire,
À la Saint-Grégoire
Taille la vigne pour boire.

•

À la Saint-Alexandre (18 mars),
Finies les cendres.

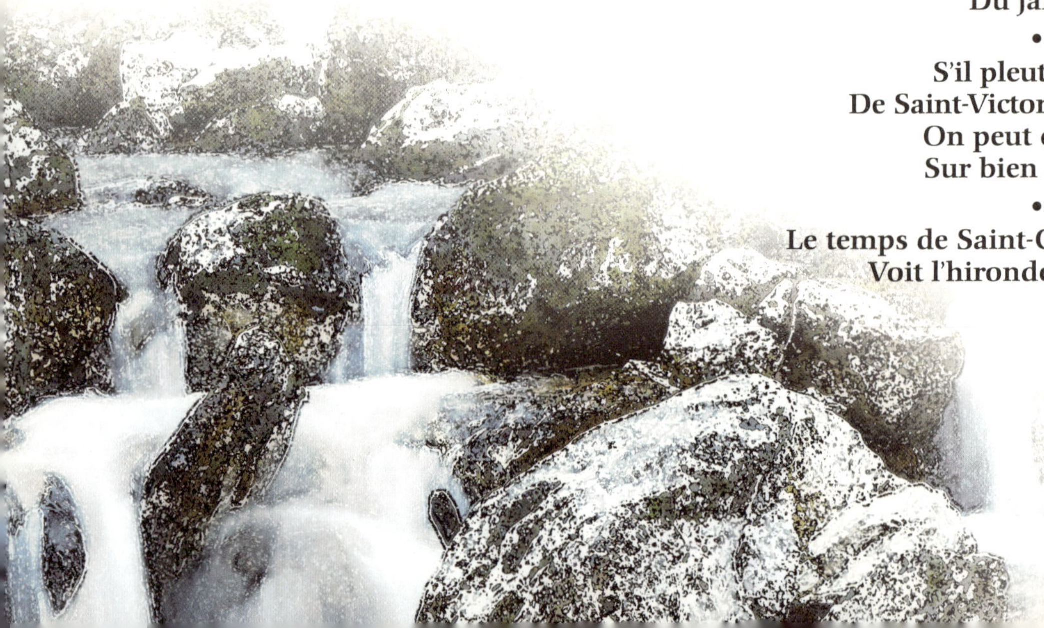

Pour la Saint-Joseph
(19 mars),
beau temps,
Promesse de bon an.

•

Le chaud
À la Saint-Joseph,
L'été sera bref.

•

Pour la Saint-Joseph,
Mon cousin,
Taille les arbres
Du jardin.

•

S'il pleut le jour
De Saint-Victorien (23 mars),
On peut compter
Sur bien du foin.

•

Le temps de Saint-Gontran (28 mars),
Voit l'hirondelle arrivant.

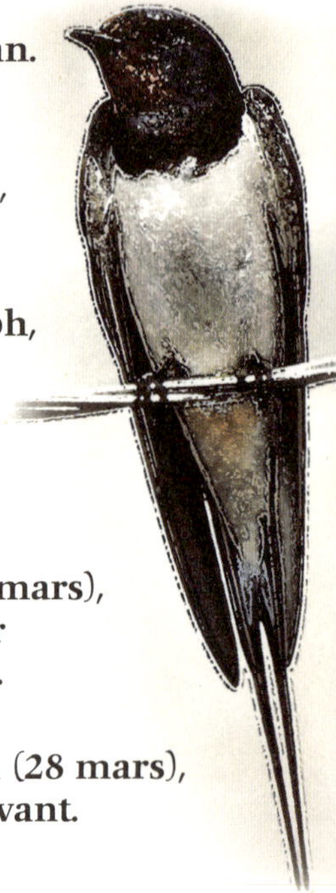

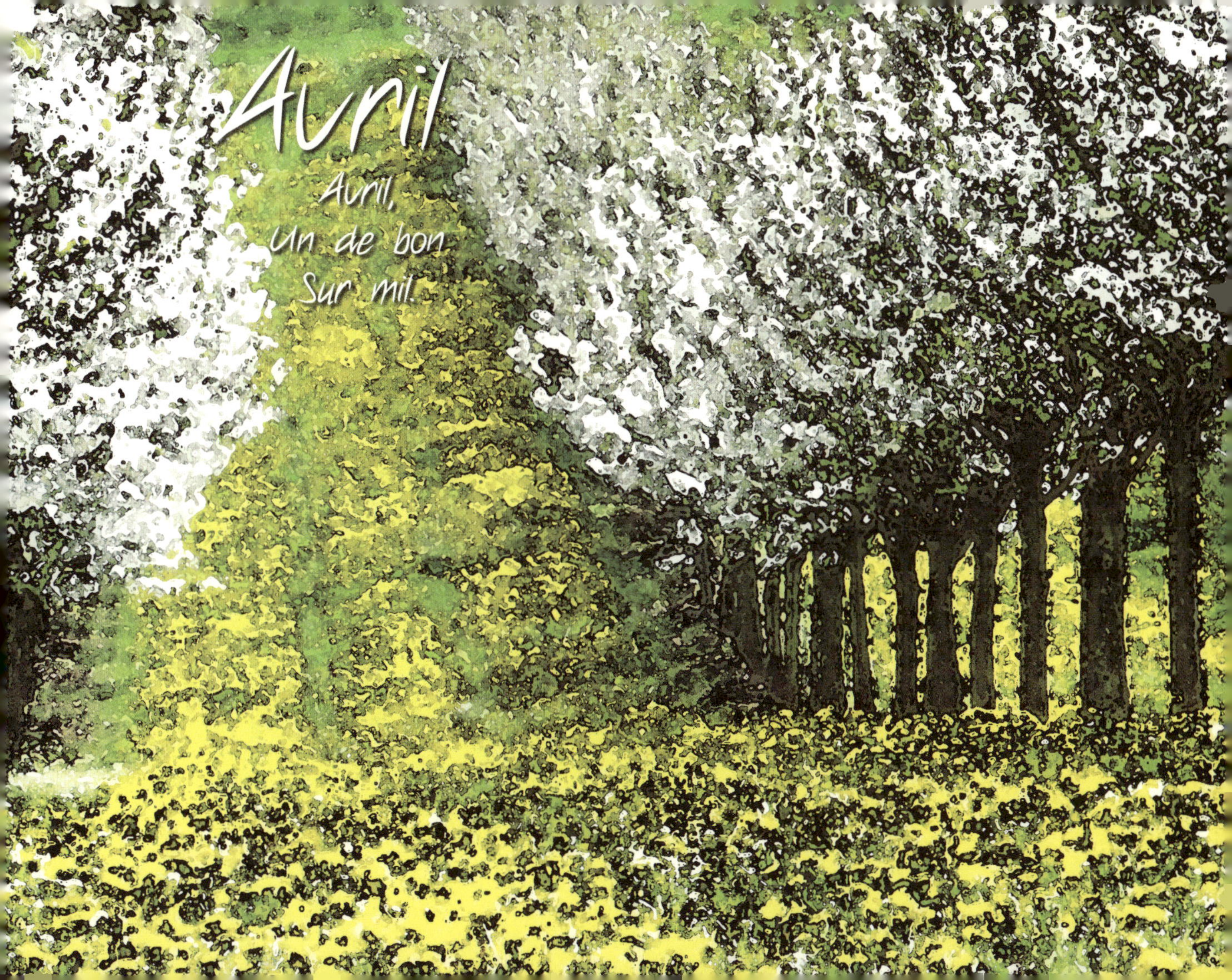
Avril
Avril,
Un de bon
Sur mil.

Ce n'est jamais avril,
Si le coucou ne l'a dit.

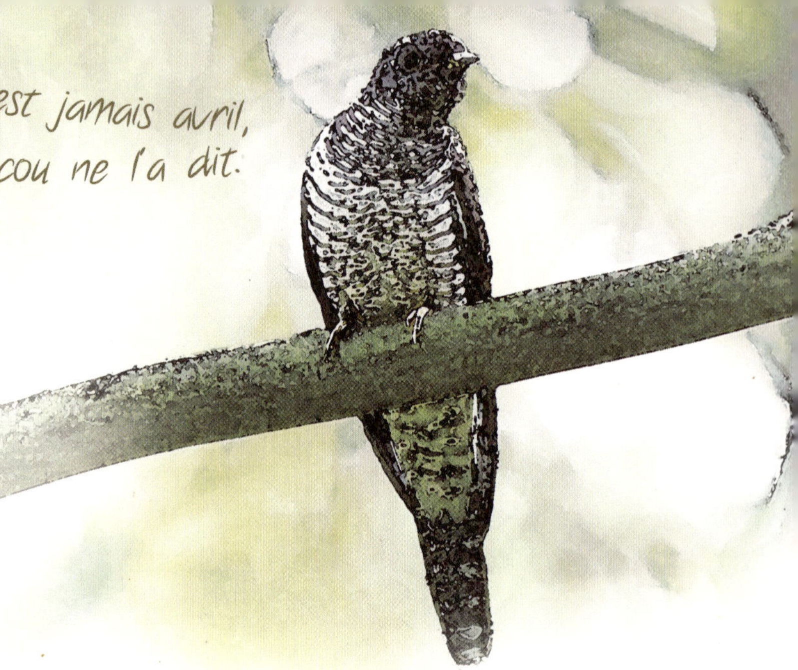

Le vent d'avril n'a pas d'abri.

•

Avril a trente jours,
S'il pleuvait durant trente et un,
Il n'y aurait mal pour aucun.

•

Avril et mai sont la clé de l'année.

•

Avril, quelques nids,
Mai, ils sont tous faits,
Juin, ils sont biens communs,
Juillet, ils sont tous cueillis.

•

Les poussins du mois d'avril,
Sont toujours rabougris.

•

Les poussins du mois d'avril,
Sur la gerbe font leur nid.

•

L'avoine d'avril,
C'est pour les brebis.

•

Au mois d'avril,
Toute bête change de poil.

Le vin d'avril est un vin de Dieu,
Le vin de mai est un vin de laquais.

•

S'il tonne en avril, prépare ton baril.

•

Avril le doux,
S'il se fâche, pire que tout.

•

Il n'est si gentil mois d'avril
Qui n'est son manteau de grésil.

Au moment où commence avril,
L'esprit doit se montrer subtil.

Il n'est d'avril si beau,
Qui n'ait de neige à son chapeau.

•

Nul avril sans épis.

•

Au mois d'avril, la chèvre rit.
Les buissons bourgeonnent.

•

Avril pleut aux hommes,
Mai pleut aux bêtes.

•

Quand avril est froid et pluvieux,
Les moissons n'en vont que mieux.

•

Avril frais et mai chaud
Remplissent les granges jusqu'en haut.

•

Avril pluvieux et mai venteux,
Ne rendent pas le paysan disetteux.

•

Gelée d'avril ou mai,
Misère nous prédit au vrai.

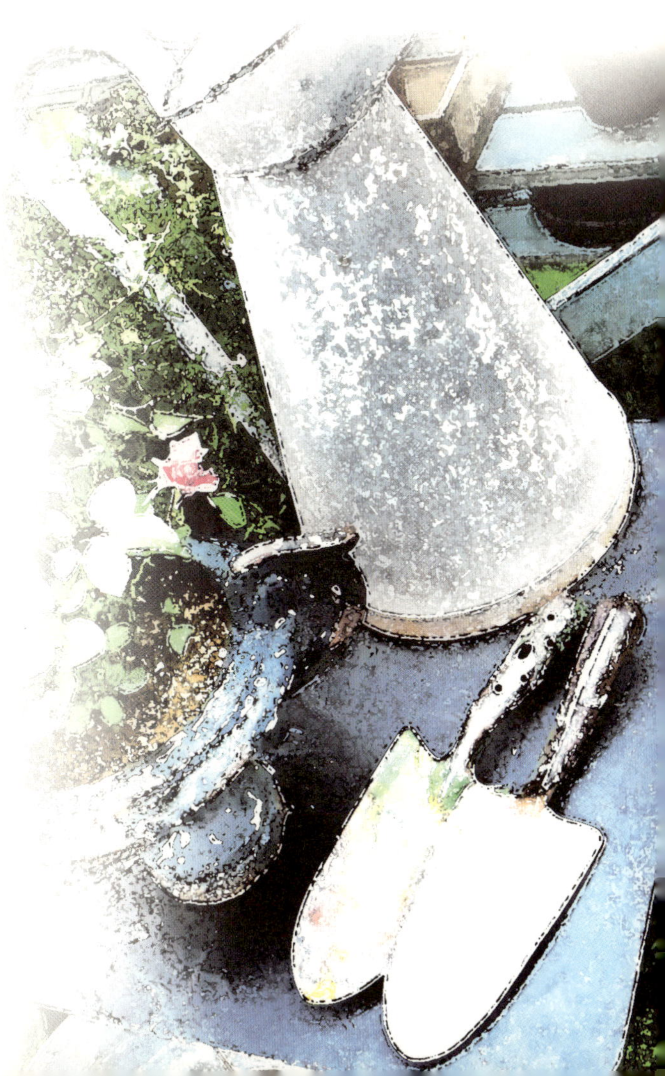

D'avril les ondées,
Font les fleurs de mai.

•

Avril entrant comme un agneau
S'en va comme un taureau.

•

Bourgeon qui pousse en avril
Mets peu de vin au baril.

•

Il n'est si gentil mois d'avril,
Qui n'ait son chapel de grésil.

•

Pluie d'avril, apprête les barils.

•

En avril, nuée,
En mai, rosée.

•

Au mois d'avril, n'enlève pas un fil ;
Au mois de mai, fait ce qu'il te plaît
Mais encore je ne sais.

•

Au mois d'avril,
Tout oiseau fait son nid
Hormis la caille et la perdrix
Et le rossignol joli.

•

Avril pluvieux, mais soleilleux
Rendent le paysan orgueilleux
Et l'usurier soucieux.

Avril fait la fleur,
Mai en a les honneurs.

•

Mars gris, avril pluvieux,
Font l'an fertile et plantureux.

•

En avril si gelée vient,
Elle apporte pain et vin.

•

Gelée en avril et mai,
Misère prédit au vin.

•

Mars venteux et avril pluvieux,
Font mai gai et gracieux.

•

À la Saint-Isidore (4 avril),
Si le soleil dore,
Le blé sera haut et chenu,
Mais le pommier sera nu.

•

À Saint-Théodore (20 avril),
Fleurit chaque bouton d'or.

•

Georget (23 avril),
Marquet (25 avril),
Vitalet (28 avril)
Et Croiset (3 mai)
S'ils sont beaux, font du bon vin.

À la Saint-Marc (25 avril),
S'il tombe de l'eau,
Il n'y aura pas de fruits à couteau.

•

Pâques pluvieuses,
Souvent fromenteuses.

•

Pâques pluvieux, blé graineux.

•

À pâques, mauvais temps
Égale six semaines pendant.

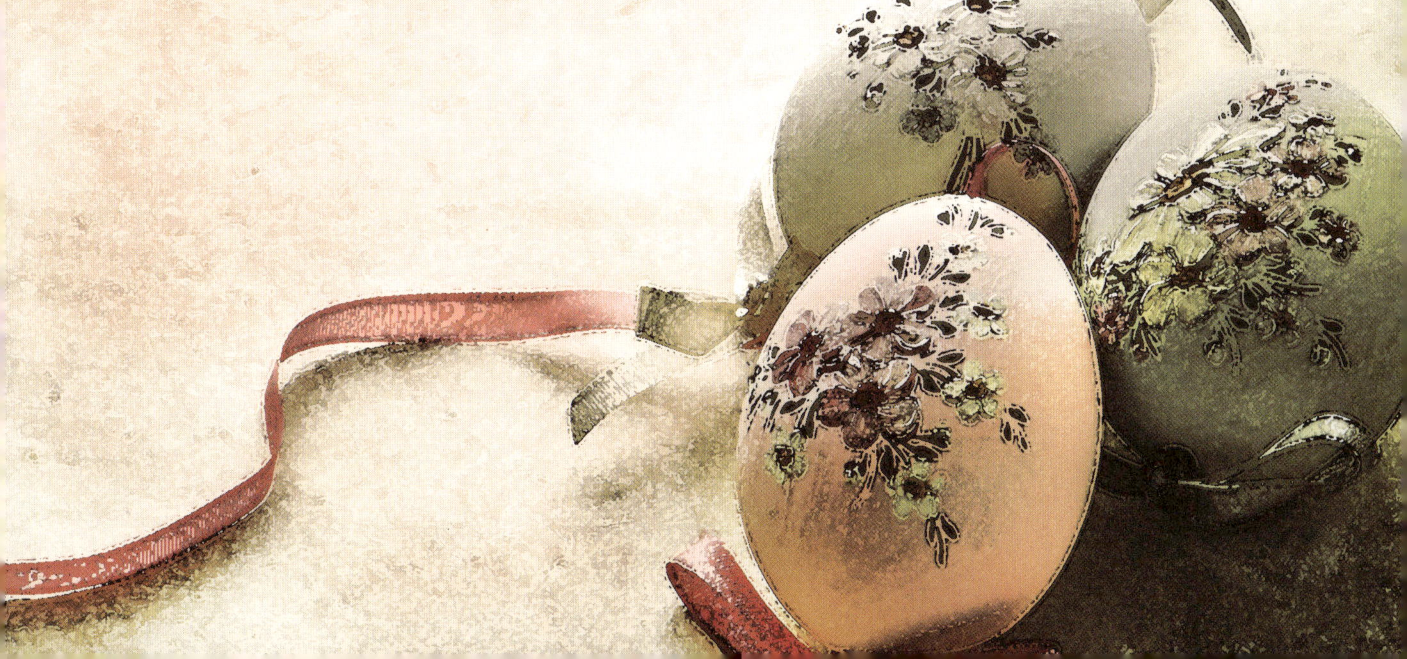

Mai

Le mois de mai de l'année,
Décide la destinée.

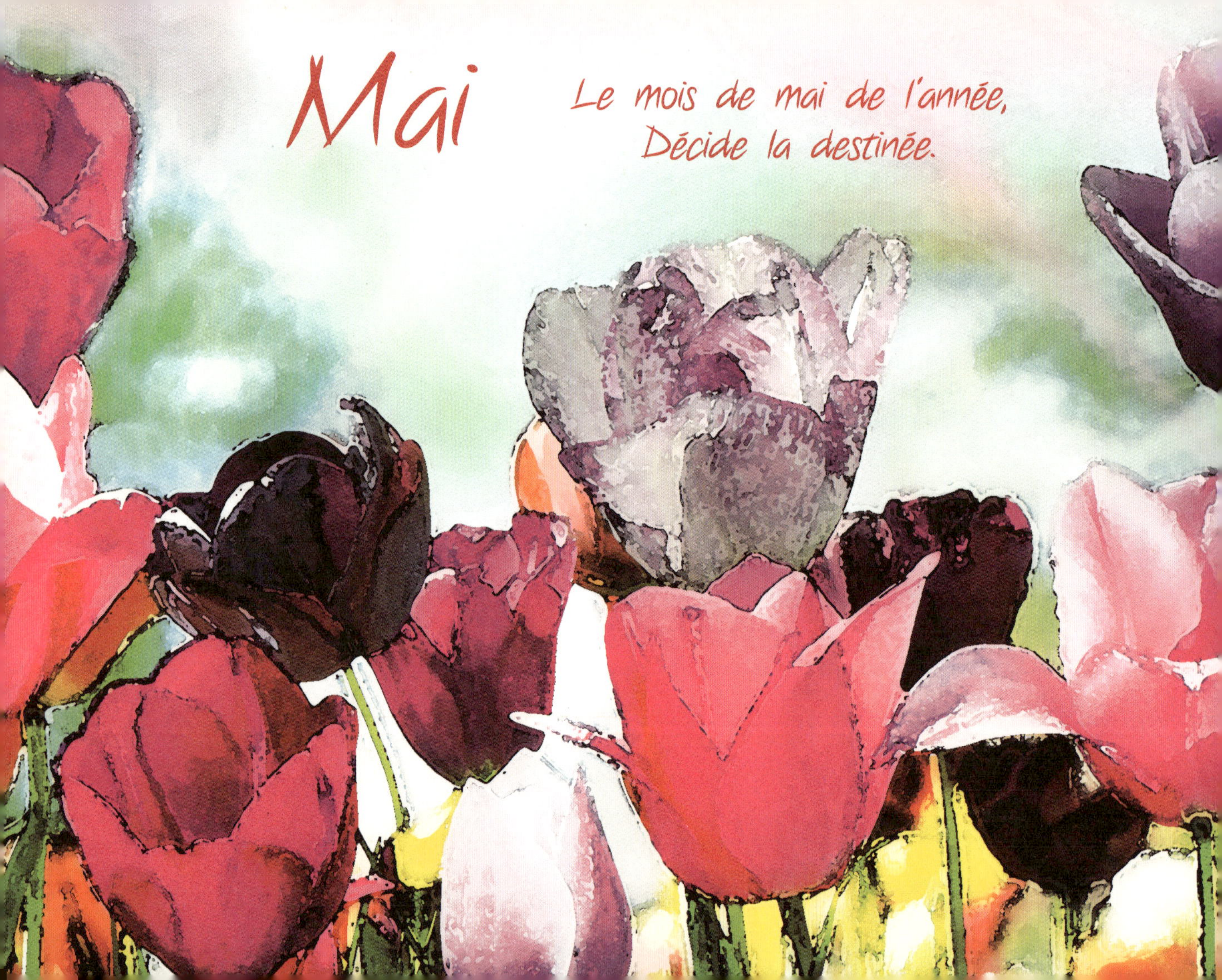

Dieu nous garde de la fange d'août,
Et de la poussière de mai.

•

De la pluie le premier jour de mai,
Ôte aux fourrages de la qualité.

•

Lorsqu'il pleut le 3 mai,
Point de noix au noyer.

•

Plus mai est chaud, plus l'an vaut.

•

Brouillard de mai, chaleur de juin,
Amènent la moisson à point.

•

En mai,
Fleurit le hêtre et chante le geai.

•

Celui qui s'allège avant le mois de mai,
Certainement ne sait pas ce qu'il fait.

•

Au mois de mai,
Voleurs sont nés.

•

Mai frais (ou clair) et venteux,
Fait l'an plantureux.

•

Du mois de mai, la chaleur,
De tout l'an fait la valeur.

Le froment sera mal nourri,
Si mai ne voit sa fleur et son épi.

•

Quand le raisin naît en mai,
Faut s'attendre à du mauvais.

Chaleur de mai
Verdit la haie.

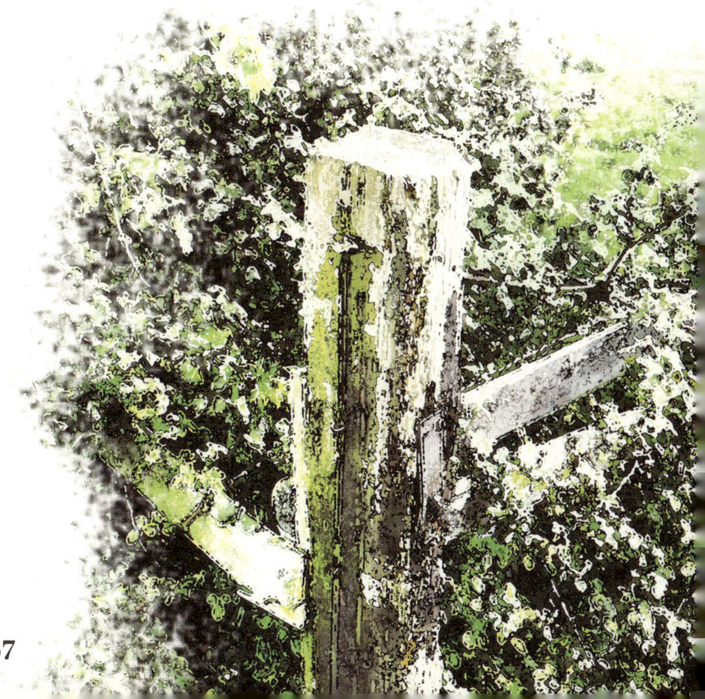

Mai jardinier,
Ne comble pas le grenier.

•

Mai froid n'enrichit personne,
Mais il est excellent quand il tonne.

•

La rosée du mois de mai
Rend le laboureur gai.

•

En mai rosée, en mars grésil.

•

Mars aride,
Avril humide,
Mai tenant de tous les deux
Présagent l'an plantureux.

•

Froid mai et chaud juin,
Donnent pain et vin.

•

Froid mai et chaud juin,
Emplissent la grange
Jusqu'aux coins.

•

Au mois de mai, les essaims
Font les charrettes de foin.

•

Brouillard de mai, chaleur de juin,
Amènent la moisson à point.

Au mois de mai
Le seigle déborde la haie.

•

Mai, juin, juillet,
Bouche fraîche, le reste net.

•

Quand il pleut le premier jour de mai,
Les fourrages rendent amer le lait.

•

Quand il pleut le premier jour de mai,
Les vaches perdent la moitié de leur lait.

•

Quand le premier mai la pluie oint,
Il n'y aura pas le moindre coing.

•

Mai fait ou défait.

•

Pendant le joli mois de mai,
Couvre-toi plus que jamais.

•

Frais mai, épaisse tourte,
Mais peu de vin dans la coupe.

•

Plus mai est chaud, plus l'an vaut.

•

Mi-mai, queue d'hiver.

Frais mai et chaud juin,
Amènent pain et vin.

•

Mai frileux, an langoureux,
Mai fleuri, an réjoui,
Mai venteux, an douteux.

•

Si le dicton dit vrai,
Méchante femme s'épouse en mai.

•

Mariage du mois de mai,
Fleurissent tard ou jamais.

•

Mai pluvieux,
Marie la fille du laboureux.

•

Noces de mai ne vont jamais.

•

Petite pluie de mai
Tout le monde est gai.

•

Mai frais et venteux
Fait l'an plantureux.

•

Mai, mois fleuri, mois béni.

•

Mai, mois de fleurs, mois de pleurs.

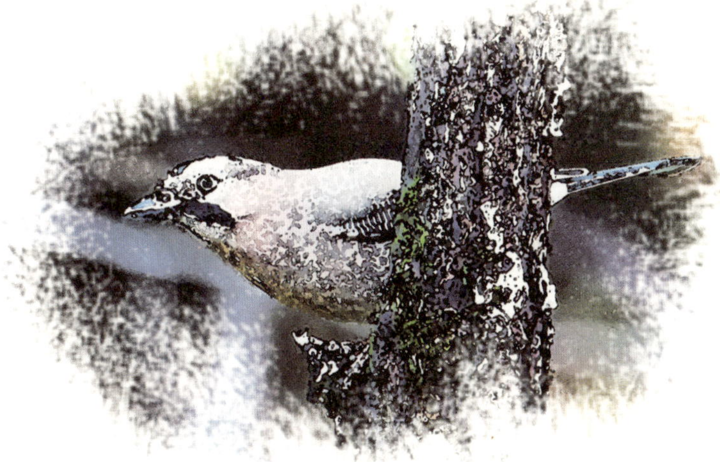

En mai fleurit le hêtre,
Et chante le geai.

•

Pluie de mai, vache à lait.

•

Quand il tonne le premier jour de mai
Les vaches auront du lait.

•

Erbinet (Saint-Urbin, 25 mai),
Le pire de tous quand il s'y met,
Car il casse le robinet.

•

S'il pleut le jour de Sainte-Pétronille (31 mai)
Elle est quarante jours
À sécher ses guenilles.

Juin

Juin bien fleuri,
Vrai paradis.

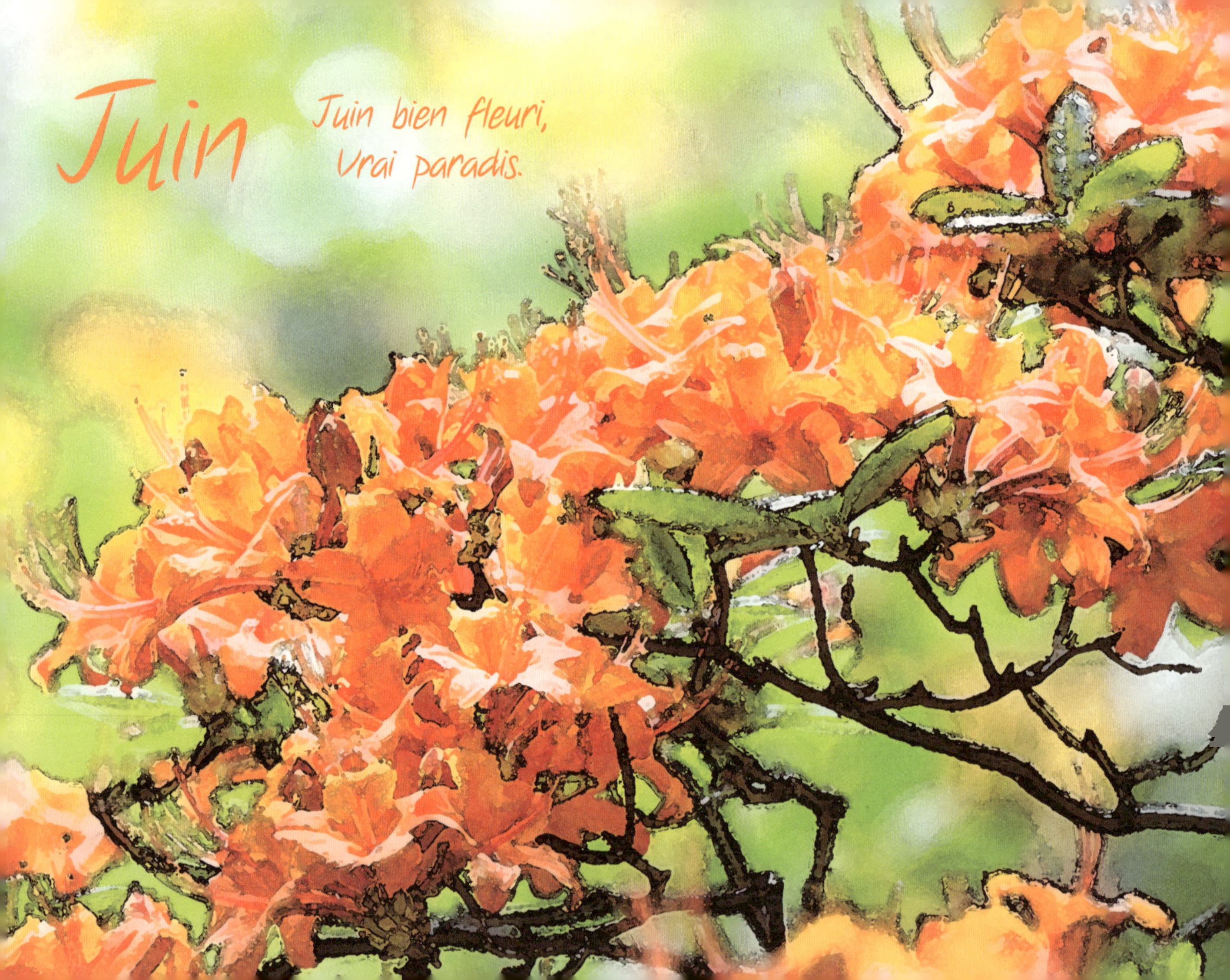

La pluie de juin
Fait belle avoine et maigre foin.

•

En juin, juillet et août,
Ni femme ni choux.

•

Un pré est vaurien,
Quand en juin il donne rien.

•

En juin, brume obscure,
Trois jours seulement durent.

•

En juin, brume obscure,
Trois jours seulement dure.

•

Si juin fait la quantité,
Septembre fait la qualité.

•

Qui en juin se porte bien,
Aux temps chauds ne craindra rien.

•

En juin la pluie qui vient de l'amont,
Trempe la terre jusqu'au fond.

•

Juin larmoyeux,
Rend le laboureur joyeux.

En juin la pluie est loin,
Et s'il pleut, chaque goutte
Est comme un coup de poing.

•

Eau de juin,
Ruine le moulin.

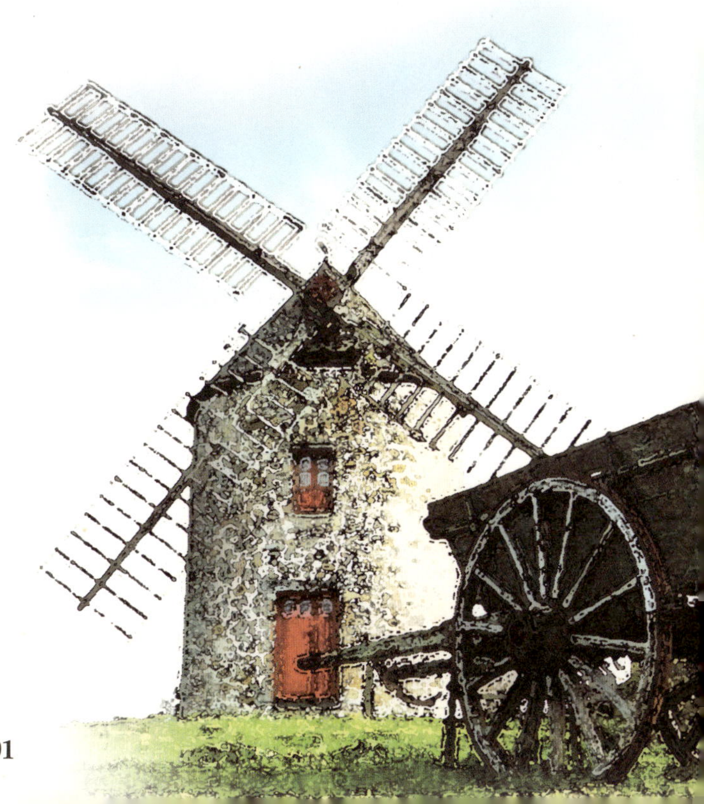

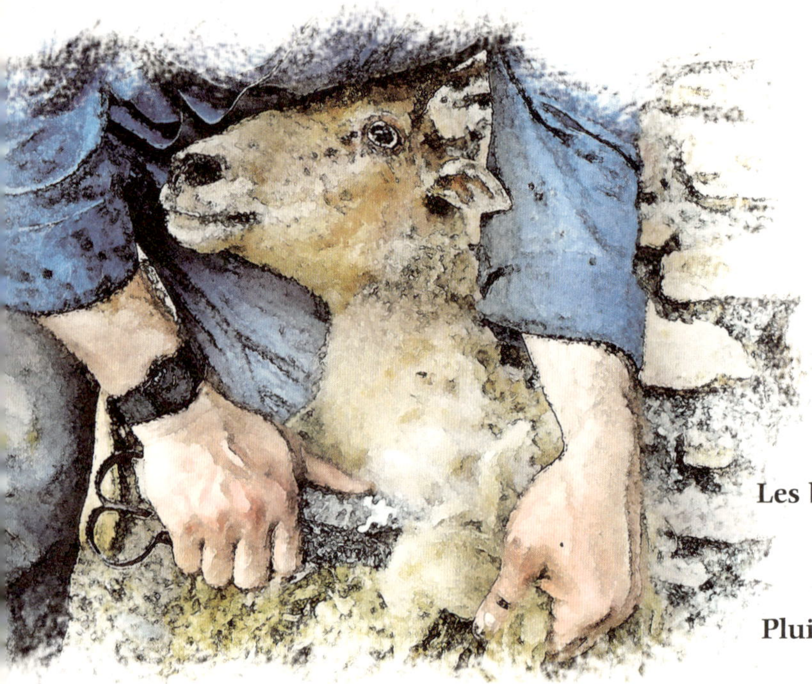

En juin c'est la saison
De tondre les moutons.

•

Juin froid et pluvieux,
Tout l'an sera grincheux.

•

Le temps qu'il fait en juin le trois
Sera le temps du mois.

Si le dix juin est serein
On assure avoir du grain.

•

Qui pêche en juin
Pêche fretin.

•

Si juin fait la quantité
Septembre fait la qualité.

•

Saint-Marcellin (1 juin),
Bon pour l'eau, bon pour le vin.

•

Les bains que prend Saint-Norbert (6 juin),
Inondent toute la terre.

•

S'il pleut à la Visitation,
Pluie de Saint-Médard (le 8) continuation.

•

S'il pleut le jour de la Saint-Médard (8 juin),
le tiers des biens est au hasard ;
À moins que la Saint-Barnabé (11 juin),
Ne lui coupe l'herbe sous les pieds.

•

Saint-Médard grand pissard,
Il pleut 40 jours plus tard.

À la Saint-Barnabé (11 juin),
Fauche ton pré.

•

À la Saint-Barnabé, la faux au pré.
En juillet, faucille au poignet.

À la Saint-Antoine (le 13),
Les jours croissent d'un pas de moine.

•

S'il pleut le jour de la Saint-Gervais (19 juin),
Il pleut quarante jours après.

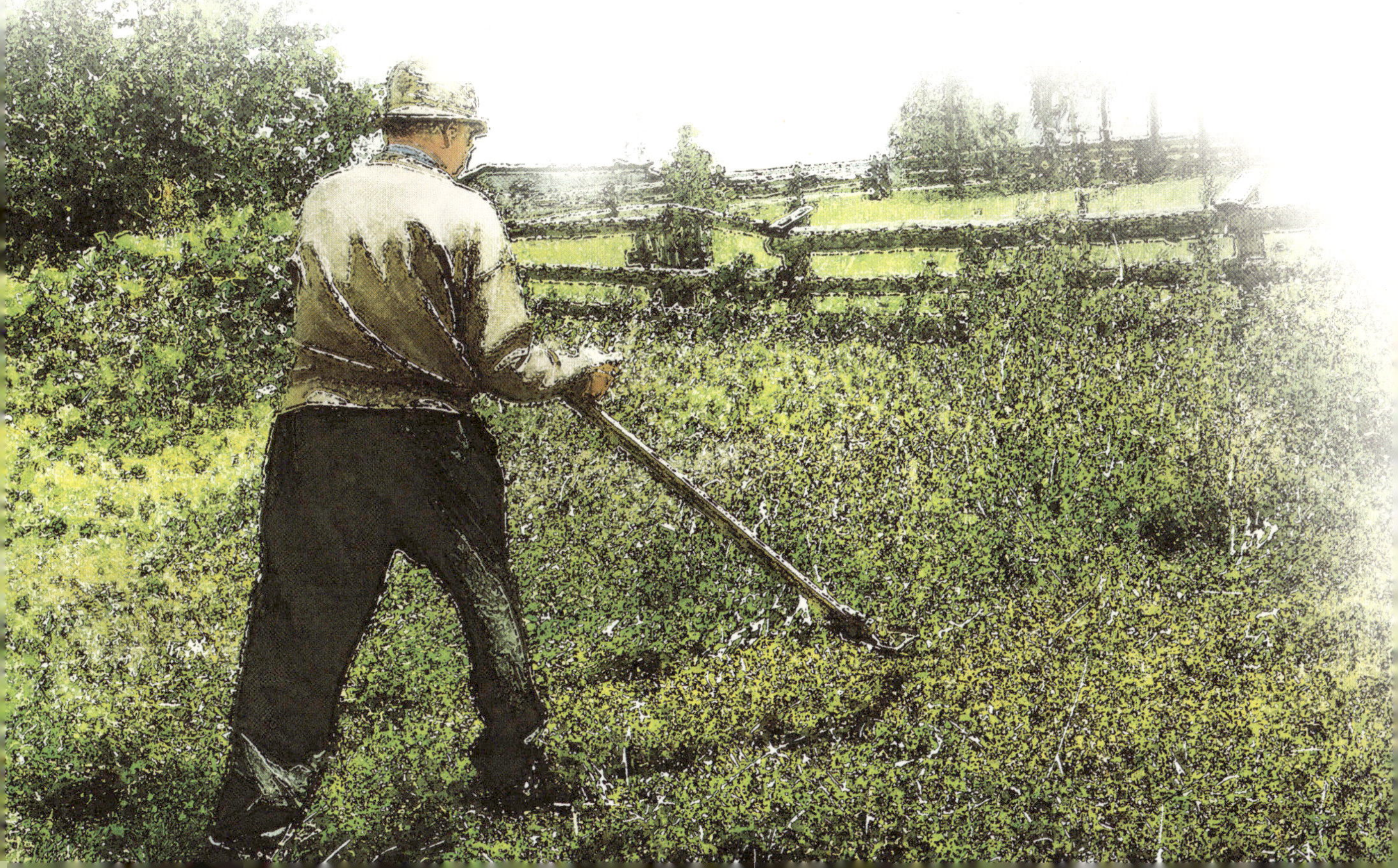

Pluie d'orage à la Saint-Sylvère (20 juin),
C'est beaucoup de vin
Dans le verre.

•

Eau de Saint-Jean (24 juin) ôte le vin,
Et ne donne pas de vin.

•

La nuit de Saint-Jean
Est la plus courte de l'an.

•

Prends tes habits légers le 24 juin,
Et reprends ceux d'hiver le lendemain.

•

Les herbes de Saint-Jean
Gardent leurs vertus tout l'an.

•

Avant la Saint-Jean, pluie bénite ;
Après la Saint-Jean, pluie maudite.

•

Noël et Saint-Jean partagent l'an.

•

Pluie de Saint-Jean, pluie pour longtemps.

•

S'il pleut à la veille de Saint-Pierre (28 juin),
La vinée est réduite au tiers.

•

Saint-Pierre et Paul pluvieux (29 juin),
Pour trente jours dangereux.

À la Saint-Martial (30 juin),
Point de charcuterie à l'ail.

•

À la Saint-Martial, la faux est au travail.

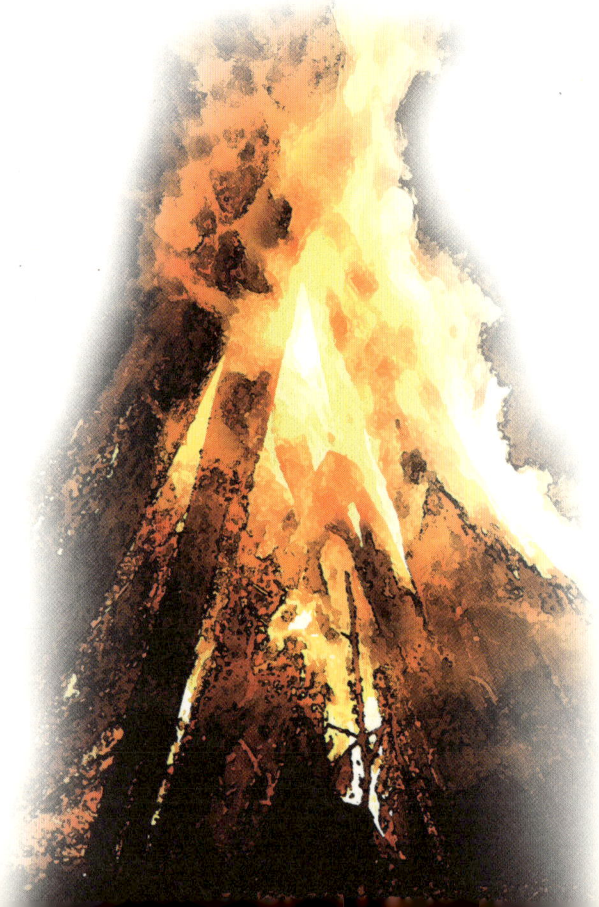

Juillet

Les abeilles en juillet
Ne valent grain de millet.

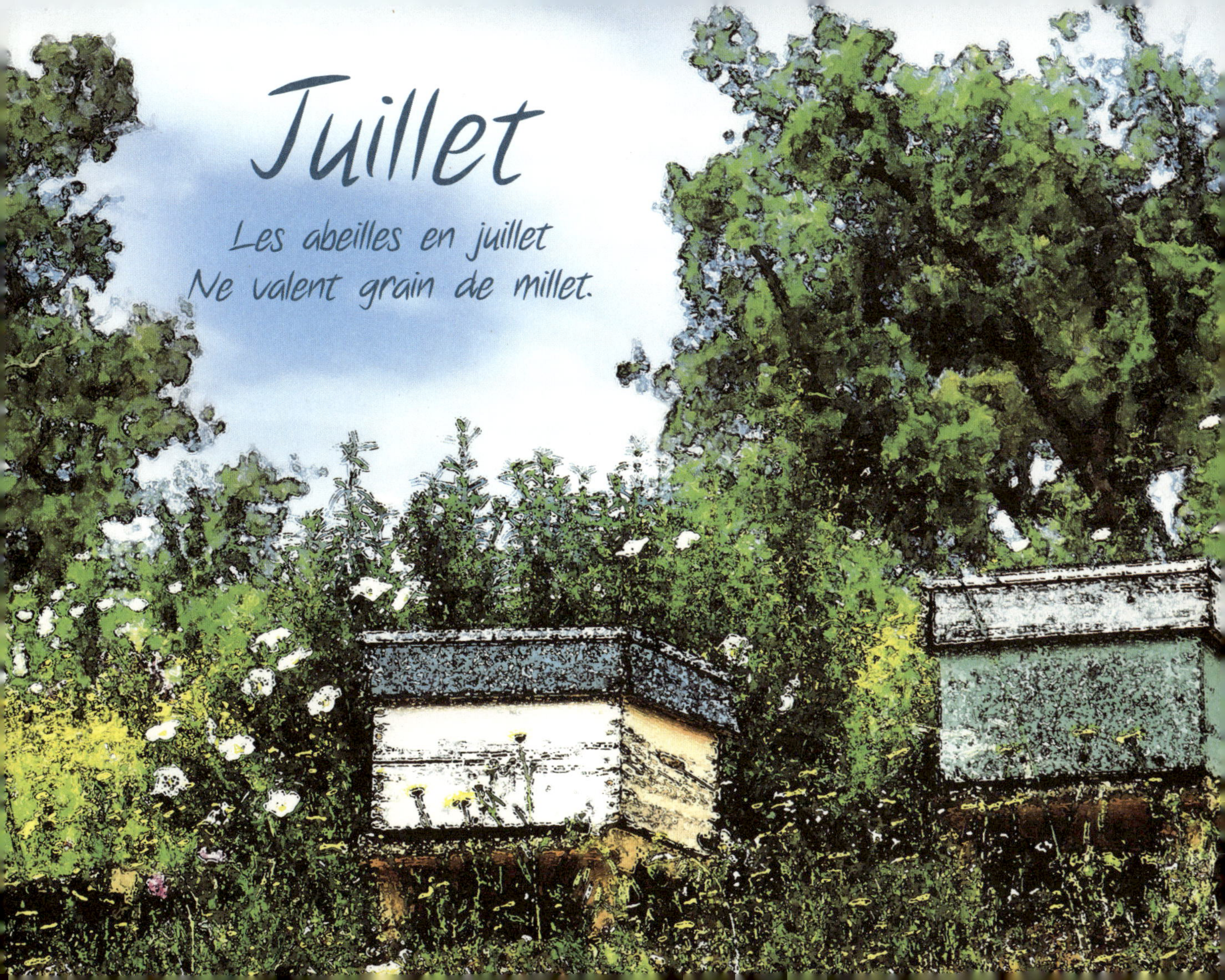

Entre juillet et août
Le boire est de bon goût.

•

En juillet mois d'abondance.
Le pauvre a toujours sa pitance.

•

Qui veut beau navet
Le sème en juillet.

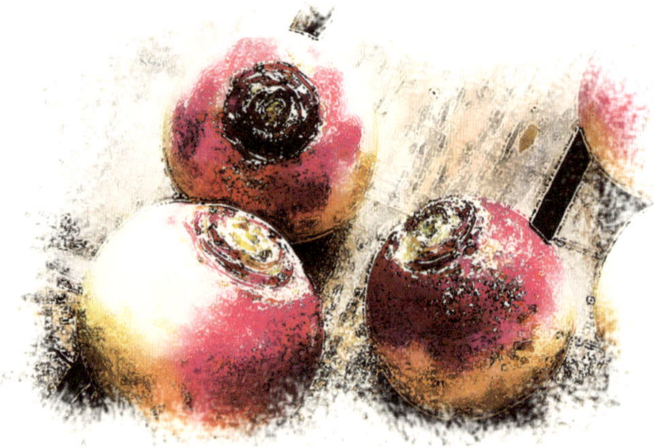

Pluie de juillet
Eau en janvier.

•

Juillet sans orage
Famine au village.

En juillet pluie du matin
Est bonne au grain.

•

Qu'on soit fumiste ou dramaturge
C'est en juillet qu'on se purge.

•

Si le 1er juillet est pluvieux
Tout le mois sera douteux.

•

Juillet ensoleillé
Remplit cave et grenier.

•

S'il fait beau en juillet, bonne récolte ;
S'il pleut, moisson molle.

•

Au mois de juillet,
Bouche noire, gosier sec.

À la Saint-Thierry (1er juillet),
aux champs jour et nuit.

•

À Saint-Anatole (3 juillet),
Confitures dans la casserole.

Pour la Sainte-Berthe (4 juillet)
Se cueille l'amande verte.
Si elle n'est pleine que de lait,
Il faut laisser mûrir le blé.

•

À la Saint-Procule (9 juillet)
Arrive la canicule.

•

Rosée du jour de Saint-Savin (11 juillet)
Est, dit-on, rosée de vin.

•

Quand reviendra la Saint-Henri (13 juillet),
Tu planteras ton céleri.

•

À la Sainte-Marguerite (20 juillet),
Forte pluie est maudite.

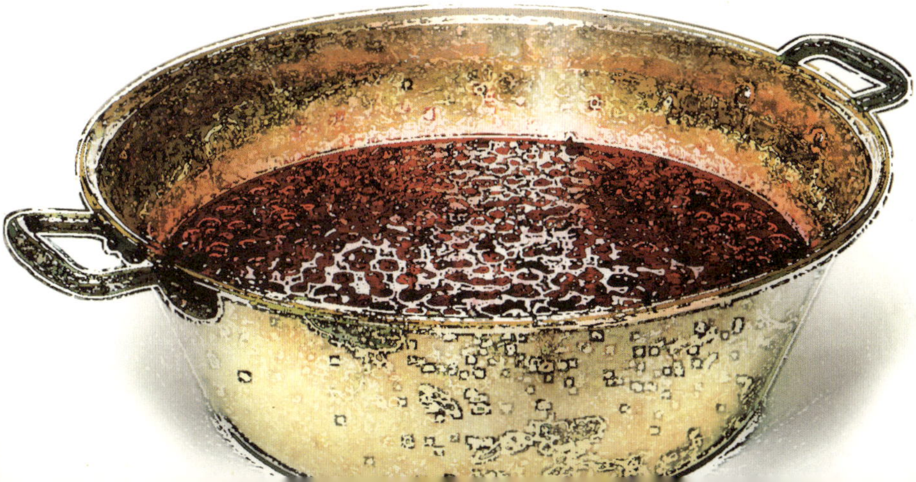

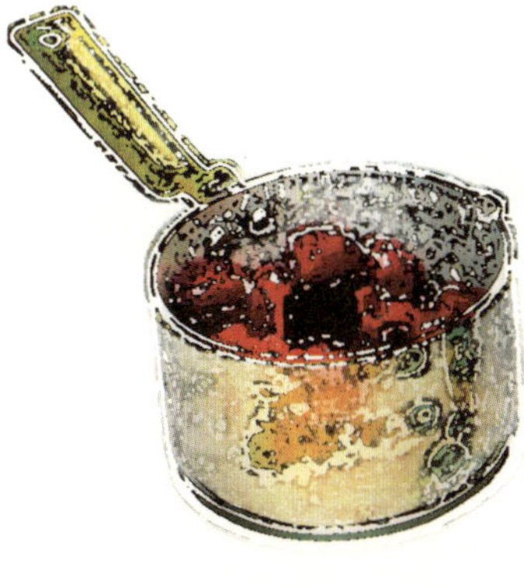

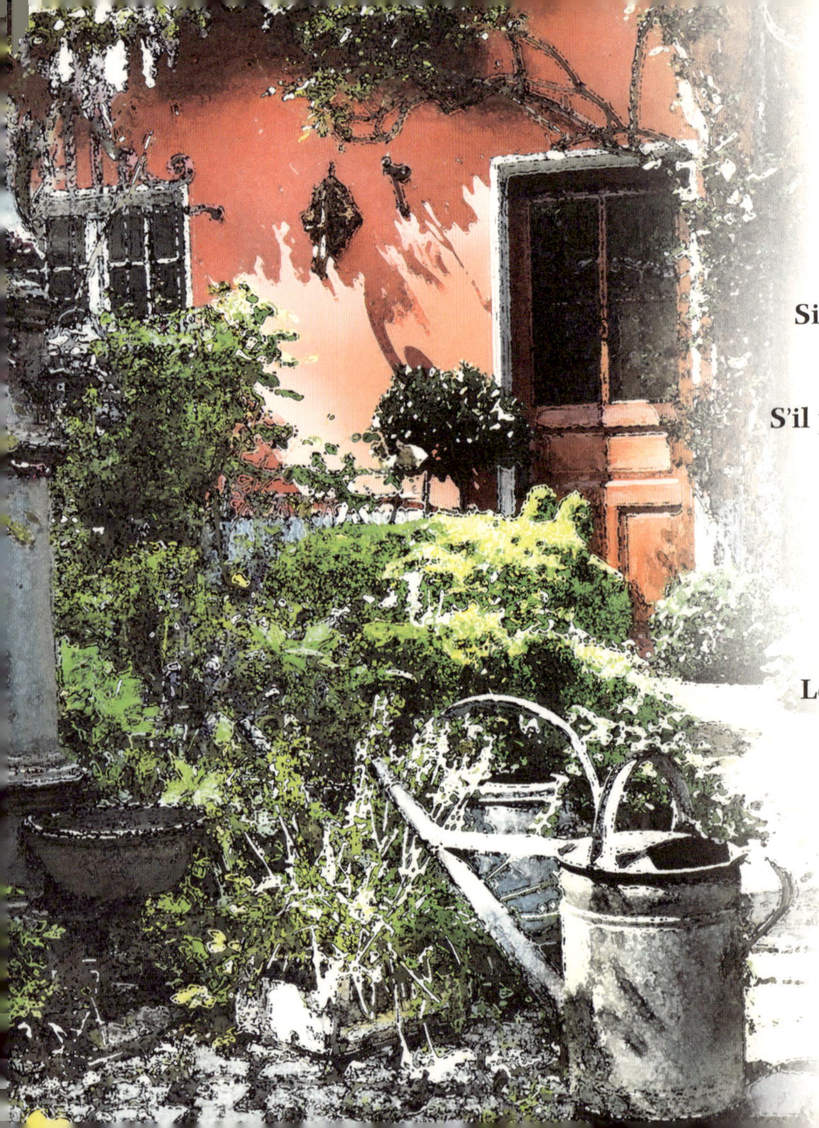

S'il pleut à la Sainte-Marguerite,
Les noix seront gâtées bien vite.

•

Sainte-Madeleine (22 juillet),
Pluie amène.

•

Si Saint-Jacques (25 juillet) est serein,
L'hiver sera dur et chagrin.

•

S'il pleut pour la Sainte-Anne (26 juillet),
Il pleut un mois et une semaine.

•

Quand il pleut le jour
De Saint-Victor (28 juillet),
La récolte n'est pas d'or.

•

Mauvais temps
Le jour de Sainte-Marthe (29 juillet),
N'est rien, car il faut qu'il parte.

•

Chaleur le jour
De Saint-Germain (31 juillet)
Met à tous le pain
Dans la main.

Août

Août mûrit les fruits,
Septembre les cueille.

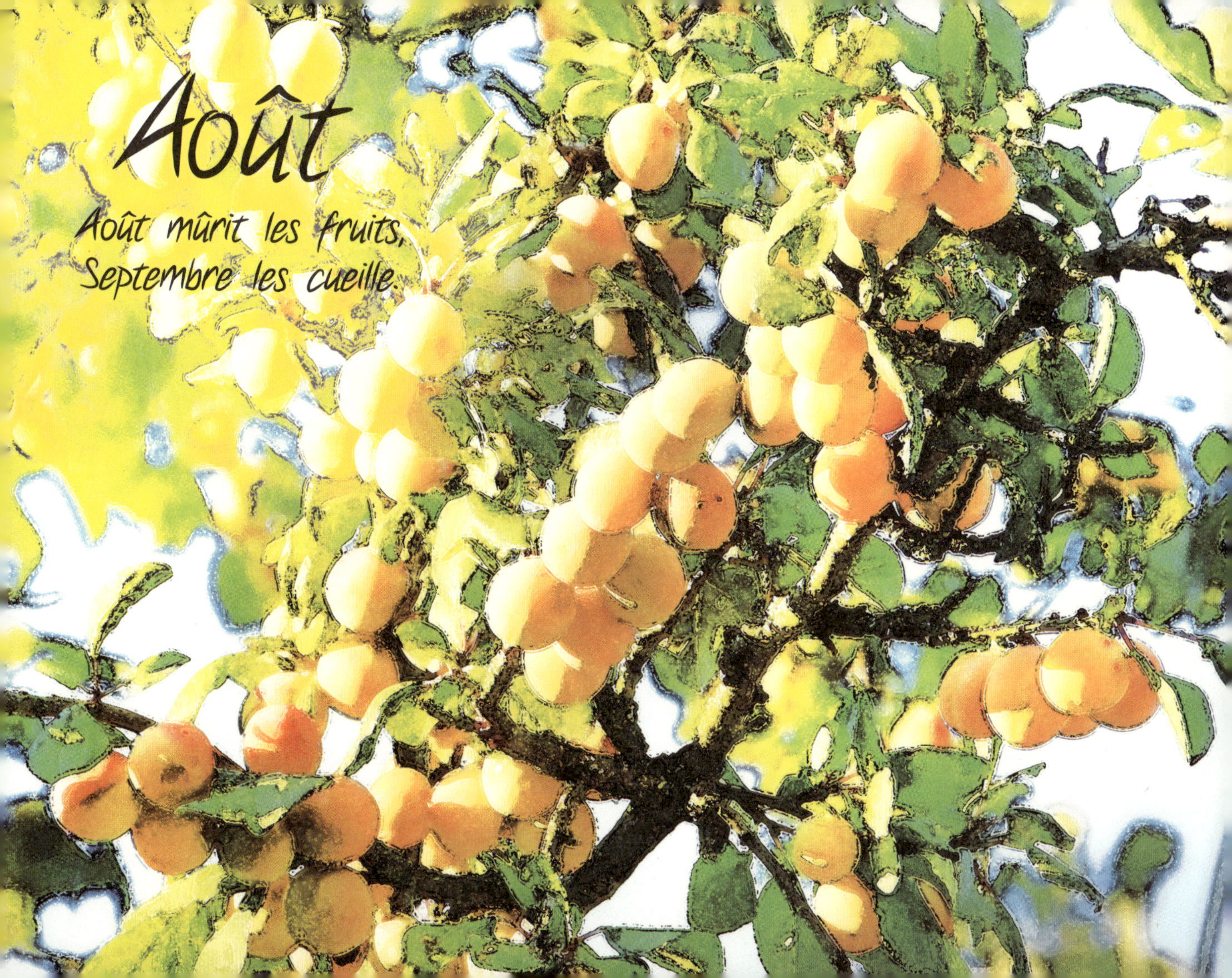

Temps trop beau en août,
Annonce hiver en courroux.

•

À la mi-août, les noix ont le ventre roux.

•

Au mois d'août, le vent est fou.

•

S'il pleut au 1er août,
Les noisettes sont piquées de poux.

•

S'il tonne en août,
Grande prospérité partout,
Mais des maladies beaucoup.

Tels les trois premiers jours d'août,
Tel le temps de l'automne.

•

En août, les gélines sont sourdes.

Car ce mois là, les poules sont silencieuses.

•

Août mûrit, septembre vendange,
En ces deux mois, tout bien s'arrange.

•

Août mûrit les fruits,
Septembre les cueille.

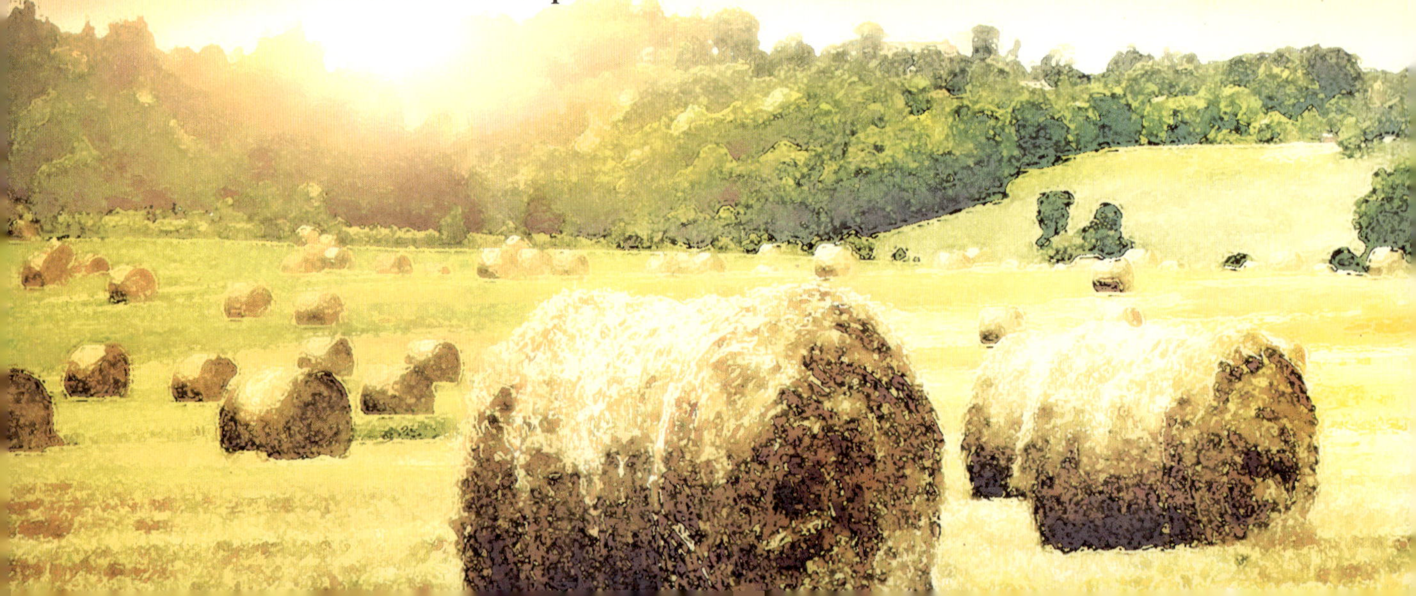

Quiconque se marie en août,
Souvent n'amasse rien du tout.

•

Ce que le mois d'août ne mûrira pas,
Ce n'est pas septembre qui le fera.

•

Soleil rouge en août,
C'est la pluie partout.

•

Il faut cueillir les choux
L'un des trois premiers jours d'août.

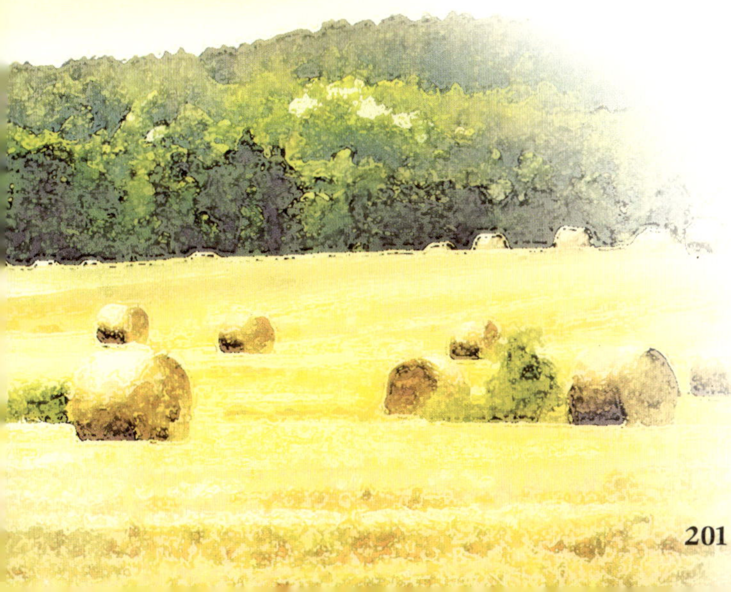

Quand même la couche serait à ton goût
Ne dors pas sous le soleil d'août.

•

À la mi-août, l'hiver se noue.

•

La vierge du 15 août
Arrange ou dérange tout.

•

Au mois d'août, femmes, retirez-vous.

•

En août et en vendanges,
Il y a ni fêtes, ni dimanches.

•

Août pluvieux, celliers vineux.

•

Les œufs pondus
entre les deux Notre-Dame
Se gardent plus longtemps que les autres.

Les deux Notre-Dame :
période qui va du 15 août (Assomption)
au 4 septembre (Nativité).

•

Pluie de Notre-Dame,
Fait tout vin ou tout châtaigne.

•

Entre les deux Notre-Dame,
Jamais serpent n'a osé se montrer.

À la Saint-Eusèbe (2 août),
Au plus tard, fais battre la gerbe.

•

À la Saint-Dominique (8 août)
Ne te plains pas si le soleil pique.

•

À la Saint-Laurent (10 août),
La noix craque sous la dent.

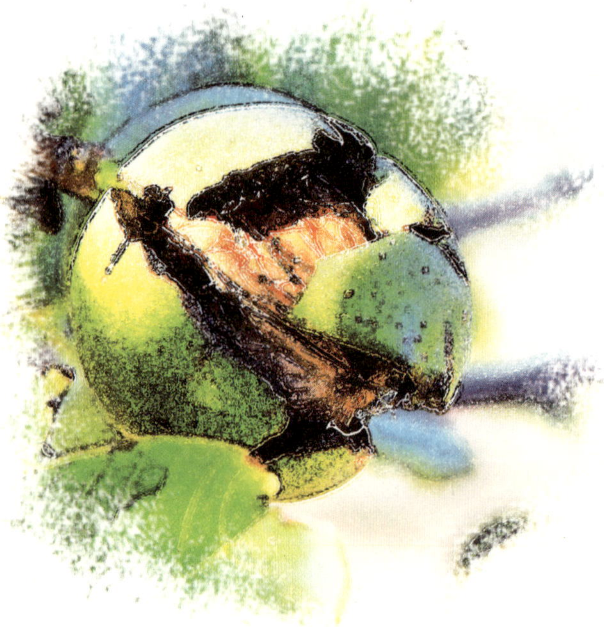

À la fête de Saint-Laurent,
Si noix est, regardez dedans.

•

Froidure à la Saint-Laurent,
Froidure à la Saint-Vincent.

•

À Saint-Antoine, grande froidure,
à Saint-Laurent, grands chauds ne durent.

•

Pour Saint-Laurent,
tout fruit est bon pour les dents.

•

Si, le jour de Sainte-Claire (11 août),
La journée est chaude et claire,
Comptez sur les fruits à couteau,
À coup sûr ils seront beaux.

•

À la Sainte-Claire, s'il éclaire et tonne,
C'est l'annonce d'un bel automne.

•

Quand arrive la Saint-Bernard (20 août),
Si tu n'es pas en retard,
Ton blé n'est plus sous le hangar,
Et le moissonneur a sa part.

•

À la Saint-Bernard
Pour moissonner il est bien tard.

À la Saint-Barthélémy (24 août),
la grenouille sort de son nid.

•

Si la lune de Saint-Louis (25 août),
Se fait en beau, sois réjoui.

Pluie fine à la Saint-Augustin (28 août),
C'est comme s'il pleuvait du vin.

Une année n'a pas deux étés.

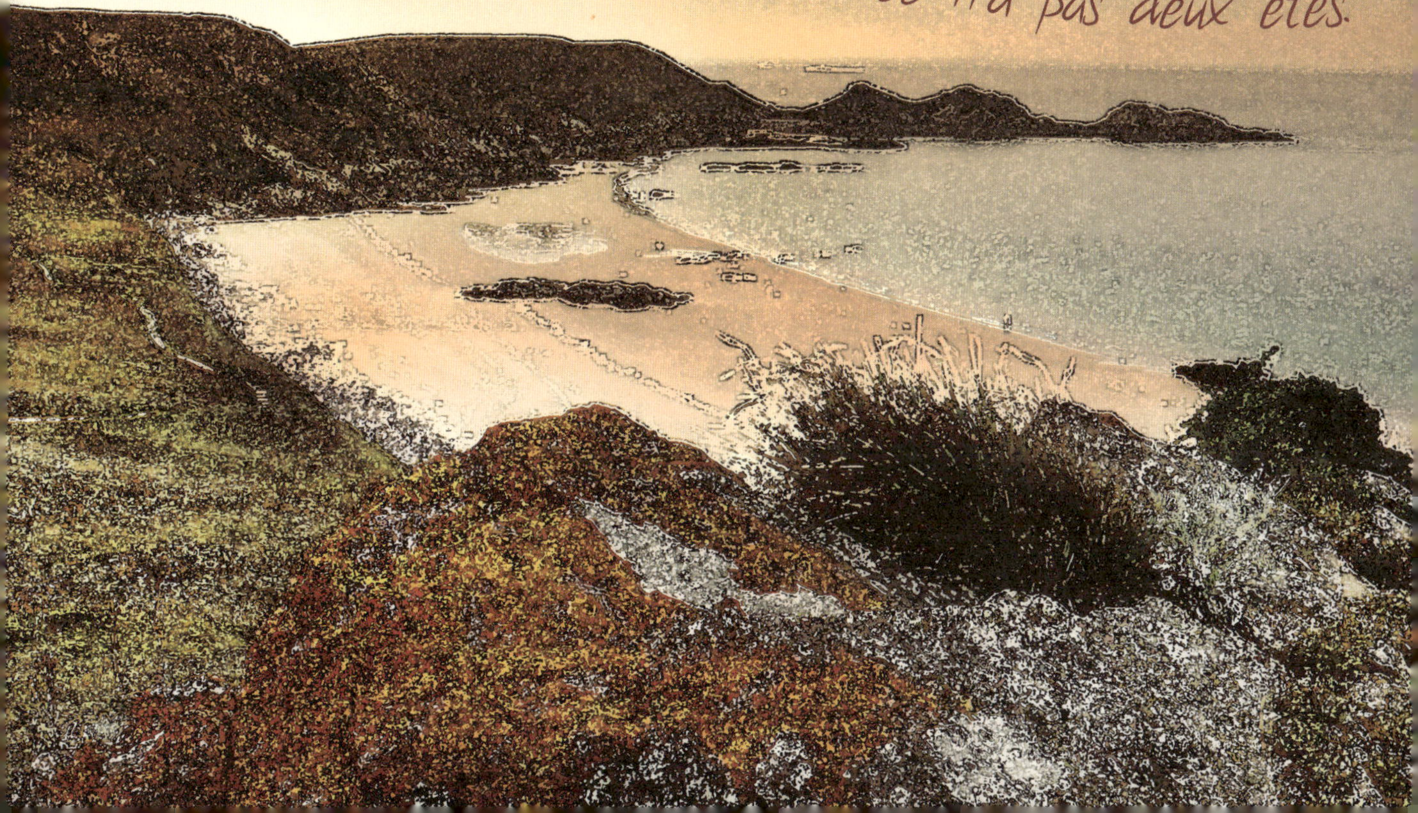

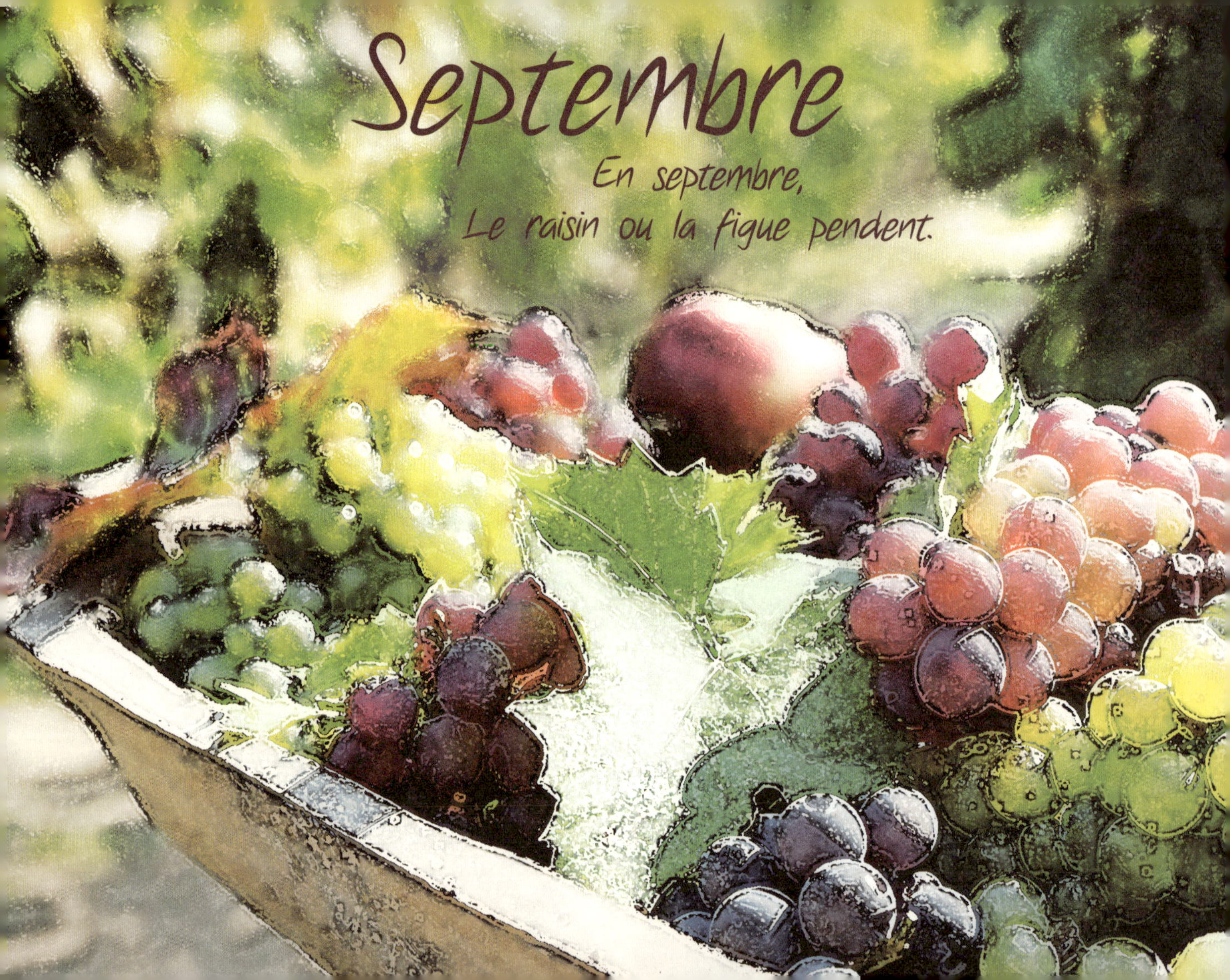

Septembre

En septembre,
Le raisin ou la figue pendent.

Du premier au huit
L'hirondelle fuit.

•

Septembre en sa tournure,
De mars suivant fait la figure.

•

Septembre emporte les ponts
Ou tarit les fontaines.

•

En septembre
Les feignants peuvent s'aller pendre.

•

Septembre humide
Pas de tonneaux vides.

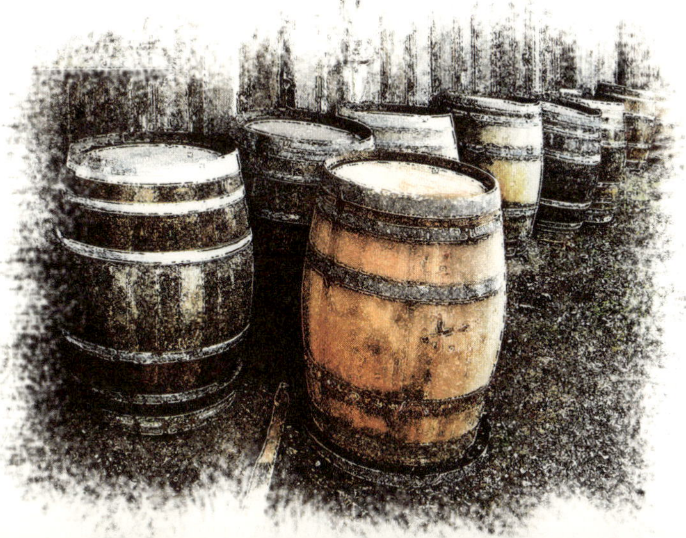

Septembre se nomme
Le mai de l'automne.

•

En septembre si tu es prudent
Achète grains et vêtements.

•

Vins de septembre
Font les femmes s'étendre.

•

Septembre nous produit
Les plus délectables des fruits.

•

À la Saint-Loup (1er septembre),
La lampe au clou.

•

Le 7 septembre sème ton blé
Car ce jour vaut du fumier.

•

À la Saint-Onésiphore
(6 septembre),
La sève s'endort.

•

À la bonne Dame
de septembre
(le 8, fête de la Vierge),
Tout fruit est bon à prendre.

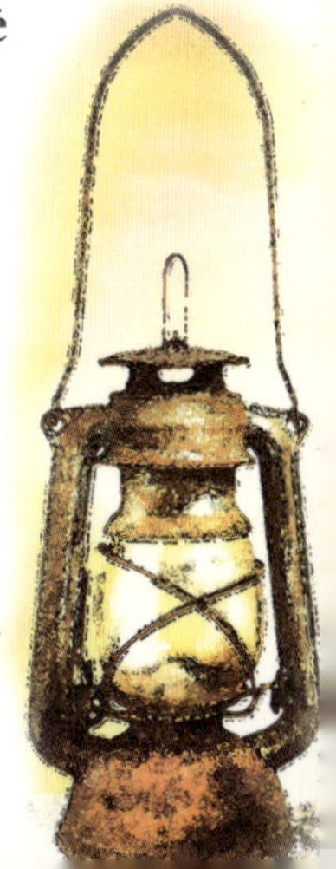

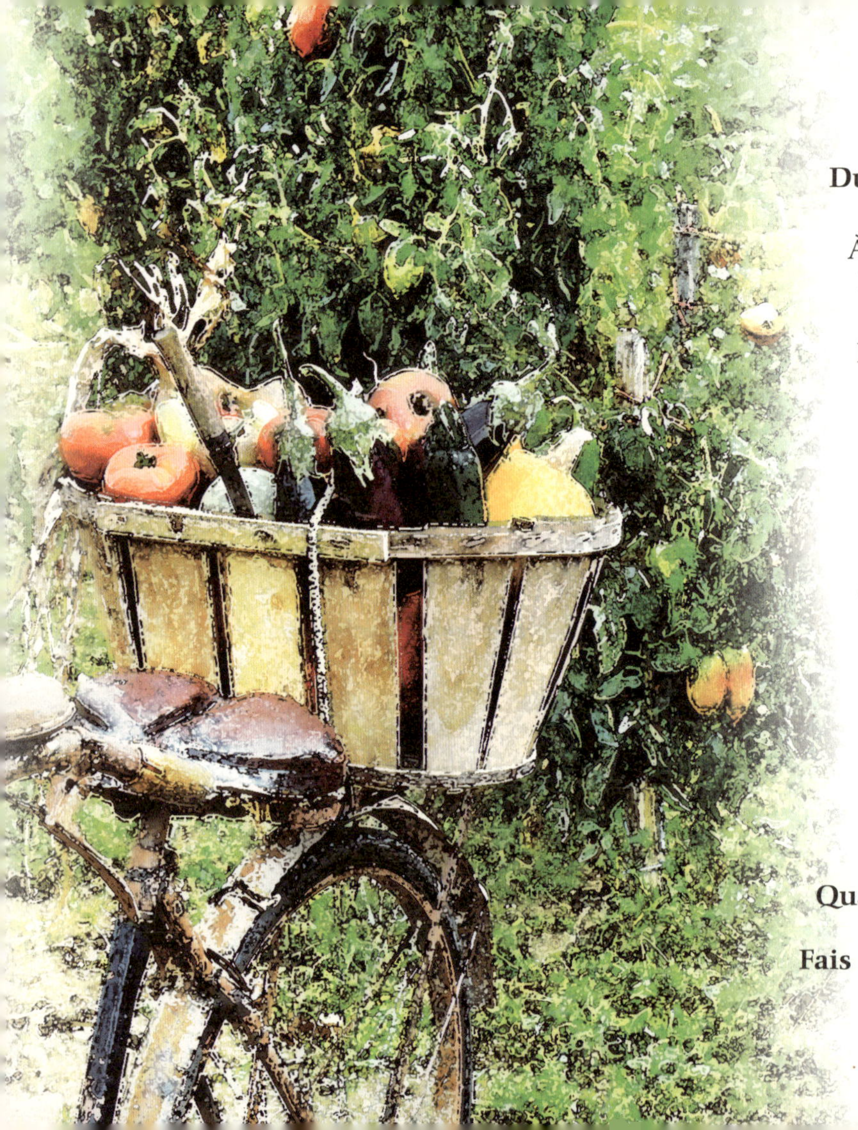

Le temps de la Nativité
(8 septembre)
Dure tout un mois sans variété.

•

À Saint-Aimé (13 septembre),
Point de moutons affamés.

•

Le jour de la Saint-Lambert
(17 septembre),
Qui quitte sa place la perd.

•

Saint-Lambert pluvieux,
Neuf jours dangereux.

•

Qui sème à la Saint-Janvier
(19 septembre),
De l'an récolte le premier.

•

Gelée blanche
à la Saint-Eustache
(20 septembre)
grossit le raisin qui tache.

•

Quand il pleut à la Saint-Mathieu
(21 septembre),
Fais coucher tes vaches et tes bœufs.

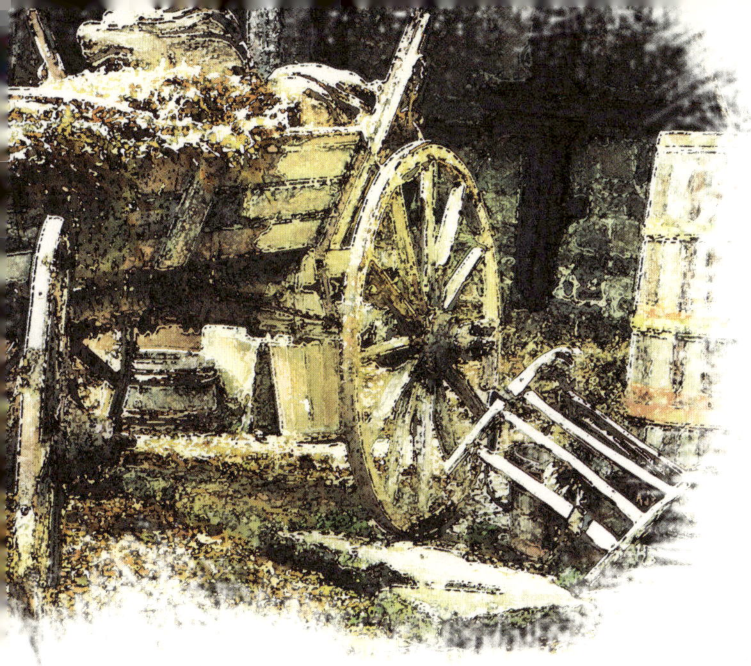

Si Mathieu pleure au lieu de rire,
le vin en vinaigre vire.

•

D'habitude à la Saint-Maur
(22 septembre),
La moitié de l'hiver est dehors.

•

Semis de Saint-Maurice
(22 septembre),
Récolte à ton caprice.

Sème tes pois à la saint-Maurice,
Tu en auras à ton caprice.

•

À la Saint-Firmin, (25 septembre),
L'hiver est en chemin.

•

À Sainte-Justine (26 septembre),
Toute fleur s'incline.

•

Hirondelles à Saint-Michel
(29 septembre),
Hiver après Noël.

•

À Saint-Michel,
départ d'hirondelles.

•

À la Saint-Michel
Regarde le ciel,
S'il se baigne l'aile,
Il pleut jusqu'à Noël.

•

Toutes les pluies perdues
sont à Saint-Michel rendues.

•

Pluie de Saint-Michel sans orage,
D'un hiver doux est le présage.

Telle Toussaint, tel Noël,
Tel jour de Saint-Michel,
Pâques au pareil.

•

À la Saint-Jérôme (30 septembre),
Hoche tes pommes.

•

Fièvre qui vient pendant l'automne
Est bien longue où la mort donne.

•

Chaleur de l'automne pique fort
Et cause à bien des gens la mort.

•

Automne en fleurs,
Hiver plein de rigueur.

•

Bel automne vient plus souvent
Que beau printemps.

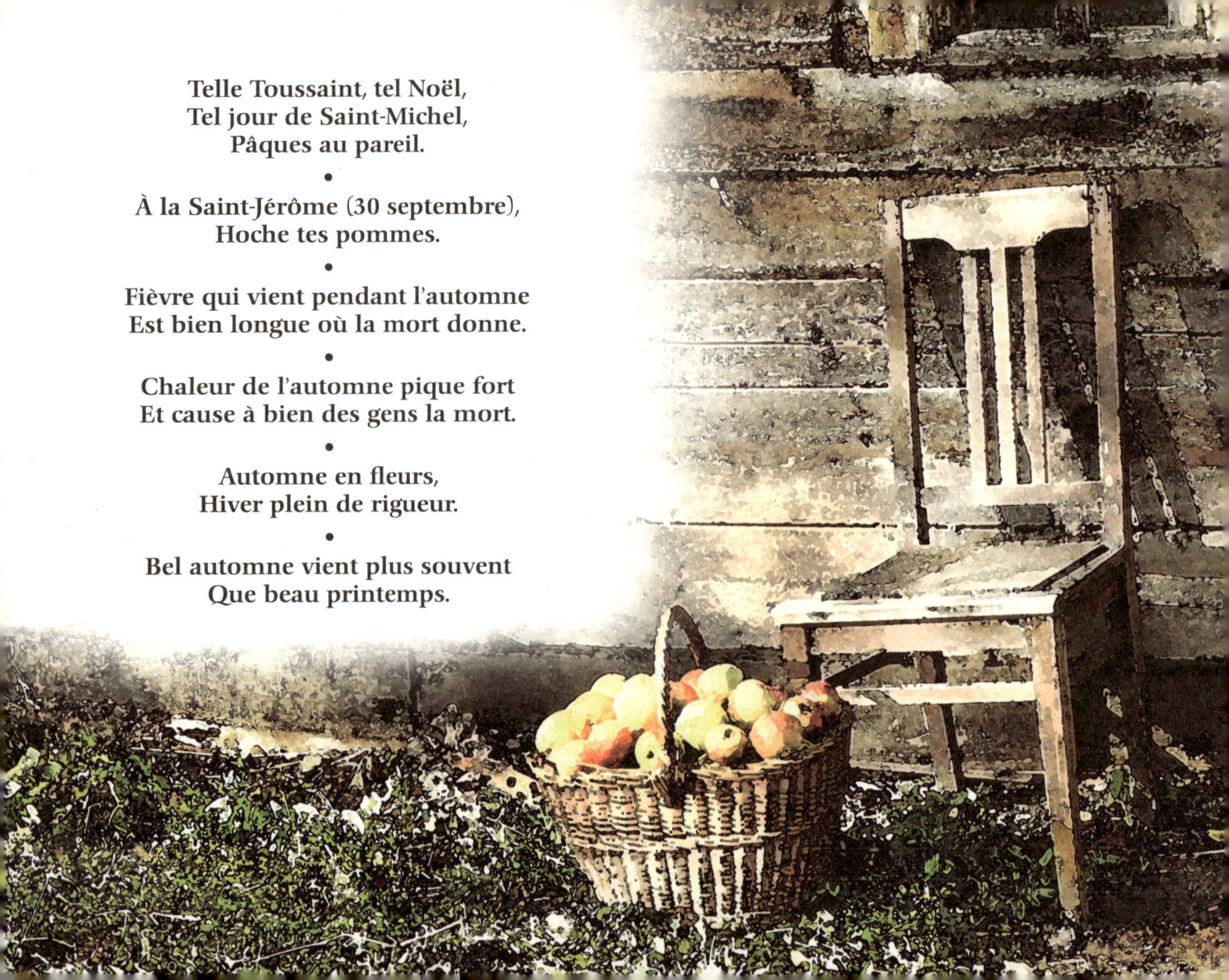

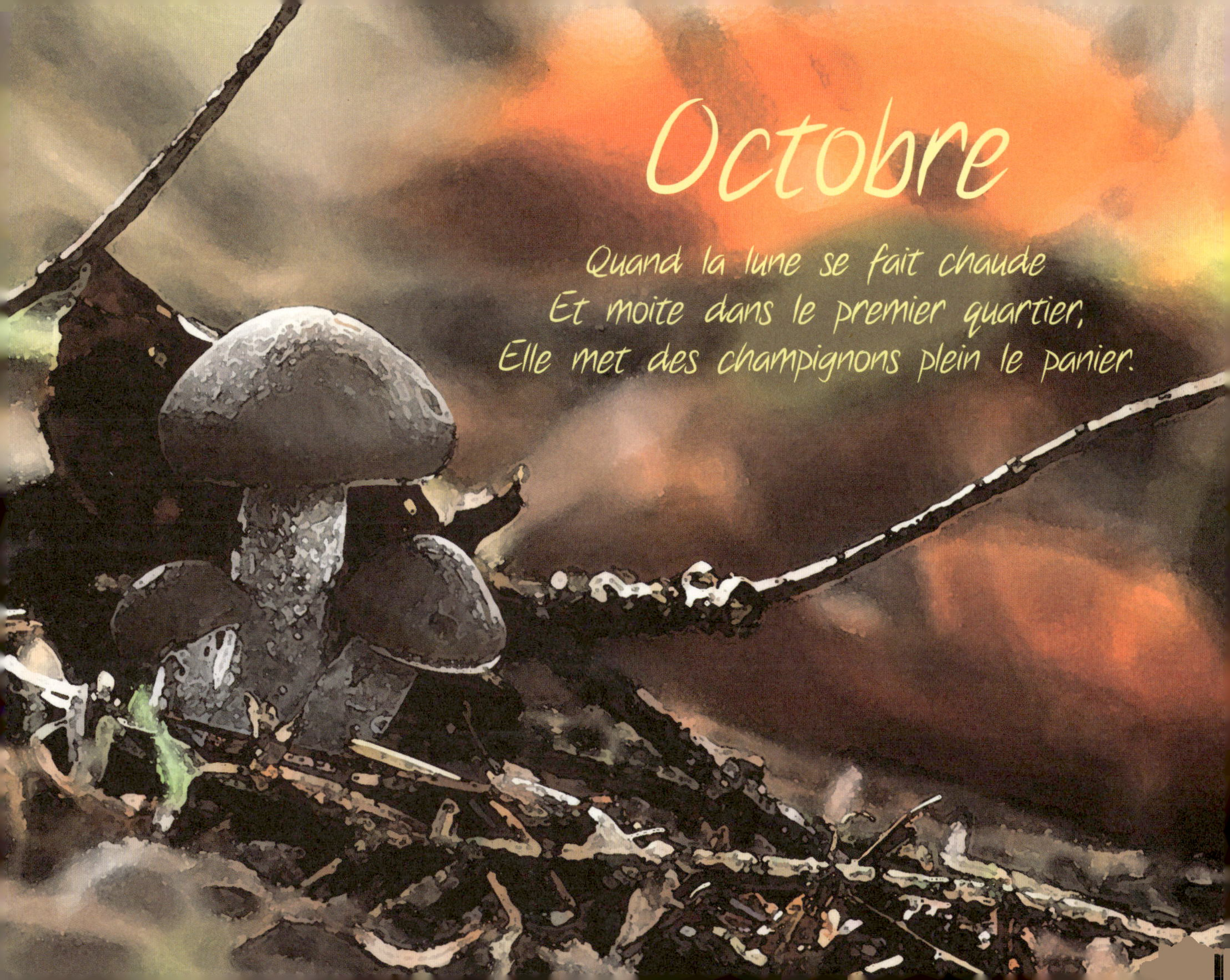
Octobre
Quand la lune se fait chaude
Et moite dans le premier quartier,
Elle met des champignons plein le panier.

Brouillards d'octobre
Et pluvieux novembre
Font bon décembre.

Octobre en bruine
Hiver en ruine.

•

Quand d'octobre vient la fin
Toussaint est au matin.

•

Quand octobre prend sa fin,
Dans la cuve est le raisin.

•

Octobre glacé
Fait vermine trépasser.

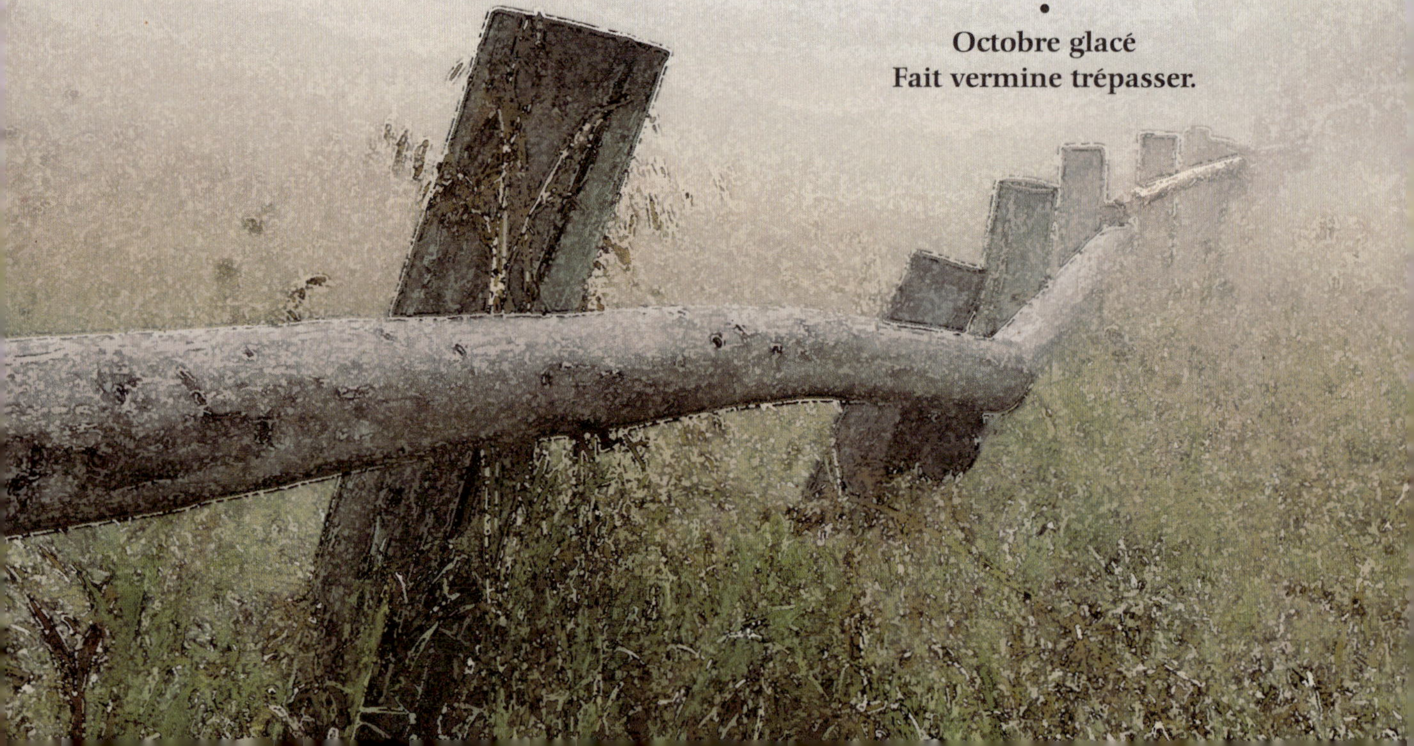

À la Saint-Rémi (1er octobre),
tous perdreaux sont perdrix.

•

À la Saint-François d'Assise (4 octobre),
Si tu bâtis, sois prudent pour tes assises.

•

À la Saint-Placide (5 octobre),
Le verger est vide.

•

À Saint-Serge (7 octobre),
Achetez vos habits de serge.

•

Beau temps à la Saint-Denis
(9 octobre),
Hiver pourri.

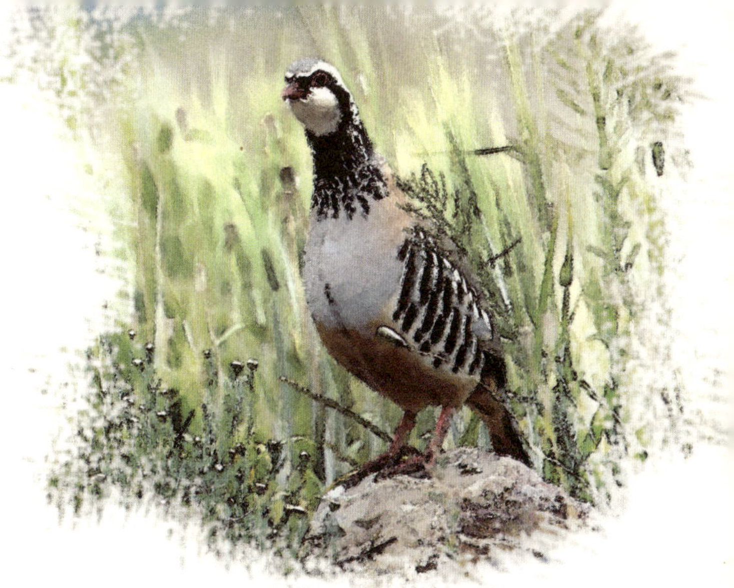

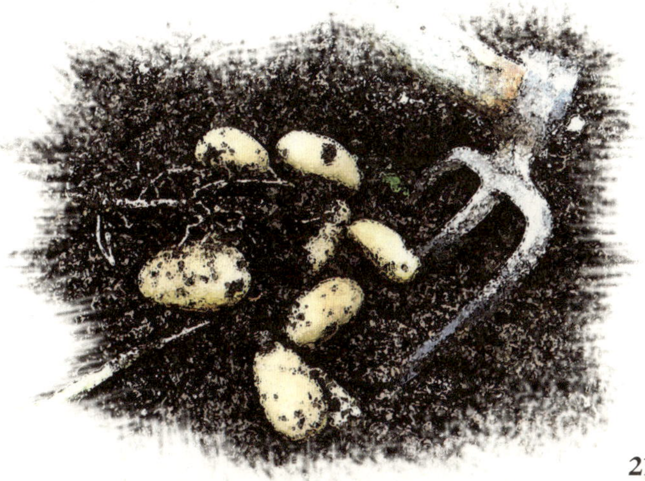

S'il pleut à la Saint-Denis,
La rivière sort neuf fois de son lit.

•

À la Saint-Denis, ramasse tes fruits.

•

Le laboureur se réjouit
s'il pleut à la Saint-Denis :
Tout l'hiver sera pluie.

•

À la Saint-Luc (18 octobre),
La pluie du vallon fait
De la neige sur le mont.

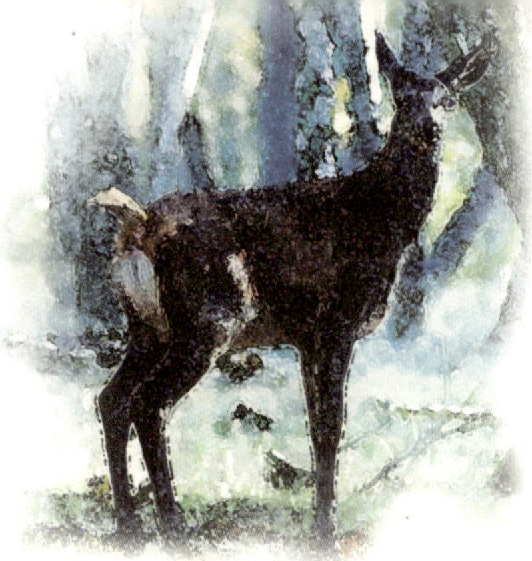

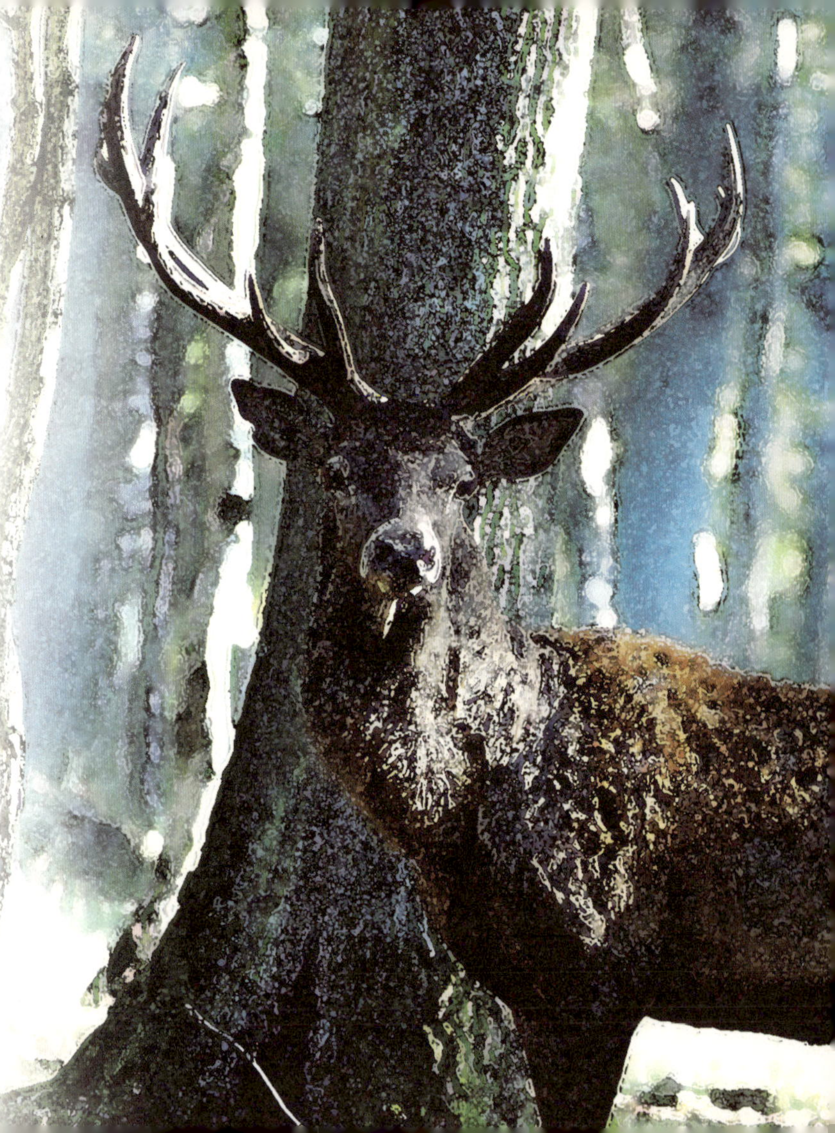

À la Saint-Luc, sème dru.

•

À la Saint-Ursule (21 octobre),
L'été d'un mois recule.

•

À la Saint-Crépin (25 octobre),
Les mouches voient leur fin.

•

À Saint-Evariste (26 octobre),
Jour de pluie, jour triste.

•

Quand Simon et Jude (28 octobre)
N'apportent pas la pluie,
Elle n'arrive qu'à la Sainte-Cécile.

•

Saint-Narcisse (29 octobre),
De six à six.

Novembre

Le mois de novembre est malsain
Il fait tousser dès la Toussaint.

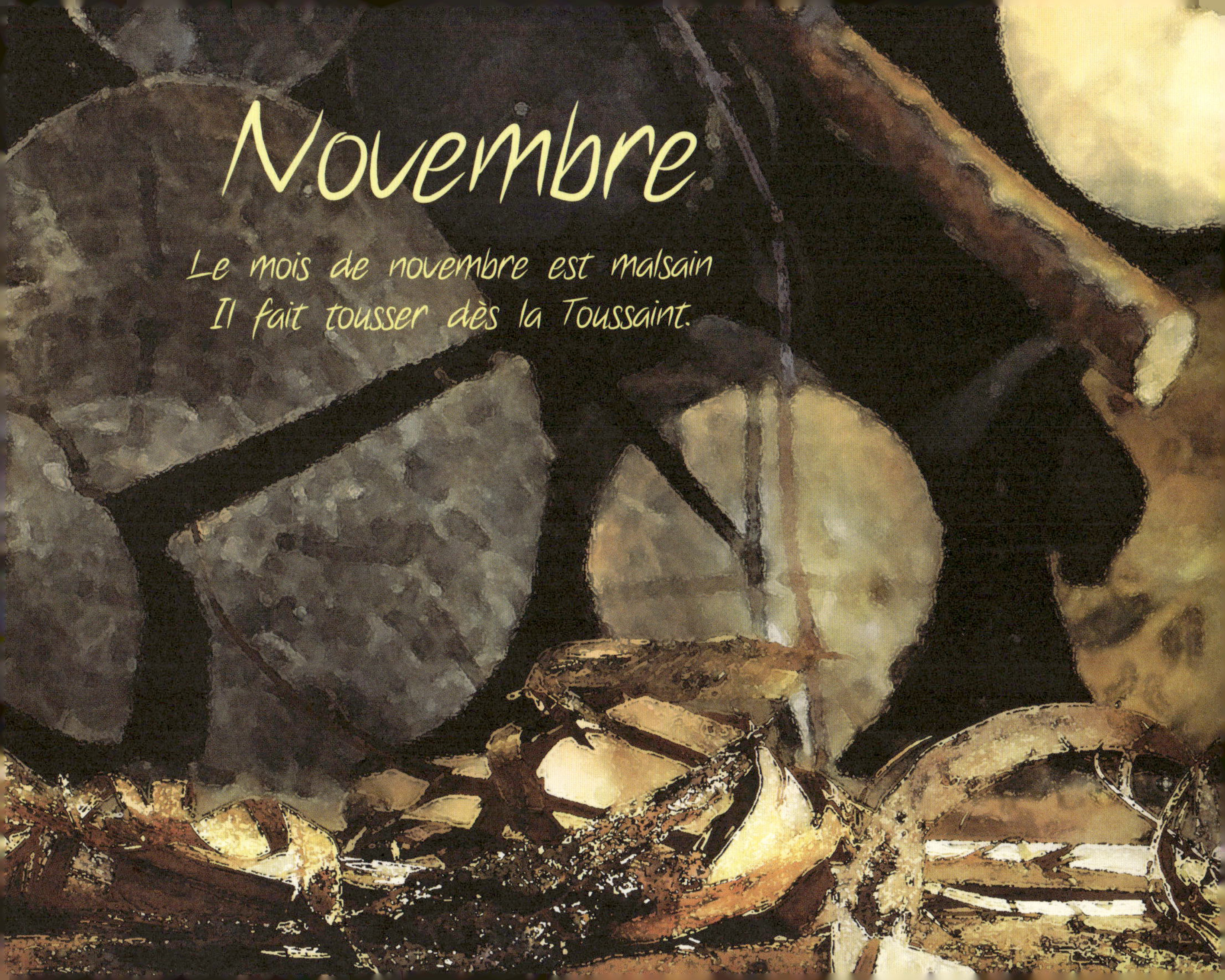

Quand en novembre il a tonné,
L'hiver est avorté.

•

En novembre, fou engendre
En août, gît sa femme.

•

Novembre, Toussaint le commande,
Saint-André (1er novembre)
Le voit descendre.

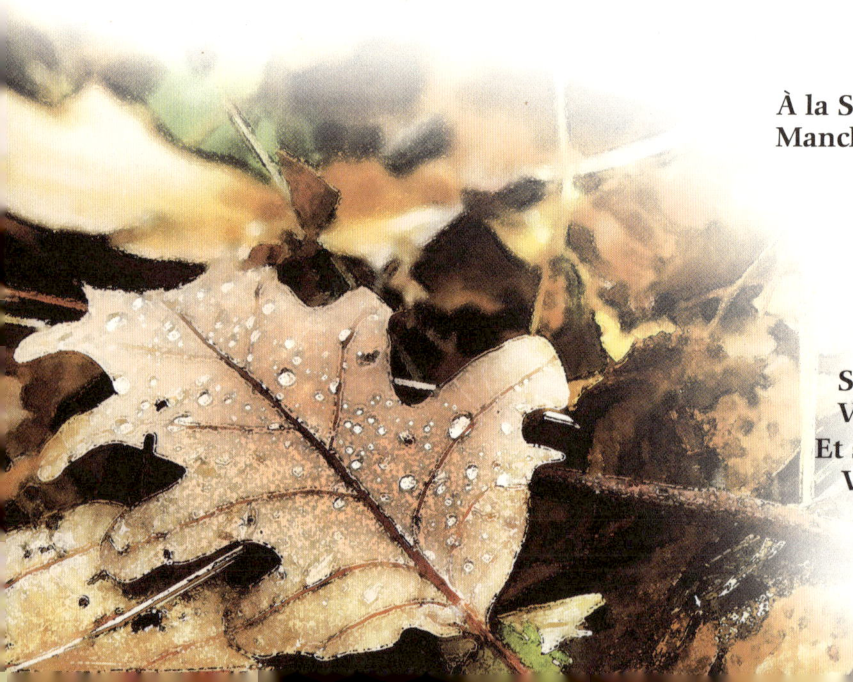

À Saint-Charles (4 novembre),
La gelée parle.

•

À la Saint-Martin (11 novembre),
L'hiver est en chemin,
À la Saint-André, il est acheminé.

•

À la Saint-Martin, il faut goûter le vin.

•

Été de la Saint-Martin,
Qui dure du soir au matin,
Avec la neige en chemin.

•

À la Saint-Martin, l'hiver est en chemin,
Manchons aux bras et gants aux mains.

•

Pour la Saint-Martin,
La neige est en chemin ;
Pour Sainte-Catherine,
Elle est à la courtine.

•

Si l'hiver va droit son chemin,
Vous l'aurez à la Saint-Martin,
Et s'il trouve quelque encombrée,
Vous l'aurez à la Saint-André.

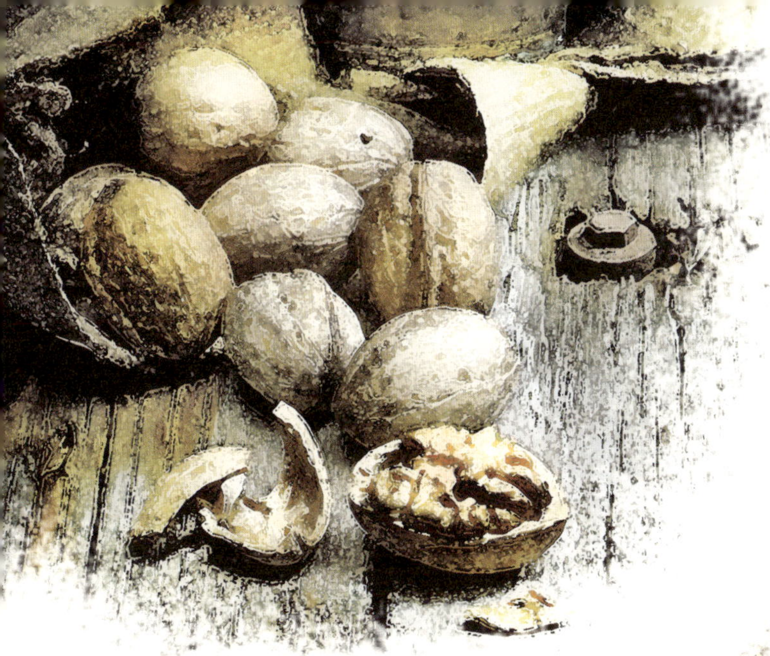

Passé la Saint-Clément,
Ne sème plus de froment.

•

À Sainte-Flora (24 novembre),
Plus rien ne fleurira.

•

À la Sainte-Catherine (25 novembre),
Tout bois prend racine.

Pour la Sainte-Catherine,
Le porc couine.

À la Sainte-Élisabeth (17 novembre),
Tout ce qui porte fourrure
N'est point bête.

•

À la Sainte-Cécile (22 novembre),
Chaque fève en fait mille.

•

Quand l'hiver vient doucement,
Il est là à la Saint-Clément
(23 novembre).

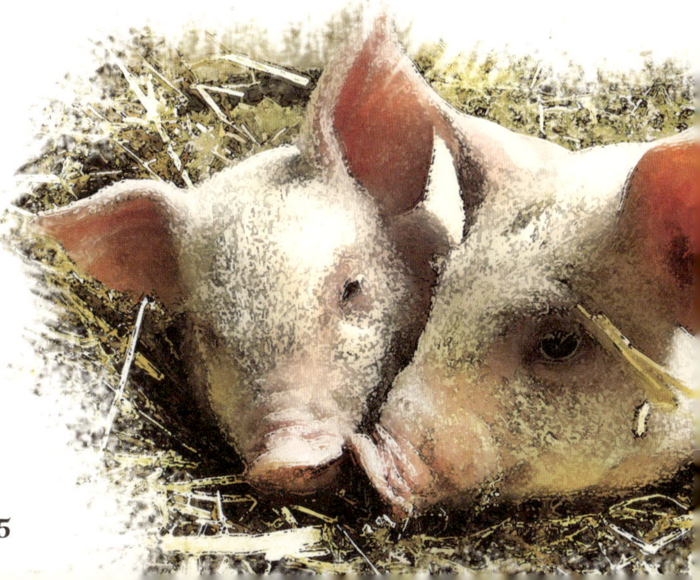

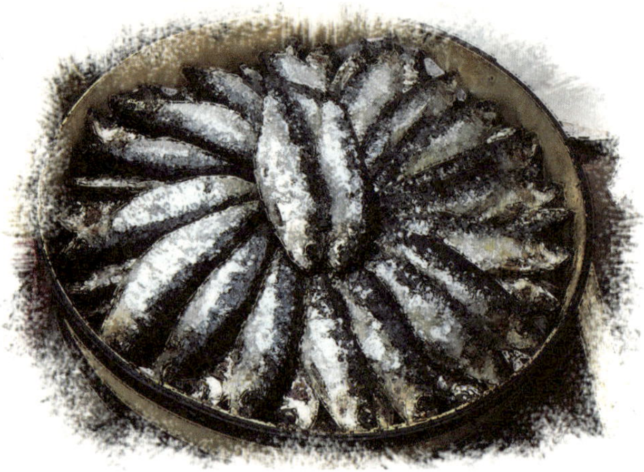

À la Sainte-Catherine,
Les sardines tournent l'échine.

•

À la Sainte-Catherine, l'hiver s'aberline,
À la Saint-André, il est aberliné.

•

Sainte-Catherine amène la farine.

•

Sainte-Catherine amène la couétine.

•

Pour la Sainte-Catherine, fais de la farine
Car pour Saint-André, le bief sera gelé.

•

À la saint-Séverin (27 novembre),
La neige est en chemin.

À Saint-Séverin, chauffe tes reins.

•

Neige de Saint-André (30 novembre)
Peut cent jours durer.

•

Quand il n'est pas pressé,
L'hiver arrive à la Saint-André.

•

Il faut semer le seigle à la Saint-André,
Car il ne sort qu'à Noël arrivé.

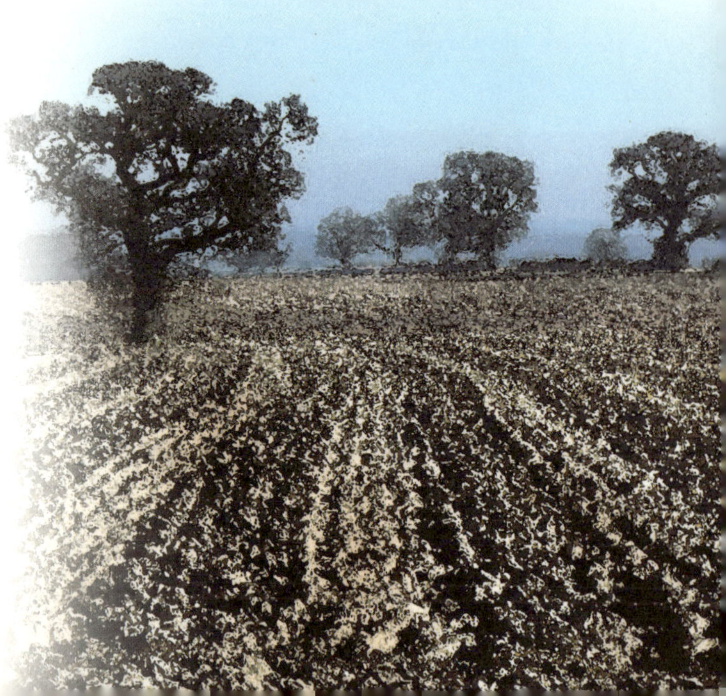

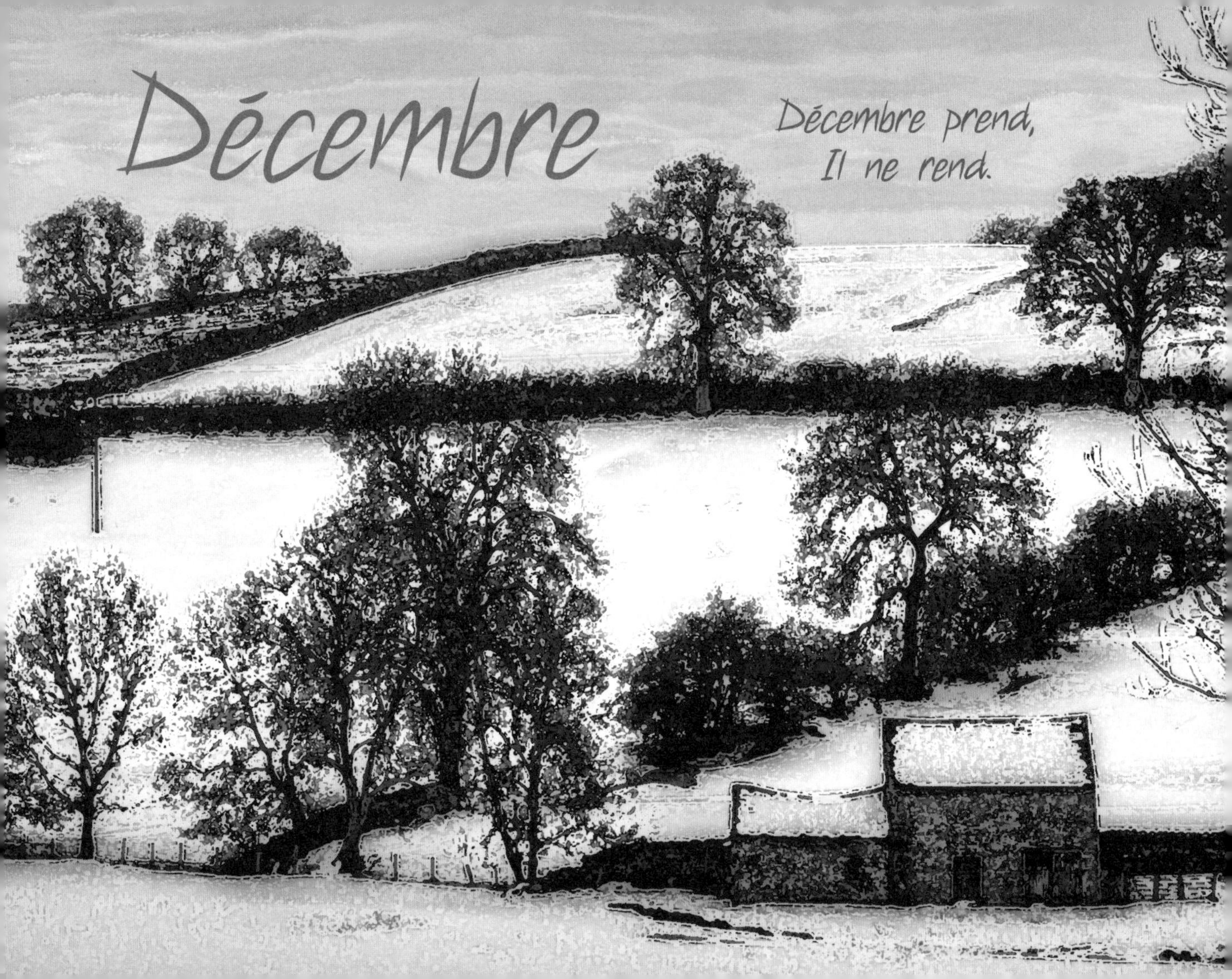
Décembre
Décembre prend,
Il ne rend.

Décembre aux pieds blancs s'en vient,
An de neige est an de bien.

•

Décembre de froid trop chiche,
Ne fait pas le paysan riche.

•

En décembre froid,
Si la neige abonde,
En une année féconde,
Le laboureur a foi.

Quand l'eau sort au mois mort,
Toute l'année, elle sort.

•

En décembre fais du bois
Et endors-toi.

•

Quand en hiver est été,
Mais en été l'hivernée,
Cette contrariété
Ne fit jamais bonnc année.

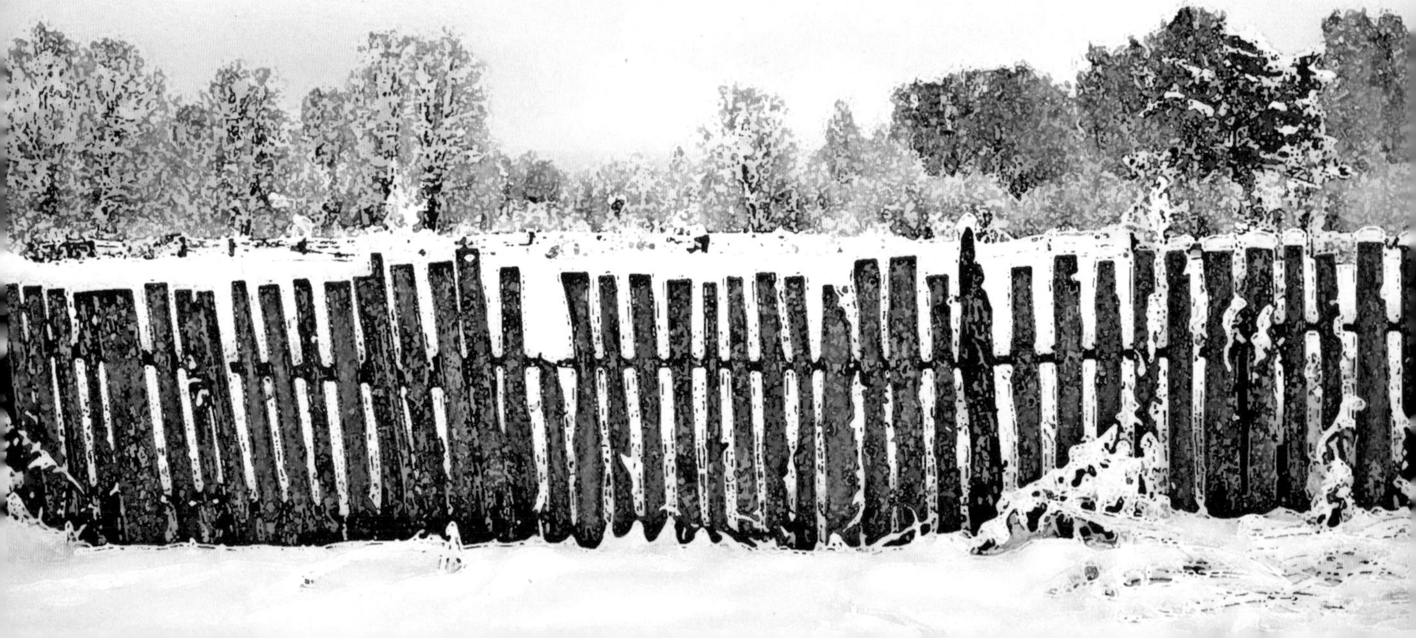

Quand secs sont les Avents,
Abondant l'an sera.

•

Il faut les Avents froids et secs
Si l'on veut boire sec.

•

La neige des Avents
A de longues dents.

•

Il fait bon semer dans les Avents
Mais il ne faut pas le dire aux enfants.

•

Année gelée, année de blé.

•

Lorsque Saint-Éloi (1er décembre)
A bien froid
Quatre mois dure le plus grand froid.

•

À la Sainte-Barbe (4 décembre),
Le soleil peu arde.

•

Le jour de Saint-Nicolas (6 décembre)
De décembre est le moins froid.

•

Neige de Saint-Nicolas donne froid
Pour trois mois.

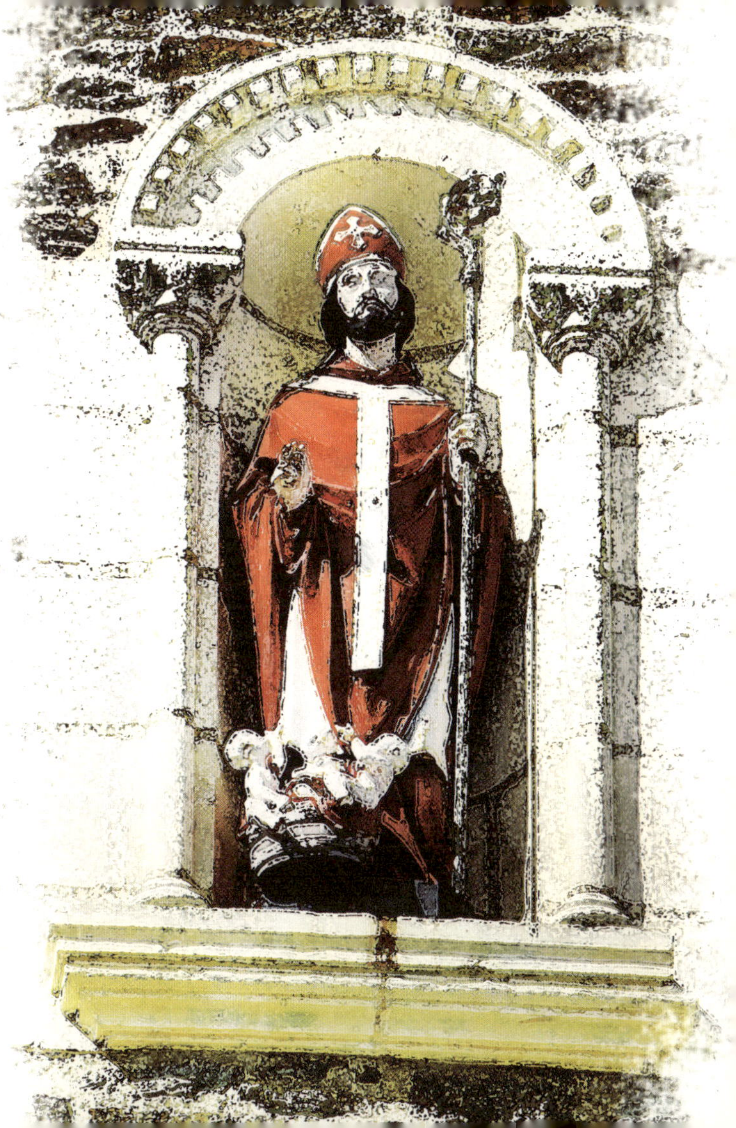

Saint-Nicolas fait les bons mariages,
Guérit de la fièvre et de la rage.

•

L'hiver est déjà là à la Saint-Nicolas.

•

Quand Saint-Ambroise (7 décembre)
voit neiger,
De dix-huit jours de froid
Nous sommes en danger.

•

Beau temps à Sainte-Eulalie
(10 décembre),
Pommes et cidre à la folie.

•

À Sainte-Julie (10 décembre),
Le soleil ne quitte pas son lit.

•

À Sainte-Constance (12 décembre),
Plein hiver en France.

•

À la Saint-Urbain (19 décembre),
La fleur au grain.

•

À la Saint-Étienne (26 décembre),
Chacun trouve la sienne.

•

Qui veut être riche au bout de l'an,
sera pendu à la Saint-Jean (27 décembre).

À la Saint-Thomas (29 décembre),
Cuit ton pain, lave tes draps ;
Dans trois jours, Noël t'aura.

•

À la Saint-Thomas,
Les jours rallongent du cri du jars.

•

À la Saint-Thomas,
On marie les filles avec les gars.

•

S'il gèle à la Saint-Thomas,
Il gèlera encore trois mois.

•

Saint-Sylvestre (31 décembre)
Ne peut être qu'une fois l'an,
C'est la veille du premier de l'an.

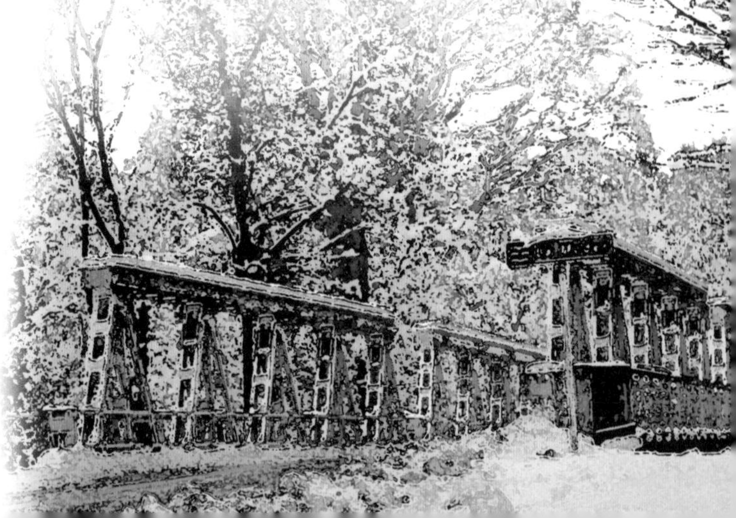

Le loup ne mange pas l'hiver.
Il faut que l'hiver se fasse.

•

L'hiver mange le printemps,
L'été, l'automne.

•

En hiver partout pleut,
En été, là où Dieu veut.

•

En hiver, eau ou bruine,
Vent, neige ou grêle pour voisine.

•

L'hiver fait plus de mal,
Que l'été du bien.

•

Si l'hiver est chargé d'eau,
L'été ne sera que plus beau.

•

À l'hiver s'il est en eau,
Succède été bon et beau.

•

Serein hiver et pluie d'été
Ne feront jamais pauvreté.

•

Hiver trop beau,
Hiver sans eau.

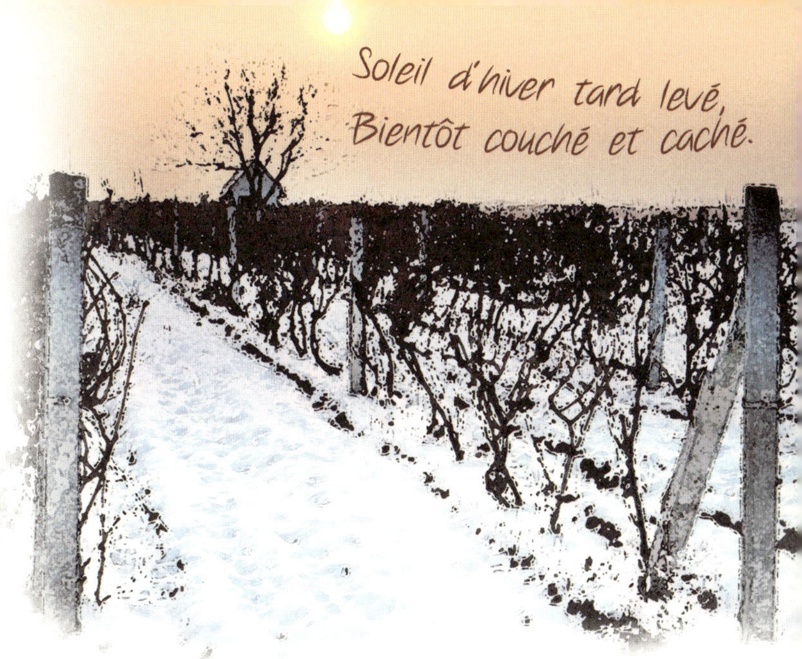

Pendant les glaces de l'hiver
Il ne faut les terres cultiver.

•

Hiver rude et tardif
Rend le pommier productif.

•

Hiver sitôt qu'il est beau
Nous promet un été plein d'eau.

L'été, recueille,
L'hiver, mange.

Après un hiver froid,
N'attend jamais de pluie,
La source dans les airs,
Semble en être tarie.

•

Des neiges avec bon hiver
Mettent bien du bien à couvert.

•

L'hiver n'est bon
Que pour les choux
Et pour faire gagner la toux.

•

L'hiver n'est pas bâtard
Quand il ne vient pas tôt,
Il vient tard.

•

Soleil d'hiver, amour de paillarde,
Tard vient et peu tarde.

•

Belle nuit en hiver
Jour qui suit souvent couvert.

•

Quand, en décembre, il a tonné,
L'hiver est avorté.

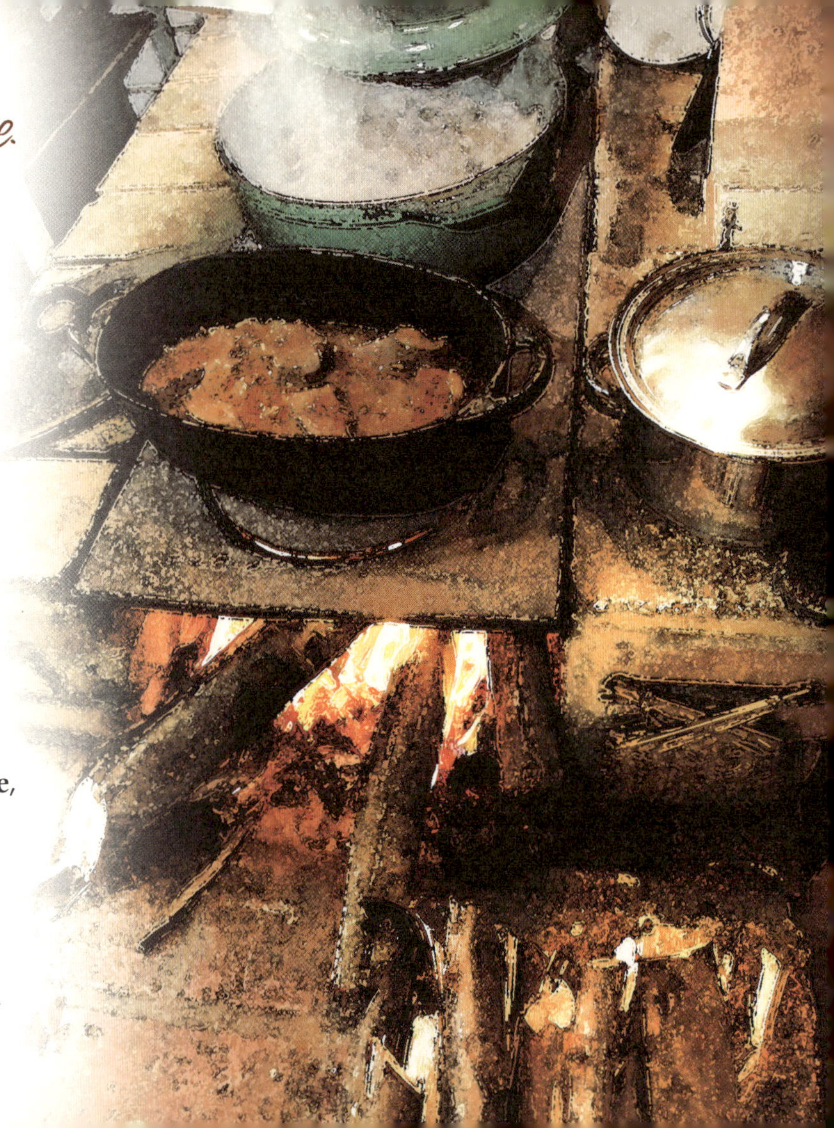

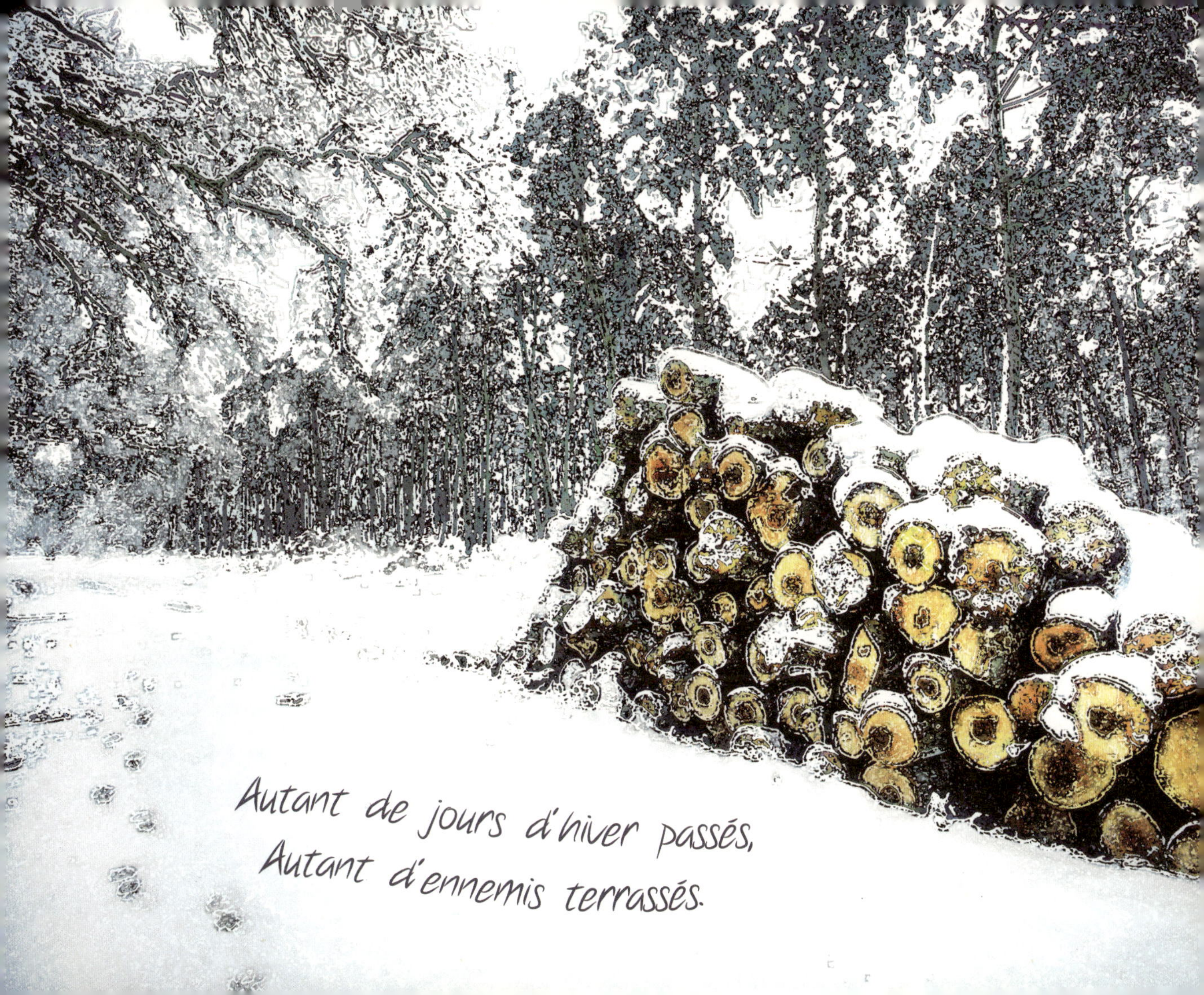

Autant de jours d'hiver passés,
Autant d'ennemis terrassés.

ICONOGRAPHIE :

Fotolia, Phovoir, Stock xchng

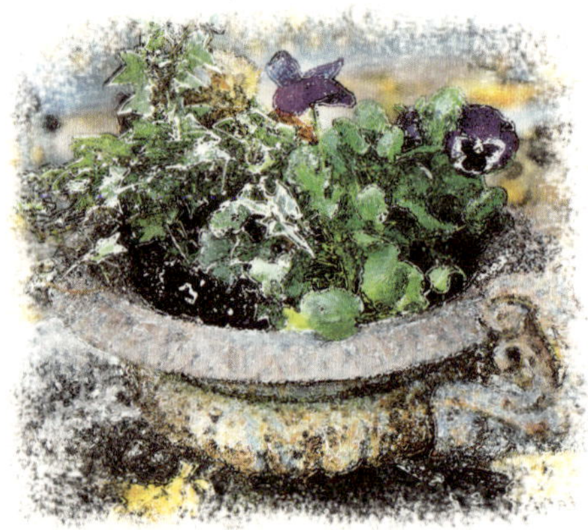

Imprimé en U.E.

Dépôt légal : mars 2012

ISBN : 978-2-8129-0389-2